H. DAUSSY

HISTOIRE
DE LA
VILLE D'ALBERT
(autrefois ENCRE)

jusqu'à la Révolution de 1789

Imprimerie-Librairie OGER-PASCAL

à ALBERT (Somme)

1895

HISTOIRE
DE LA VILLE D'ALBERT
(Autrefois ENCRE)

jusqu'à la Révolution de 1789.

H. DAUSSY

HISTOIRE
DE LA
VILLE D'ALBERT
(autrefois ENCRE)
jusqu'à la Révolution de 1789

Imprimerie-Librairie OGER-PASCAL

à **ALBERT** (Somme)

1895

TABLE

Chapitre Iᵉʳ
LA VILLE D'ENCRE

	Pages
Vieux plan de la Ville.	3
Origine	12
Sol	15
Nom	17

Chapitre II
LA CHATELLENIE D'ENCRE

La Châtellenie	23
Propriétés	26
Mouvances — Mouvances roturières	31
Mouvances féodales	33

Chapitre III
LES CAMPDAVESNE

Hugues II Campdavesne	41
Baudouin, Comte de Flandre	42
Charles de Danemarck, Comte de Flandre . . .	42
Hugues III Campdavesne. Le Prieuré. Donation de 1138.	43
Enguerrand Campdavesne	44
Anselme Campdavesne	45
Hugues IV Campdavesne. Charte de Commune (1178).	46

Chapitre IV

LES CHATILLON S^t POL

	Pages
ÉLISABETH CAMPDAVESNE ET GAUCHER DE CHATILLON.	53
HUGUES DE CHATILLON, Cte DE BLOIS ET DE S^t POL	55
Don des marais (1239)	57
GUY DE CHATILLON, Cte DE S^t POL	60
Marais d'aval (1274)	60
L'ancien hôtel-de-ville (1275)	62
Lettres d'aumône (1281)	63
GUY DE CHATILLON, boutellier de France	64
Lettres de Franquise de le Prioré (1290)	65
Achat du four banal et du moulin à battre écorces (1296)	70
Le fossé de Brebières (1304)	73
La sentence de Boulan (1311)	75
JACQUES DE CHATILLON	79
Chapelle de St Barthélemy (1325)	79
Hôtel-Dieu et Maladrerie (1329)	80
La messe matutinelle (1350)	80
Invasion anglaise de 1359	81
Travaux de défense	84
Le moulin à l'huile (1360)	85
Lettres du drap des morts (1362)	87
Les ponts, les portes, les murailles (1363)	89
L'ordonnance de la Prévôté	91

Chapitre V

LES COUCY

RAOUL DE COUCY	99
Invasion anglaise de 1373	99

	Pages
Corporations. Les maires de bannières	101
Lettres de l'accord (1389)	105
RAOUL II DE COUCY ET JEANNE D'HARCOURT	109
Excès et violences du châtelain	110
Élection de Jacques Bloquel (1403)	113
Scellés et Inventaires (1411)	118
Les Prés de la Ville (1411)	122
Les Murailles du Prieuré (1411)	123
Moyens financiers	125
Gages du Capitaine (1424)	129
BLANCHE DE COUCY, COMTESSE DE ROUCY	130
Un lépreux (1426)	130
Obligations du curé (1428)	131
Le capitaine (1428)	132
Murailles du Prieuré (1430)	133

Chapitre VI

LES NESLE

JEANNE DE SALUCES ET GUY DE NESLE	137
Destruction du four banal (1461)	137
Les Bourguignons	138
La Hire à Encre	139
JEAN DE NESLE	140
LOUISE DE NESLE ET JEAN DE BRUGES	141
L'Antienne de la Vierge (1491)	141
L'ordonnance des cordouaniers (1491)	142
Taxe du pain (1515)	143
Murailles du Prieuré	143
Juridiction en matière immobilière (1518)	145
Bornage de la Banlieue	148
Guerre avec Charles-Quint	149

Chapitre VII

LES HUMIÈRES

CHARLOTTE D'HUMIÈRES femme de FRANÇOIS DE MONTMORENCY	153
Transaction sur le stelage (1552)	154
Guerre contre Charles-Quint	155
JACQUES D'HUMIÈRES	158
Accord avec Aveluy au sujet du grand marais (1571)	159
Fondation de la ligue. Érection du Marquisat d'Encre (1576)	161
CHARLES D'HUMIÈRES	165
Ravages de la guerre. Exemptions d'impôts	165
JACQUELINE D'HUMIÈRES et LOUIS DE CREVANT	170
Henri IV à Encre	171

Chapitre VIII

CONCINI

CONCINI et LÉONORA	175
Le Marquisat était un propre de Léonora	179
Suppression du ruisseau Lemaître	181
Mort de Concini et de Léonora (1617)	182

Chapitre IX

LES LUYNES

CHARLES D'ALBERT DE LUYNES	187
Changement du nom de la ville	188
LOUIS CHARLES D'ALBERT DE LUYNES	189
Acquisition du Presbytère (1628)	190
Rectification de la rivière en amont (1629)	190

	Pages
Chevauchées de Me Jean Gonnet	192
Guerre avec l'Espagne (1635)	199
Le capitaine Pagès	200
Invasion de 1636. Incendie d'Albert	203
Philippe Carette et Michel Patou	204
Incendie d'Albert en 1637	208
Incendie au château (1645)	209
Réglement de 1650	210
Incendie d'Albert par le Prince de Condé (1653)	213
Le boucher de Carême (1656)	215
Incendie de 1660	217
Départ des Bénédictins	217
Reconstruction de l'église	220
Reconstruction de l'hôpital	222
Murailles et portes	223
CHARLES HONORÉ D'ALBERT, DUC DE CHEVREUSE.	224
Procès avec Aveluy. Cantonnement (1693)	225
Difficultés entre l'Échevinage et le Marquisat	227
Suppression de l'Échevinage. Rachat des offices (1692)	230

Chapitre X

LES BOURBONS LÉGITIMÉS

LE COMTE DE TOULOUSE	237
Les Sœurs de St Vincent de Paul	238
Réunion à l'Hôtel-Dieu des Maladreries d'Albert et de Miraumont (1697)	239
Gestion du Marquisat	240
Acquisition de l'Hôtel-de-Ville (1702)	242
Cumul de professions	244
La Justice du Marquisat	246

	Pages
Luttes de l'Échevinage contre la Justice du Marquisat.	248
Procès contre M. de Tende (1730)	251
Dépenses de la Ville	252
Procès avec Aveluy (1728)	254
Création du chemin pour relier le faubourg de Bapaume à celui de Bray	255
Emprunts	256
Décadence des libertés communales . . .	256
Action du pouvoir royal	259
Police Générale	259
Impôts	261
Religion	267
Mélange du temporel et du spirituel . . .	268
Suppression du couvent de N.-D. de Brebières (1727)	275
Restes des anciennes institutions	279
LE DUC DE PENTHIÈVRE	282
Théorie du bon plaisir	283
Albert cesse d'être place forte	286
Brigades de Douanes	288
L'Intendant de Picardie	290
Tableau des fonctionnaires	293
LA DUCHESSE et LE DUC DE CHARTRES . . .	297
Hôtel-de-Ville royal	297
Administration de M. Latiffy	303
Administration royale	306
Tentative de suppression de la juridiction communale	310
Gloriole de M. Latiffy	311
Cabale	312

	Pages
Fin de l'ancien régime	316
Cahier de Doléances de la Ville d'Albert	319

TABLE DES PLANS & PORTRAITS

L'Enceinte de la Ville.	1
Au Nord de l'enceinte	
Au Sud »	
A l'Est »	
Modification du Château de 1809 à 1814	12
Souterrains du Château	27
La Vallée en Amont	57
Concini	176
Léonora Galigaï	184
Le Connétable de Luynes	187
Le Duc de Luynes	188
L'Église (vue prise en 1846)	222
Cantonnement d'Aveluy	227

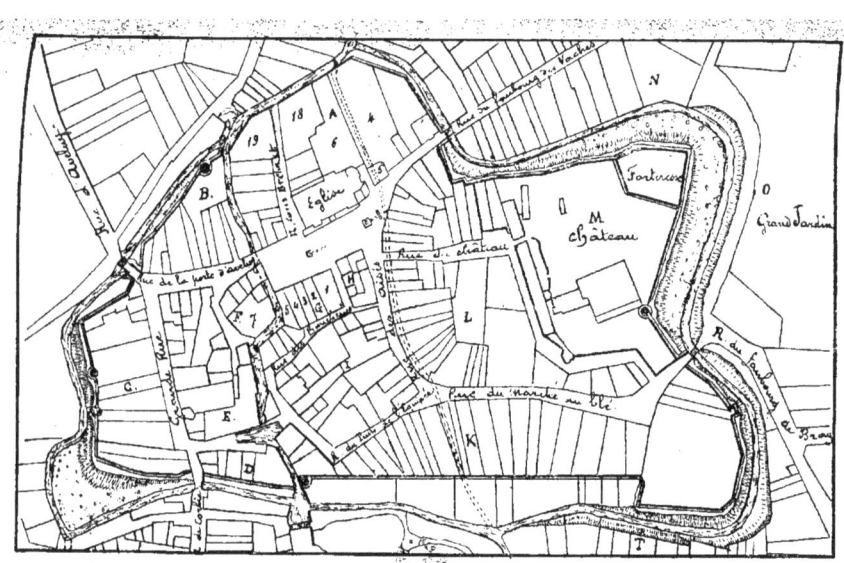

A. 5. Ancien Hôtel-de-Ville **L'ENCEINTE DE LA VILLE** G. 1. Hôtel-de-Ville actuel
A. 6. Prieuré G. 3, 4, 5. Ancien Hôtel-Dieu
A. 18. Presbytère

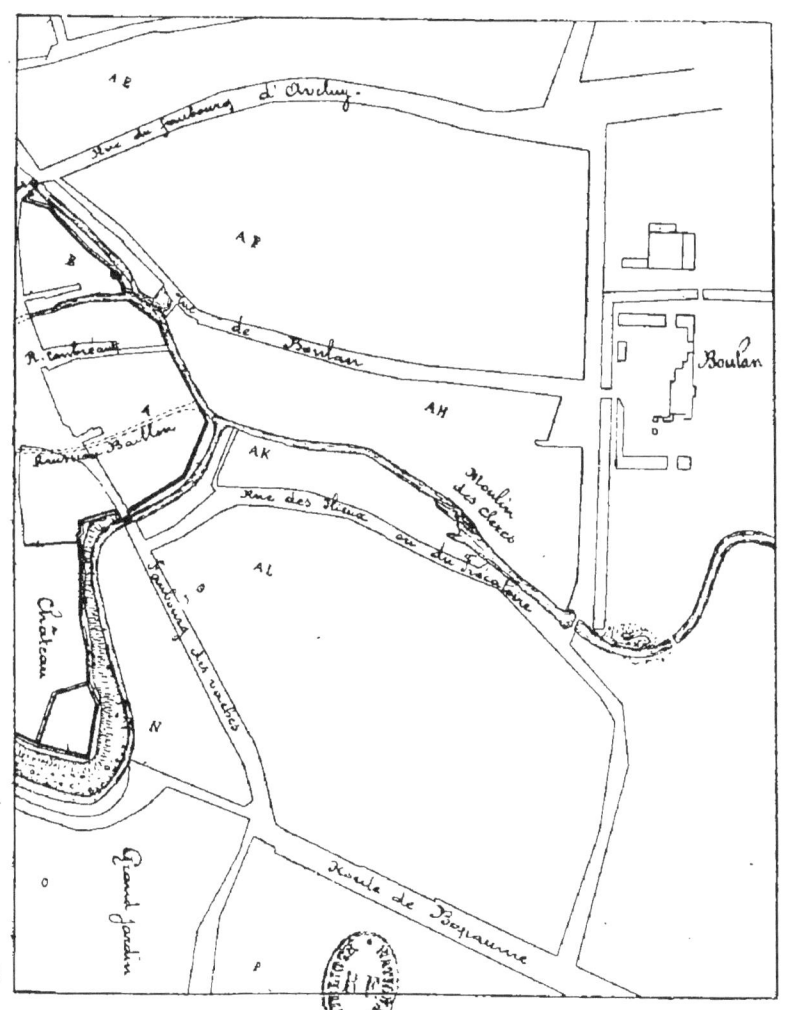

AU NORD DE L'ENCEINTE

Porte d'Aveluy
Faubourg d'Aveluy
» de Boulan

Porte des Vaches
Faubourg des Vaches
» des Ilieux ou du Pré Catoire

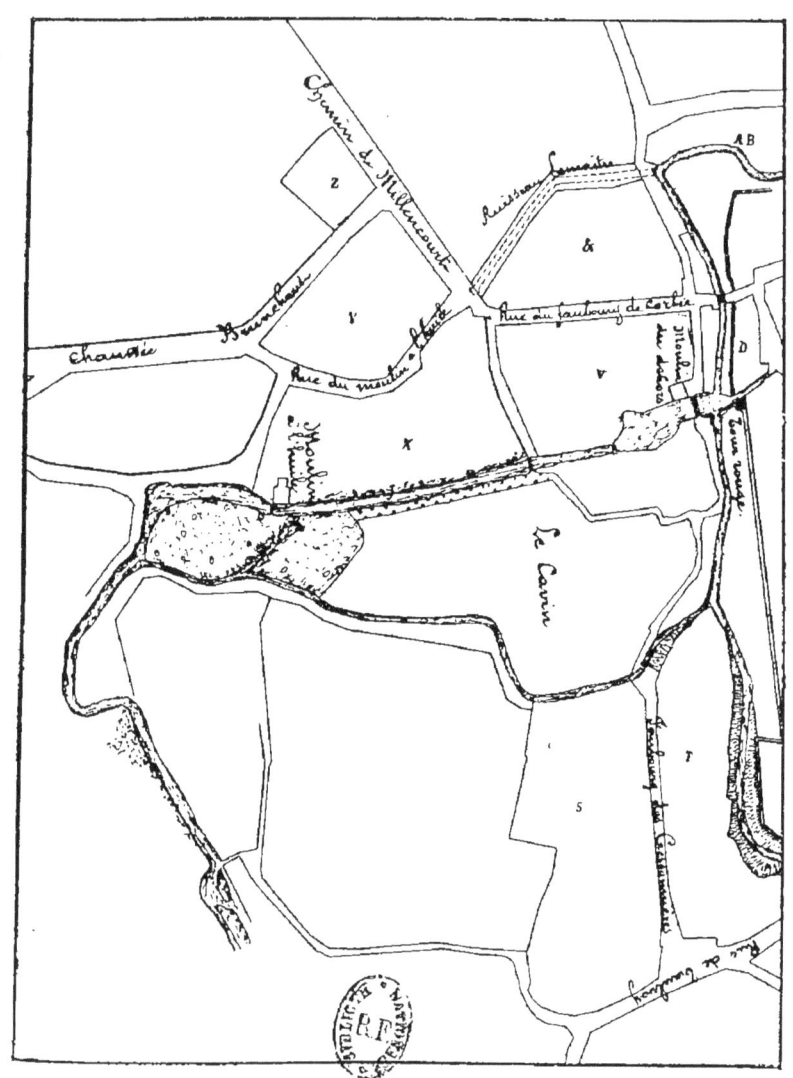

AU SUD DE L'ENCEINTE

Porte de Corbie
Rue du faubourg de Corbie
Chaussée Brunehaut

Ruisseau Lemaitre
Rue du Moulin à l'huile
Le Cavin

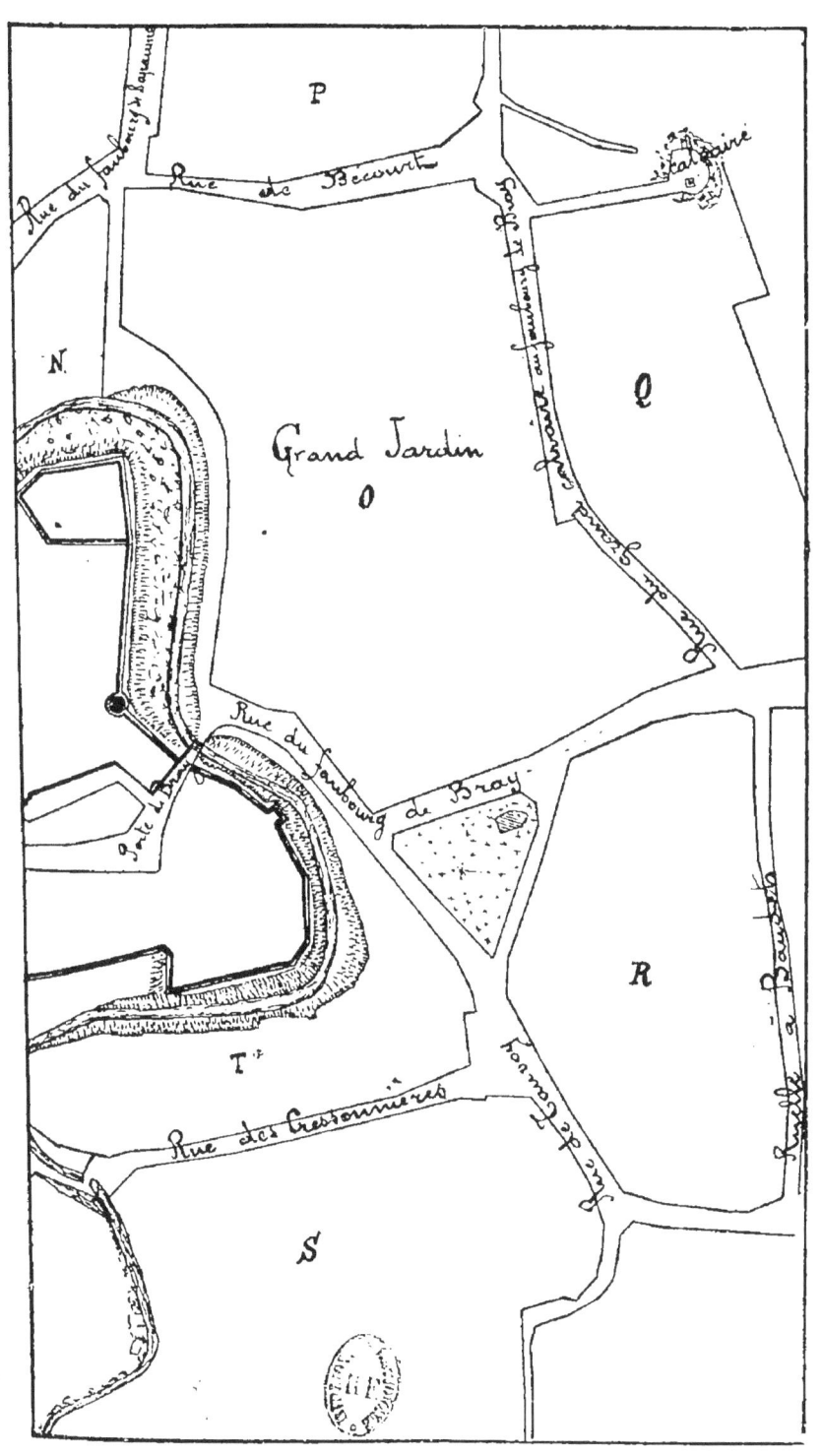

A L'EST DE L'ENCEINTE

Chapitre I

LA VILLE D'ENCRE

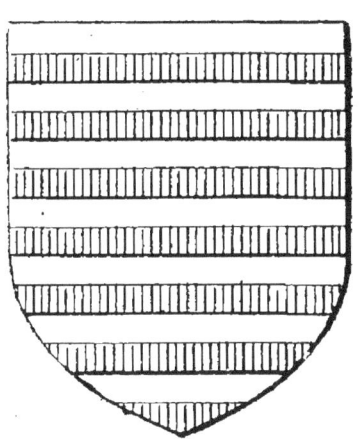

VIEUX PLAN DE LA VILLE

Il est nécessaire de faire tout d'abord connaître la ville. Le plus ancien plan qui en existe ne date que de 1748. L'état de choses qu'il constate remonte manifestement à une époque bien antérieure.

L'orientation du plan est facile à établir, car l'église avait été construite suivant les vieilles règles ; c'est-à-dire que le chœur est tourné au levant, de sorte que le prolongement de la façade du grand portail donne exactement la ligne du Nord.

Enceinte. — La ville était fermée d'une enceinte de murailles, à l'intérieur desquelles existait un chemin de ronde, avec des tours et des guérites de distance en distance. A l'extérieur régnait un fossé dans lequel coulait l'eau de la rivière.

L'enceinte était percée de quatre portes ayant chacune un pont sur le fossé, chacune un corps de garde. Au Sud, la porte de Corbie ; au Nord, celle d'Aveluy ; au Nord-Est, celle des Vaches ; et au Sud-Est, celle de Bray.

L'enceinte, au Sud, présente une ligne presque droite. Elle est percée par la porte de Corbie, puis par le passage de la rivière qui, immédiatement après, se précipite en cascade. Au coin Est du passage il y avait une tour, nommée la Tour rouge, et à la suite une longue courtine : elle existe encore ; c'est la seule partie des fortifications qui subsiste. Elle portait le nom de Rempart de la peine perdue, probablement parce que l'ennemi qui aurait attaqué par là aurait perdu sa peine. Elle était construite en tuf. Sa hauteur, aujourd'hui diminuée par des remblais au pied, était d'au moins 10 mètres. La ville louait autrefois l'herbe qui croissait au pied : à une certaine époque on y avait établi le jardin des archers : aujourd'hui on y a fait un chemin. La courtine se terminait à l'Est par le Bastion de la porte de Bray qui existe encore et sur le sommet duquel est édifiée la maison de M. Émile Comte.

A l'Est le Château formait pointe : son emplacement avait la forme d'une espèce de triangle dont l'angle Nord-Ouest touchait presque à la porte des Vaches.

De cette porte le mur d'enceinte allait rejoindre la rivière à l'endroit du barrage qui renvoyait une partie de ses eaux dans les fossés extérieurs du Château.

Au delà de ce point l'enceinte du Nord se continuait derrière le Prieuré, le Presbytère et jusqu'après la porte d'Aveluy.

La muraille fermait ensuite, par une courtine, le côté Ouest de la Ville.

Rivière. — La rivière d'Encre, descendant de Miraumont, coule dans une direction générale du Nord au Sud. Arrivée devant la fortification d'Encre elle se partageait en deux branches. L'une, créée de main d'homme, se dirigeait à l'Est pour faire le tour du Château et du Bastion de la porte de Bray, et allait déverser ses eaux dans le Cavin au bas du Rempart de la peine perdue. L'autre branche avait un rôle plus important.

Autrefois il s'en détachait tout d'abord un bras qui suivait presque en droite ligne la direction de la rivière ; il avait fini par n'être plus qu'un ruisseau, le ruisseau Baillon, qui passait le long du Prieuré et de la maison appartenant aujourd'hui à M. Watelain notaire, coulait au bas de la place, longeait le côté Est de la rue des Aisés, et allait sous le Rempart de la peine perdue joindre ses eaux à celles du Cavin. C'était vraisemblablement le lit primitif de la rivière ; son parcours est le thalweg naturel. Le ruisseau Baillon n'existait plus en 1748.

A cette époque c'est un peu plus loin, à l'extrémité de la rue de Boulan, au lieu dit le Puits de l'Étang, qu'un barrage divise les eaux en deux bras.

Le bras principal traverse la ville, fait tourner le moulin du dedans, longe l'Hôtel-Dieu, s'élargit en un abreuvoir, sort près de la Tour rouge par une cascade de sept mètres, fait tourner le moulin du dehors, actionne ensuite le moulin à l'huile et joint ses eaux à celles qui entourent le Cavin.

L'autre bras continue dans la direction de l'Ouest, passe sous la porte d'Aveluy, baigne la courtine à l'Ouest de la ville et dès avant 1748, faisant retour, vient passer sous le pont de Corbie pour rejoindre le bras principal en amont de la Tour rouge. Autrefois il ne faisait pas ce retour ; arrivé à l'angle Sud-Ouest de la ville il traversait la rue de Bouzincourt, descendait directement la vallée, passait sous la chaussée Brunehaut et allait rejoindre le bras principal en en aval du moulin à l'huile. Son ancien parcours est facilement reconnaissable sur le plan ; on l'appelait le ruissel Lemaître. C'est à cause de la présence de ce cours d'eau que la chaussée Brunehaut (route Nationale n° 29), rectili-

gne comme toutes les vieilles grandes routes, avait été détournée et faisait un crochet avant de monter à Encre. Car autrefois on ne savait pas faire de pont en biais; il fallait aborder les rivières perpendiculairement à leur cours.

Rues. — La route Nationale n° 29 (chaussée Brunehaut) arrive aujourd'hui en ligne droite sur Albert, car on a coupé en deux le pâté de maisons qui porte au plan de 1748 la lettre Y. Elle monte la côte par ce qu'on nomme aujourd'hui la rue d'Amiens, (alors rue du faubourg de Corbie) et se prolonge en ville vers le nord par la rue du même nom (en 1748 la Grande Rue) jusqu'auprès de la porte d'Aveluy, puis se détournant à l'Est par ce qu'on appelait la rue de la porte d'Aveluy (aujourd'hui rue Gambetta) gagne la Place d'Armes. De là longeant l'église, elle poursuivait vers l'Est par la petite rue des Vaches et sortait par la porte du même nom. Elle se continuait dans le faubourg de Bapaume, longeant les terrains marécageux de sa gauche, et reprenait sa direction rectiligne à partir du Calvaire élevé à l'angle qu'elle formait avec le chemin du marais et qu'on appelait le Calvaire de Biauval. C'est à cet endroit qu'existe aujourd'hui une halte de Chemin de fer.

Le tracé de la chaussée Brunehaut correspond aux données bien connues des anciennes routes. Il coupe, comme on l'a dit, perpendiculairement les cours d'eaux. Et quand il rencontre un marais il se détourne pour en suivre les contours en s'établissant au bas du côteau. C'est ce qui fait que les habitations de la rue du faubourg de Bapaume qui en occupent la rive droite sont bâties sur un sol crayeux et ont l'eau à 30 pieds de profondeur tandis que celles de la rive gauche sont en terrain de marais et ont l'eau à 10 pieds seulement.

La chaussée Brunehaut a formé de tout temps la grande artère de la Ville.

La Place d'Armes ou Place du Marché en était le Centre. Là se trouvait l'église, orientée comme il a été dit plus haut, soutenant entre ses piliers des logettes appuyées contre son côté Sud ; contigue au Prieuré et par derrière au Presbytère. Là se trouvait, depuis 1702, à l'endroit actuel, l'Hôtel-de-Ville, en face de l'église ; dans le coin Sud-Ouest, entre la Place et la rue des Boucheries l'ancien Hôpital avait été détruit. Une halle appartenant au seigneur de Martinsart et qui couvrait une partie de la place avait disparu. Il ne restait sur la place, dont moitié était pavée, que le carcan ou pilori pour exposer les criminels, et vers le bas de la place, dont la pente a été depuis considérablement adoucie, un calvaire et un puits, près du ruisseau Baillon.

De la place, vers l'angle Sud-Est, partait la rue du Château (aujourd'hui rue Jeanne d'Harcourt) qui montait en s'élargissant et formait comme une petite place devant la porte d'entrée du château. De là, en prenant à droite, on longeait les murs du château jusqu'à la porte de Bray où se trouvait un puits. Cette voie, créée au milieu du 17e siècle par Louis Charles de Luynes, se nommait la voirie de la Basse-Cour du Château (aujourd'hui rues Delaire et Decalogne).

Du même angle Sud-Est de la place partait, dans la direction du Sud, la rue des Aisés qui se bifurquait à son extrémité : à l'Est la rue du Marché au blé montait à la porte de Bray à peu près parallèlement au rempart de la Peine perdue ; à l'Ouest la rue du Puits de l'Équipée montait jusque près de la Tour Rouge. Son nom vient de ce qu'au coin de la rue des Aisés il y avait un puits et près de là une maison ayant pour enseigne «à la belle équipée». Les maisons, n'ayant point alors de numéros, se désignaient au moyen des enseignes qui y étaient appendues. Cette rue changea de nom quand, au 18e siècle, un Grenier à Sel y fut établi ; elle s'appelle encore aujourd'hui la rue du Grenier à Sel. Elle se continue par la rue des Boucheries.

Celle-ci, descendant auprès de l'Abreuvoir, longeant ensuite la rivière, remontait comme aujourd'hui derrière l'Hôtel-de-Ville et venait déboucher sur la place ; un passage couvert, aujourd'hui élargi, la reliait à la rue des Aisés.

A l'Ouest de la place, partant de la rue de la porte d'Aveluy, la rue de l'hôpital courait parallèlement à la rivière, à laquelle elle donnait accès par une ruelle aboutissant à un puisoir. En 1748 cette rue n'était plus qu'une impasse, car elle se terminait à la porte de l'hôpital, transporté en cet endroit à la suite de l'incendie de l'ancien Hôtel-Dieu qui était sur la place. Auparavant la rue se prolongeait jusqu'à l'abreuvoir, où elle rejoignait la rue de l'Abreuvoir, qui descendait de la Grande rue.

Au côté Nord de la chaussée Brunehaut existaient trois ruelles.

La première entre le chœur de l'église et l'ancien Hôtel-de-Ville (partie de la maison actuelle de M. Watelain) à l'endroit près duquel coulait jadis le ruisseau Baillon. Elle donnait accès au Prieuré. Cette ruelle existe encore aujourd'hui, mais va bientôt disparaître.

La seconde, partant de la place et longeant le portail de

l'église se nommait la rue du Coubréhaut, plus exactement de la Cour Bréhaut ; on l'a appelée, il y a une vingtaine d'années, la rue Dumont. Elle aboutissait, par une descente, à un puisoir établi en face de la rue de Boulan, mais la descente et le puisoir avaient été supprimés en 1722, par le curé. Aujourd'hui la communication avec la rue de Boulan est établie par une rue qui longe le côté Ouest de la nouvelle église.

Enfin une ruelle qui s'appelait la rue du Moulin ou rue du Sac et qui existe encore, longeait, à l'ouest, le moulin du dedans. C'est en face de cette ruelle, dans le pâté de maisons compris entre la place et la rue de l'hôpital que se trouvait jadis le four banal détruit en 1461 par un incendie. Le four était en face du moulin.

Faubourgs. — Devant la porte de Corbie était le faubourg de Corbie qui communiquait d'un côté à la rivière par la ruelle de l'Abreuvoir dans le bas de la côte, et dans le haut par la rue du Moulin du dehors. De l'autre côté de la rue du faubourg s'en détachaient : au bas de la côte, la chaussée Brunehaut et le chemin de Millencourt, dans le haut la rue de Bouzincourt.

De la porte d'Aveluy partaient en éventail : à gauche, la rue du faubourg de Bouzincourt qui rejoignait la rue de Bouzincourt ; droit en face vers le Nord, la rue du faubourg d'Aveluy ; et à droite, la rue du faubourg de Boulan, qui aboutissait au château de Boulan. Celle-ci avait accès à la rivière par deux ruelles : l'une auprès du barrage dit le Puits de l'Étang, l'autre, qui existe encore, plus loin, près de Boulan.

Au sortir de la Porte des Vaches on trouvait presque immédiatement à gauche la rue du faubourg des Hieux ;

ainsi nommée à cause des terrains marécageux, des ilôts qu'elle desservait (1). Elle s'appelait aussi la rue du Purgatoire par corruption de « Pré Catoire ». Elle était parallèle à la rivière à laquelle elle donnait accès par une ruelle aujourd'hui remplacée par la rue de Châtillon. A son extrémité au pont de Boulan elle se détournait sur la droite pour aller rejoindre la route de Bapaume.

La route de Bapaume était en 1748 en communication avec la porte de Bray au moyen d'un chemin qui longeait le bord extérieur du fossé du Château, mais ce chemin était tout récent; il ne datait que de 1718. — Auparavant le faubourg de Bapaume et celui de Bray n'avaient pas de communication directe. Pour aller de la route de Bapaume à Bray il fallait prendre, le long du grand jardin du château, côté Nord, la rue du chemin de Bécourt, qui conduisait au grand Calvaire et suivre à droite la rue du grand Calvaire pour aboutir à la sortie du faubourg de Bray près du cimetière actuel.

De la porte de Bray partait la rue qu'on appelle aujourd'hui rue de Péronne et qui portait le nom de rue du faubourg de Bray. Elle longeait le côté Nord du triangle qui formait le Cimetière d'alors devenu aujourd'hui le Marché aux Moutons. A l'angle Est se trouvait un puits. Plus loin à l'extrémité du faubourg, à l'endroit où se trouve l'auberge de la Cloche d'or, une ruelle se détachait qui descendait vers la vallée; on la nommait et on la nomme encore ruellette à Baudets. Car la pente est si raide à son extrémité qu'elle n'est praticable que pour les ânes.

Sur le côté Est du cimetière descendait la rue de Taulvoye allant au Vivier. Un puits se trouvait à mi-côte en face de

---

(1) Son nom est écrit tantôt Ilots, tantôt Isleaux, puis Ilieux.

la rue des Cressonnières qui se détache de la rue de Taulvoye pour se diriger vers l'Ouest et qui aboutit au ruisseau du Cavin. Cette rue se prolongeait autrefois par des sentiers qui traversaient le Cavin, de sorte qu'il y avait communication entre le faubourg des Cressonnières et celui de Corbie.

Superficie — Population. — On ne peut donner d'une manière exacte que la superficie du sol comprise dans l'enceinte des murailles. Elle est de 13 journaux 43 verges 1/4 ($5^h 76^a 28^c$) dont 2 journaux 57 verges ($1^h 10^a 27^c$) occupés par le château, soit environ 1/5 du total.

Le nombre des parcelles renfermées dans l'enceinte est de 186 en 1748. Mais en dehors, dans les faubourgs, il y avait des maisons, des granges, des jardins.

Voici les indications relatives à la population qu'on trouve dans une note dont la source reste incertaine. Il s'agit, bien entendu, de la population de la ville et des faubourgs.

	Habitants	Feux
1698	1305	
1724	956	350
1725	897 ou 932	328 ou 338
1726	987 ou 1026	370
1760		316
1774	1601	380

Cette population comprenait quelques rentiers, un grand nombre de gens de loi, des marchands, des artisans, et surtout des cultivateurs.

L'industrie n'existait pas. Elle n'est née à Albert et n'a pris le développement qui fait aujourd'hui la prospérité de la Ville que bien après la Révolution ; elle ne date que du 19e siècle.

Cadastre. — En rapportant le plan ancien de la ville sur celui du cadastre, après les avoir ramenés tous deux à la même échelle, on constate qu'il n'y a eu, depuis 1748, d'autre modification importante que celle résultant de la suppression du château seigneurial. Le plan ci-joint, où les lignes ponctuées marquent l'état ancien et les lignes pleines l'état de choses nouveau, précise cette modification, qui a eu lieu, au commencement du 19e siècle, sous l'administration de M. Lemarchand de Gomicourt, maire d'Albert. Le fossé extérieur du château a été comblé; il occupait, comme on le voit, l'espace presque entier de la place qui est devant le Grand Jardin. La butte du château a été nivelée. L'ancienne rue du château a été prolongée jusqu'à la place : c'est ce qui forme aujourd'hui la rue Jeanne d'Harcourt. Les terrains bordant ce prolongement ont été vendus par parcelles. On a ouvert une rue qui, prolongeant la rue des Ilieux vers le Sud, rejoint la rue de Bapaume à la rue Jeanne-d'Harcourt : c'est la rue de Gomicourt. M. de Gomicourt voulait rejoindre aussi l'angle des rues des Ilieux et de Bapaume à la place devant le Grand Jardin (qu'on nommait alors la Place Impériale); mais son plan n'a été exécuté qu'incomplètement. La rue projetée est restée à l'état d'impasse ; c'est l'impasse d'Austerlitz.

ORIGINE

La situation de la ville, à l'intersection de la rivière et de la vieille route qu'on a appelée longtemps chaussée Brunehaut, explique son origine.

La route est fort ancienne. D'après l'auteur de « la vie

MODIFICATION APPORTÉE AU CHATEAU

DE 1809 à 1814.

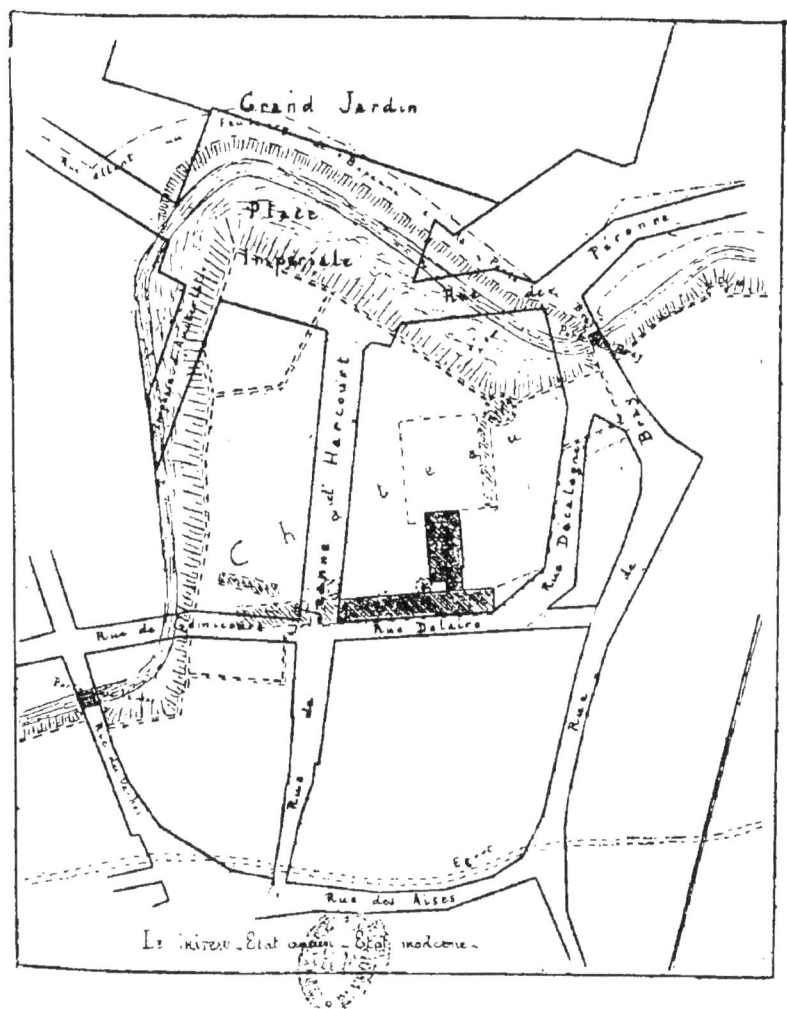

de Jules César » elle existait avant l'invasion romaine. C'était la grande voie de communication qui reliait la tribu des Ambiens, établie sur les bords de la Somme, avec celles des Atrébates leurs voisins immédiats, et plus au Nord-Est, avec celle des Nerviens. Elle traversait la grande forêt d'Arrouaise qui s'étendait jusqu'aux Ardennes ; car tout le pays était couvert de bois. Ce fut la route que Jules César suivit, notamment dans sa campagne de l'année 54 avant Jésus-Christ, pour se rendre de Samarobrive, chef-lieu des Ambiens, au pays des Nerviens. Il n'y a pas lieu de s'arrêter à l'appellation de chaussée Brunehaut. On sait que cette désignation est commune à une foule de vieilles routes, et leur a été donnée par la légende, qui attribuait à la célèbre reine d'Austrasie toutes les routes anciennes. Brunehaut ne les avait pas créées, mais seulement améliorées. On les a appelées de son nom comme on a donné le nom de Camp de César à tout camp d'origine romaine. Ainsi procèdent les légendes. La route dont s'agit est bien antérieure à Brunehaut, antérieure même à l'occupation romaine.

Une circonstance particulière suffirait à le prouver. C'est qu'elle est comme jalonnée par des amas de terre considérables, en latin **tumuli**, dus évidemment à la main de l'homme, et qui recouvrent probablement les tombes de grands guerriers ou de puissants personnages. On en trouve un, tout près d'Albert, à droite de la route, quand on arrive d'Amiens. Il est connu sous le nom de Minon Castel, mont Hénon Castel ; mais peu importe le nom Il y en a un autre entre Albert et Bapaume près de Le Sart, également sur la droite de la route. Plus loin entre Bapaume et Arras, sur la gauche, il y en a un à Sapignies.

Ces monuments doivent appartenir à une civilisation très primitive, certainement antérieure à l'invasion romaine.

L'intersection de cette vieille route avec la rivière qui, descendant à Miraumont des plateaux de l'Artois, court du Nord au Sud et après un parcours de 37 kilomètres, va se jeter dans la Somme en aval de Corbie, a nécessité dès l'origine l'établissement d'un pont pour franchir la rivière, et par suite a amené un groupement d'habitations. De nos jours une station de chemin de fer appelle nécessairement un cabaret d'abord, puis un magasin de charbons; d'autres constructions viennent bientôt s'y agglomérer. Il en était de même, autrefois, de l'établissement d'un pont. Que de villes ont pris leur naissance et leur nom de cette circonstance ! Pont-sur-Seine, Pont-sur-Yonne, Bar-sur-Aube, Bar-sur-Seine, &ⁿ. Sans sortir du département de la Somme, l'ancien nom de la ville d'Amiens, Samarobriva, ne signifie-t-il pas, en celtique, Pont-sur-Somme?

Une bourgade celtique a donc dû s'établir, dès l'origine, à l'endroit où la route coupait notre rivière; et cette bourgade a dû être promptement convertie en place forte, car son importance stratégique était manifeste. Elle commandait le passage de la rivière; et elle était située presque à la limite du territoire des Ambiens. La frontière qui les séparait des Atrébates n'était qu'à 8 kilomètres plus loin, au lieu dit l'arbre de Courcelette qui, aujourd'hui encore, sépare la Picardie de l'Artois.

Une circonstance particulière a pu donner à la bourgade, en dehors de toute considération militaire, une certaine importance.

La rivière, dont le cours, depuis sa source jusqu'à Albert, offre une pente régulière d'environ un mètre par kilomètre, et dont la pente, tout aussi régulière, est ensuite la même depuis Albert jusqu'à son embouchure, présente cette particularité remarquable que, dans la traversée d'Albert, sur un parcours de 1400^m, sa pente est de plus de 12 mètres au kilomètre. Il y a donc là un point tout à fait anormal dans le régime ordinairement si paisible de la rivière, une chute très accentuée, un accident de terrain considérable. Dans les temps primitifs, où la rivière était laissée à son état naturel, sa large nappe d'eau couvrant toute la vallée se déversait sur une pente rapide et offrait pour la pêche des conditions extrêmement favorables. Il est donc très probable que les premières huttes qui se sont établies auprès de cette large chute étaient des cabanes de pêcheurs.

SOL

La ville repose presque tout entière sur un terrain de marais. Une partie seulement, celle au sommet de laquelle se trouvait le château, est édifiée sur un massif crayeux, espèce de contrefort détaché du Montalot, c'est-à-dire de la petite montagne, de 40 mètres d'altitude au-dessus du niveau de la vallée, qui sépare la rivière du ruisseau de Méaulte. Cette partie crayeuse de la ville est délimitée par la rue du faubourg de Bapaume à sa sortie de la porte des Vaches, le ruisseau Baillon, au bas de la Place et de la rue des Aisés, la rue du Marché au blé et la rue du faubourg de Bray. Tout le reste est terrain de marais.

Mais il y a lieu de faire remarquer que tout ce surplus, de nature marécageuse, et dans lequel on trouve de la tourbe, est recouvert d'une couche plus ou moins épaisse de tuf. De plus une portion du massif crayeux est elle même recouverte de tuf. C'est celle qui est au Sud d'une ligne qu'on tirerait de l'auberge de la Cloche d'Or, à la sortie d'Albert vers Bray, jusqu'au milieu de la place, à l'endroit où se trouvait jadis le Calvaire. Ainsi l'ancien Cimetière de St-Barthélemy, aujourd'hui Marché aux Moutons, est entièrement assis sur le tuf, de même que la rue de Taulvoye, et, plus à l'Est, le bas de la ruellette à Baudets.

Le tuf est une formation aqueuse; c'est une pétrification. Jusqu'à un certain point on peut s'expliquer sa présence dans un terrain de marais par le sédiment qu'auront déposé les eaux très calcaires de la rivière. Mais comment le tuf a-t-il pu se produire sur un point aussi élevé que le sommet du Marché aux Moutons ? Jamais les eaux n'ont pu monter à pareille hauteur. Et si elles s'étaient jamais élevées à un tel niveau sur ce côté de la vallée, qui est le côté gauche, forcément elles auraient atteint le même niveau sur le côté droit qui pourtant n'en garde aucune trace. Il y a donc là un phénomène tout particulier que de savants géologues ont expliqué de la façon suivante.

A une époque qu'on ne peut préciser, il se serait produit dans le massif crayeux une fente, une faille, par laquelle auraient fait éruption une masse d'eaux très calcaires qui se seraient déversées partie sur le côteau de la rive gauche (Marché aux Moutons), et partie dans le marais sur lequel a été bâtie la ville. Ces eaux calcaires auraient laissé sur les pentes au Sud de la ville, de chaque côté de la chaussée Brunehaut et notamment dans les profondeurs du Cavin, au pied de la Peine perdue, de grandes quantités de pétrifications.

La ligne de cette fente serait absolument parallèle à celle qu'on peut constater à Aveluy où pareil phénomène s'est produit. Le village d'Aveluy est en effet bâti tout entier sur un monticule de tuf qui s'allonge depuis la Chapelle Ste-Marguerite jusqu'à l'Église, formant un promontoire dans la vallée. Un tel monticule de tuf a pour cause une faille d'éruption.

Sa ligne est du reste en concordance avec les lignes générales de cassures géologiques qu'on remarque dans nos contrées et qu'indiquent les vallées presque parallèles de la Bresle, de la Somme, de l'Authie et de la Canche.

Telle serait, très sommairement indiquée, la cause des formations si considérables de tuf et de pétrifications qu'on a depuis longtemps constatées à Albert.

NOM

La ville, qui aujourd'hui se nomme Albert, portait autrefois le nom d'Encre, en latin Incra. Le mot latin indique la prononciation originaire, qui est encore conservée dans l'idiôme picard : nos paysans, en parlant de la rivière, disent toujours : « el rivièr' d'*Inc* ». Ils suppriment le suffixe, *re*, *ra*, pour ne garder que le radical : *enc*, prononcé *inc*. Les Romains ont traduit à leur façon le mot qu'ils avaient entendu prononcer ; on sait qu'en Picard *en* se prononce *in*. *Enc*, *inc* était donc le nom de la rivière ; c'était aussi celui de la ville bâtie sur ses bords. Rien n'est plus ordinaire. Ainsi *Err* eux est la ville bâtie au bord de l'*Eure*. Entre *Err* et *Eur*, qui sont les radicaux, il n'y a de changement que la substitution d'un *u* au *v*, ce qui est insignifiant. Dans un document du 13ᵉ siècle, le rôle des fieffés de l'abbaye de Corbie, le nom de la ville est écrit *Ekrembacis*. C'est toujours le même nom. Car *bac is* est une addition qui se rencontre fréquemment et qui indique un cours d'eau. C'est ainsi qu'on a en Normandie Caude*bec*, Bol*bec*, &ᵃ ; *bac* est devenu *bec* par simple changement de voyelle. *Ekrembacis* signifie donc le ruisseau d'*Encre* ; *rem* est un suffixe comme *re* et *ra*, il n'y a pas à en tenir compte. Le radical est *ek* et ne diffère de *enc, inc* que par l'*n* qui s'intercale dans ces deux dernières formes, phénomène très fréquent dans toutes les langues et tout particulièrement dans le dialecte picard qui affectionne la nasalisation. *Ek* prononcé par un Picard devient presque forcément *enk, enc*.

En principe toutes les rivières se nomment simplement l'eau. L'*Ek* gaulois était vraisemblablement l'*aqu a* latin. Qu'on écrive *ek, ik, aqu*, le mot est toujours le même ; le changement de la voyelle, celui de *k* en *c* ou *qu* sont absolument sans importance. Il y a donc tout lieu de penser que *Enk, Inc, Ek rem* signifie seulement la rivière ; de même que le nom de *Bray* signifie marécage. Les anciens Gaulois, qui se rendaient aux huttes de pêcheurs établies sur la rivière, auront dit : nous allons à la rivière, à *Enk*, comme ceux qui se rendaient au marais auront dit : nous allons au marais, à *Bray*. C'est ainsi qu'un nom commun de lieu devient un nom propre de ville.

Dans *Ekrembacis* il y a un pléonasme, puisque le mot doit se traduire par « la rivière de la rivière » mais ce genre de pléonasme est très ordinaire. Nous le commettons toutes les fois que nous disons : la rivière de Somme. Car le mot

Somme signifie rivière.

Le nom d'Encre est resté à la ville jusqu'au commencement du 17ᵉ siècle ; les documents conservés aux archives municipales le démontrent péremptoirement. C'est par corruption qu'on a écrit Ancre avec un A, sous l'influence de la prononciation française qui assimile *en* à *an*. Le principal auteur de cette mauvaise orthographe est l'Italien Concini qui était devenu Marquis d'Encre et qui signait Marquis d'Ancre.

Après sa mort la ville changea de nom. Son successeur, Charles d'Albert de Luynes, obtint du roi des lettres patentes pour changer le nom d'Encre en celui d'Albert.

Chapitre II

LA CHATELLENIE D'ENCRE

LA CHATELLENIE D'ENCRE

Ce qui frappe le plus, à l'aspect du vieux plan de la ville, c'est le château, ou plutôt l'emplacement du château, car depuis longtemps la forteresse a disparu ; on n'en voit plus que l'enceinte.

La ville ayant une importance stratégique, il est tout naturel qu'on ait, dès la plus haute origine, construit une place forte pour commander cette position. Il est non moins naturel que la forteresse ait été établie sur le massif crayeux dont il a été parlé, dans un endroit élevé et solide, de manière à dominer la chaussée Brunehaut à sa sortie de la ville, et aussi de manière à dominer la ville elle-même.

On ne trouve point de documents précis sur l'origine du château d'Encre. Tout ce qui est antérieur au 12e siècle reste incertain et confus. Il y a eu des Seigneurs d'Encre, cela n'est pas douteux. Il y a eu par suite une ou plusieurs familles qui ont porté le nom d'Encre, puisque l'usage était de porter le nom de la terre qu'on possédait. On trouve des Sires d'Encre jusqu'au 15e siècle, à une époque où ceux qui portaient ce nom ne pouvaient avoir aucune prétention à la propriété de la châtellenie d'Encre. Comment autrefois cette propriété avait-elle été acquise par leur famille ? comment était-elle sortie de leurs mains ? Est-ce par vente, héritage, mariage, ou conquête ? on ne sait.

On ignore même de quelle Seigneurie relevait le fief d'Encre. Les renseignements à cet égard sont tout à fait contradictoires. Suivant les uns, Encre était un fief relevant de l'abbaye de St-Riquier ; suivant d'autres il aurait été mouvant de l'abbaye de Corbie. Au rôle de ses fieffés, dressé vers l'an 1200, l'abbé de Corbie porte le Seigneur d'Ekrembacis comme son homme lige, tenu, à chaque mutation, d'un relief de 10 livres parisis, plus d'un manteau au chambellan. Il est certain que la Prévosté d'Encre relevait de l'abbaye de Corbie. Mais il est certain, d'autre part, que la châtellenie d'Encre relevait du Roi de France bien avant le 14e siècle, et qu'elle était une des pairies de son château de Péronne. Comment est-elle passée d'une mouvance à l'autre ? C'est ce qu'on ne saurait préciser.

Si on veut s'en tenir à des faits bien établis, appuyés de documents certains, il faut laisser de côté tout ce qui est antérieur au 12e siècle.

Le point essentiel est d'expliquer en quoi consistait la châtellenie d'Encre, quelle qu'ait été sa mouvance originaire.

Sous le régime féodal les terres étaient divisées en terres nobles et terres roturières, les unes et les autres soumises à des législations différentes. Les règles de succession n'étaient pas les mêmes, par exemple, pour les terres nobles que pour les terres roturières.

Encre était une terre noble, un fief, ayant rang de châtellenie ou, si on veut de baronie. Car les fiefs avaient leur hiérarchie, de laquelle dérivait le titre du propriétaire. C'est en qualité de propriétaire d'Encre que le Seigneur était baron.

Son fief relevait, comme on l'a dit, du château de Péronne ;

cela veut dire qu'il avait fait partie, autrefois, des biens composant la châtellenie de Péronne, mais qu'il en avait été aliéné, sous la réserve de certains droits et de certaines éventualités de retour. Il restait donc, sous plusieurs rapports, une dépendance ou comme on disait une mouvance du château de Péronne qui était son fief Suzerain.

Le propriétaire du fief Suzerain ayant droit d'exiger du propriétaire du fief Vassal certains services et prestations déterminés par le droit féodal, notamment en cas de mutation par décès ou par vente, avait intérêt, pour assurer la conservation de ses droits, à exiger, du propriétaire assujetti, la reconnaissance des droits qui lui appartenaient (aveu) et l'énumération des biens composant le fief assujetti (dénombrement). Ces demandes d'aveu et dénombrement étaient plus ou moins fréquentes.

Plusieurs aveux et dénombrements du fief d'Encre ont été fournis au Roi. Le plus ancien remonte à 1367. Il est aux Archives Nationales à Paris dans un registre ayant pour titre « Transcrits du Vermandois » P 135 n° 33. Il en a été baillé un autre le 22 juin 1532 ; un autre encore en 1663 : on n'en retrouve pas le texte. Mais on possède en entier ou presque en entier le dernier dénombrement, fourni en 1748 et années suivantes. Il est à la Bibliothèque communale d'Amiens où il forme de nombreux in-folios. On y trouve un détail complet de tout ce qui constituait le Domaine d'Encre, la désignation de chaque pièce de terre et de chaque maison, le nom des occupeurs, celui des voisins, les contenances, les charges de redevance. Le vieux plan dont il a été parlé ci-dessus fait partie de ce travail considérable qui pouvait tenir lieu de plan cadastral, de matrice, et de registre des mutations immobilières.

On peut se faire une idée de la consistance du domaine d'Encre en comparant les dénombrements de 1367 et de 1748. Quatre siècles environ séparent ces deux dates : on peut dire, d'une façon générale, que la châtellenie est restée la même. Il y a eu quelques acquisitions dans cet intervalle ; la tendance du propriétaire est toujours d'agrandir son domaine, de s'arrondir. Il y a eu aussi quelques aliénations : ainsi le veulent souvent les circonstances, les occasions. Mais, en somme, il n'y a pas eu de changement notable.

Le fief d'Encre comprenait 1º des Propriétés, 2º des Mouvances.

PROPRIÉTÉS.

En première ligne il convient de placer le château, qui est le chef-lieu du fief. Car tout fief avait son chef-lieu, où le Seigneur exerçait ses droits, où on lui payait les rentes et prestations, où on accomplissait toutes les obligations dont on était tenu : c'était le domicile du fief.

Le château d'Encre, situé à l'Est de la ville, sur une éminence, à 16 mètres environ au-dessus du ruisseau Baillon, était fermé de murs du côté de la ville, et de fossés occupant une superficie de 1 journal 51 verges et de murs sur son pourtour extérieur. Il renfermait un donjon, à sa pointe Nord-Est, et, dès 1367, trois chapelles : deux sous le vocable de Ste-Marguerite, l'autre dite chapelle de Notre-Dame.

Le plan de 1748 montre l'emplacement du château, dont la superficie est d'environ 2 journaux 57 verges. Mais le château lui-même n'existait plus depuis près de deux siècles. Il avait été détruit par les Impériaux en 1553 et

SOUTERRAINS
DU CHATEAU

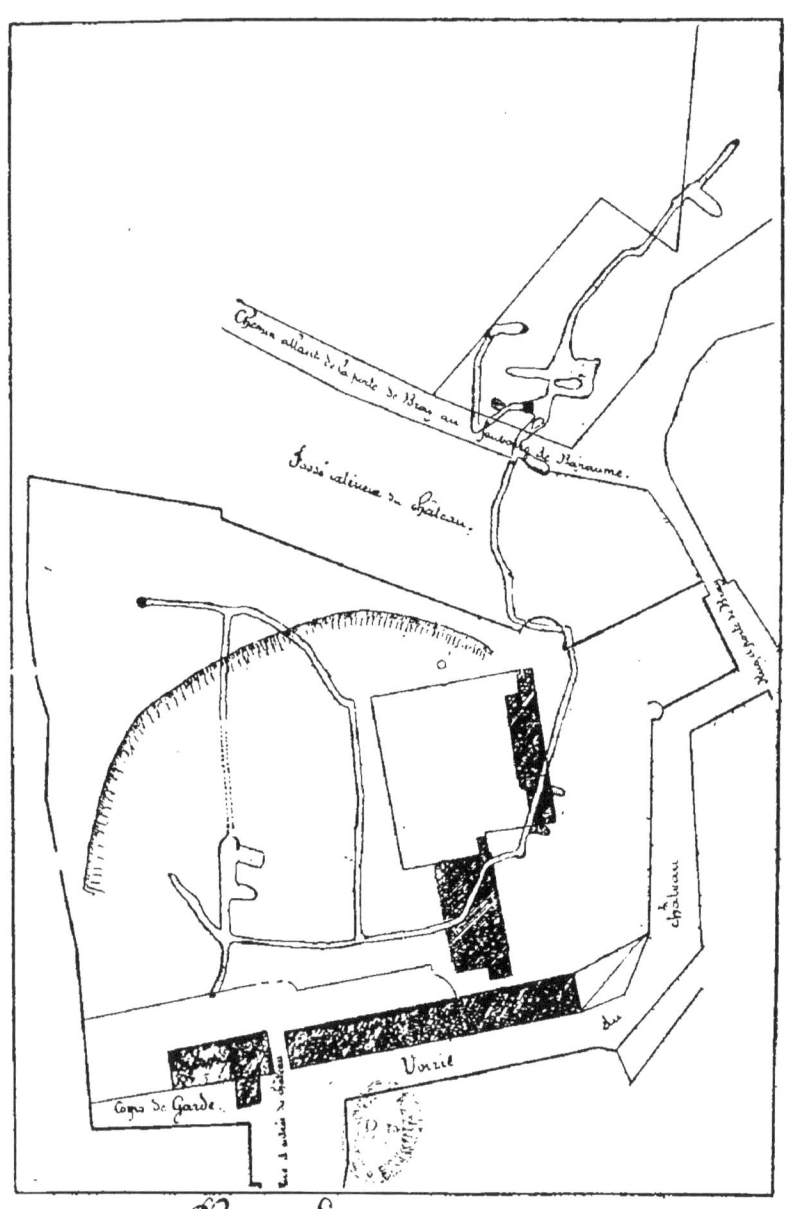

Plan des Souterrains en 1793.

n'avait pas été rétabli. On s'était contenté de construire dans la cour un logement pour le Gouverneur.

Du milieu du donjon partaient des souterrains dont le plan, ci-joint, a été dressé en 1793. Ces souterrains ont été visités en 1768 par M⁰ Letellier notaire à Albert, en 1793 par l'auteur du plan, et au 19ᵉ siècle par M. Daillard adjoint au Maire d'Albert. D'après les descriptions de ces trois personnes, ils comprenaient, indépendamment des corridors, une centaine de chambres de 12 à 20 pieds de large. La dernière, de 24 pieds de large, était voutée en maçonnerie. On y a trouvé de vieilles armoires en chêne, un puits, un four, 3 ou 400 fers à cheval, des monnaies de cuivre des Comtes de Sᵗ-Pol. Il y avait, sous un premier étage à 40 pieds du sol, un second étage de chambres à 12 pieds plus bas. Le tout avait été creusé dans la craie du massif au sommet duquel était le château. Le plan de 1793 n'est pas complet. Il n'indique pas un fort long souterrain qui, partant également du centre du donjon, allait déboucher à plus de deux kilomètres de là, dans le bois Lecomte, si on en croit la tradition. Il y a une quinzaine d'années, lors de la construction par M. Toulet de sa maison rue de Bapaume, on a mis à jour, en creusant les fondations, une partie de ce souterrain. Mais l'excavation a été aussitôt recomblée. Les souterrains servaient de refuge en temps de guerre. Celui qui allait au bois Lecomte, si la tradition est exacte, pouvait permettre aux défenseurs du château d'aller déboucher fort loin pour surprendre l'ennemi.

Au delà du mur et du fossé d'enceinte qui protégeaient le château à l'Est s'étendait un grand terrain de 5 journaux 93 verges de superficie. On le nommait le grand jardin du château par opposition à un petit jardin intérieur que renfermait l'enceinte. Le plan de 1748 mentionne l'existence d'un chemin qui, longeant le bord extérieur du fossé, relie la porte de Bray à la route de Bapaume. Mais ce chemin était de création récente ; il ne datait que de 1718. Auparavant le jardin extérieur du château était contigu au fossé d'enceinte. Son emplacement est occupé aujourd'hui par le Marché aux Chevaux, encadré au Nord par un square et au Sud par les jeux de ballon et de paume. Cet ensemble porte encore le nom de Grand Jardin, mais peu de personnes savent qu'il s'agit du grand jardin du château.

En dehors du château, de ses fossés et du grand jardin le Domaine ne possédait rien dans la ville ni dans les faubourgs.

Les terres qui lui appartenaient sur le territoire d'Encre étaient, on peut dire, sans aucune importance ; 4 journaux 59 verges au chemin de la Mauresse, et 17 journaux 35 verges au fief Tauvoye.

Mais il avait des bois et des marais. Et d'abord le bois Lecomte, de 226 journaux, sis à l'extrémité Nord-Est du terroir, contigu à la Boisselle et à Bécourt, puis deux rideaux plantés, au Sud d'Encre, appelés l'un la Falize du chemin de Corbie (aujourd'hui Bosquet de M. Le Feuvre) de 3 journaux 82 verges, et l'autre la Falize du chemin d'Amiens qui s'étend parallèlement à la route d'Amiens et qui contenait 15 journaux et demi.

Dans le terrain de vallée en aval de la ville, le Domaine possédait, sous le nom de petite et grande Voirie, de Pré à Brochets, à Fauquèves &^{a}, plus loin de Prés du vivier, une superficie considérable ; 135 journaux 63 verges, dont la plus grande partie avait été mise autrefois en état de vivier au 13e siècle, comme on le verra plus loin.

Sauf ces prés d'aval, le bois Lecomte, et le château, on voit que le Domaine d'Encre ne possédait rien dans le pays même. Ce serait donc une erreur de croire que le Seigneur fût le propriétaire de la ville et de son territoire.

Les biens du Domaine, très morcelés, et de nature très diverse, étaient disséminés dans beaucoup de pays. Il y avait des terres et des bois à Achiet-le-Petit, Becquerel (annexe disparue de Pys), Bouzincourt, Cappy, Fricourt, Grandcourt, Méaulte et Miraumont ; des marais à La Neuville-les-Bray, des prés à Méaulte, des eaux à Cappy et à Bray.

De plus le Domaine possédait des droits de champart et de terrage, c'est-à-dire des droits à une part de récoltes, à Bouzincourt, à Irles et à Miraumont.

Le seigneur jouissait de ces biens, soit par lui même, ce qui n'arrivait guères que pour les bois, soit par des fermiers. Ceux-ci payaient leurs redevances partie en argent et partie en blé. Un relevé des baux du domaine faits en 1698 et années suivantes, à la suite de l'acquisition du Marquisat d'Albert par le Comte de Toulouse, donne un total de redevances (bois non compris) en argent de sept mille neuf cent quatorze livres, 7914 l., et en blé de 2345 setiers, plus 50 setiers d'avoine, soit, si on prend une moyenne de 3 livres au setier, environ sept mille deux cents livres, 7200 l.

Le revenu du domaine comprenait en outre divers droits qui appartenaient au seigneur ; tels que le droit de mesurage, le droit de travers (droit de péage sur les routes) et surtout les droits de banalité. Le moulin et le four étaient banaux, c'est-à-dire que les habitants ne pouvaient ni moudre, ni cuire ailleurs. Car le sens originaire du mot banal, dont l'acception a singulièrement dévié, est celui de commandé, obligatoire. On était obligé de moudre au moulin et de cuire au four seigneurial, par conséquent de payer pour cela ce que le seigneur exigeait. A la fin du 13ᵉ siècle le seigneur a fait abandon à la ville de la banalité du four, mais celle du moulin a subsisté jusqu'à la révolution de 1789.

Les moulins étaient le plus beau fleuron du domaine. En principe, d'après le droit féodal, les rivières sont la propriété du seigneur. Il a seul droit de chasse et de pêche ; seul il est maître du cours des eaux ; seul il peut établir des ouvrages, des barrages, des moulins. Le domaine comprenait plusieurs moulins. D'abord celui de Miraumont, presque à la source de la rivière : en 1698 il est loué 1850 livres. Puis le moulin à blé établi dans l'intérieur de la ville et qu'on nomme à cause de cela le moulin du dedans. Ensuite, à la sortie de la ville, près de la Tour rouge, un autre moulin à blé, nommé le moulin du dehors et quelquefois le moulin Miville. C'est actuellement une filature de coton appartenant à M. Émile Comte. Enfin, à quelques centaines de mètres en aval, le moulin à huile. Ces 3 moulins rapportent en 1698 un loyer total de 6000 livres. Le produit des 2 autres moulins dont il va être parlé n'est pas indiqué.

A 5 ou 600 mètres en aval du moulin à l'huile se trouvait le moulin de Tauvoye, qui, dans ces derniers temps, appartenait à M. Sarot, et est devenu maintenant la propriété de M. Potez.

Enfin, à l'extrémité de la prairie et du terroir, le seigneur avait créé, au bout du vivier, le moulin dit du Vivier qui touche au terroir de Méaulte. C'est un établissement relativement récent, qui ne remonte pas au delà du 13e siècle. Il a fallu, pour obtenir la chute, bander la rivière en la reportant tout contre le pied de sa falaise de gauche. On lui a fait ainsi abandonner son lit naturel dans la prairie : mais comme il y avait une source dans ce lit, la source a continué de couler suivant le thalweg créé par la nature, et ses eaux viennent rejoindre la rivière en aval du moulin du Vivier. On la nomme, dans les anciens actes, tantôt la Naïve (la native, la naturelle) tantôt la Fontaine des coquelets et actuellement la Fontaine d'amour. Elle arrose les prairies qui ont remplacé l'ancien vivier du Seigneur.

MOUVANCES DU DOMAINE.

On appelle mouvances des biens qui ont fait originairement partie du domaine, mais qui en ont été aliénés, éloignés, écartés, et qui peuvent y faire retour si les conditions sous lesquelles a eu lieu l'aliénation ne sont pas remplies : un mouvement les a éloignés, un autre mouvement peut les rattacher. Par une fiction de droit le Seigneur garde sur ces biens, quoiqu'il les ait aliénés, ce que les jurisconsultes féodaux appellent le domaine direct ; le possesseur n'en a, disent-ils, que le domaine utile : L'aliénation n'est pas absolue ; elle porte le nom de Bail.

Les mouvances sont de deux natures : de nature roturière si l'aliénation a lieu par bail à cens, de nature noble si elle a lieu par bail à fief, la chose aliénée prend alors le nom de fief.

MOUVANCES ROTURIÈRES.

Dans le bail à cens le Seigneur n'aliène absolument que le domaine utile. Il conserve tous les attributs nobles de sa propriété primitive, et notamment le droit de justice qui était partie intégrante du droit de propriété féodale. L'acquéreur ne doit point de service féodal au Seigneur, car le bien qu'il a acheté est purement roturier. Il ne doit qu'une rente, un cens; il le doit à perpétuité. Cette redevance est parfois très minime : c'est une petite somme d'argent, c'est un chapon, c'est un bouquet, ou un «chapel de roses» (couronne de roses). Quand l'immeuble se divise entre les héritiers du preneur à cens, la redevance se divise. Il y a donc des parcelles qui doivent un demi-chapon, un tiers, un quart de chapon. On avait établi, pour éviter toute difficulté, un tarif en argent de chaque fourniture à faire : ainsi un chapon c'était quinze sols; un tiers de chapon c'était donc cinq sols. Le but principal de la censive est de reconnaître, par le paiement annuel qui est fait à toujours, le droit du Seigneur, son droit de propriété directe et originaire, son droit de justice. On verra plus tard, au point de vue des conflits de juridiction, combien il était important de distinguer les immeubles qui étaient tenus en censive du Seigneur d'Encre, de ceux qui étaient tenus en censive d'une autre Seigneurie.

On pourrait, grâce au dénombrement de 1748, établir pour chacune des parcelles tenues en censive dans l'enceinte de la ville, celles qui étaient mouvantes du Château et celles qui provenaient d'une autre seigneurie. Ainsi l'emplacement de l'ancien Hôtel-Dieu, entre le coin Ouest de la Place et la rue des Boucheries, (G. 3, 4 et 5) était tenu en censive du château. L'emplacement de l'Hôtel-de-Ville actuel (G. 1) était tenu en censive du seigneur de Martinsart. Mais il n'est pas nécessaire d'entrer dans le détail ; il suffit de savoir que le château avait dans la ville d'assez nombreuses censives. On peut dire, d'une façon générale, et sauf les enclaves, que les terrains à l'Est du ruisseau Baillon étaient tenus en censive du château, tandis que tout ce qui est à l'Ouest du ruisseau Baillon est tenu en censive d'une autre Seigneurie. Cela montre une fois de plus que le Seigneur d'Encre n'était pas et n'avait pas été le propriétaire originaire de toute la ville. Les Seigneuries diverses qui possèdent des censives dans la ville sont les suivantes : le Prieuré, qui en a de nombreuses, puis les Seigneuries de Boulan, de Bouzincourt, d'Hénencourt, de Martinsart, de Mametz, du Metz, du fief Boquillon, du fief Taupature et du fief Tauvoye, au total, 10. Le château possédait donc seulement certaines censives dans la ville, d'autres dans les faubourgs, d'autres sur le terroir, et d'autres enfin dans divers pays.

C'était une source de revenus pour le Domaine, non pas tant à cause des censives elles-mêmes, presque toujours très modiques, qu'à cause des droits de mutation qui étaient payés au Seigneur toutes les fois que la propriété changeait de mains. On verra que la vente donnait lieu dans certaines Seigneuries à une perception qui s'élevait jusqu'à 16 et 18 pour cent. Aujourd'hui nous payons la mutation au Gouvernement, dans l'intérêt général ; mais alors c'était au profit personnel du Seigneur, et à un taux singulièrement plus élevé que le taux actuel.

MOUVANCES FÉODALES.

Quand le Seigneur féodal baillait à fief une partie de son domaine, la chose ainsi aliénée gardait sa nature de bien noble. Elle conservait, en tout ou en partie, ses prérogatives ; et par suite le droit de justice, qui lui était inhérent, se trouvait transmis, plus ou moins complètement, au possesseur du fief. Celui-ci, qu'on appelait *Vassal*, du mot allemand *Geselle*, qui veut dire compagnon, devait, en cette qualité de compagnon, l'accomplissement de certains devoirs féodaux envers son Suzerain. Et d'abord il lui devait foi et hommage. De plus il était tenu de l'assister à la guerre (service militaire) ainsi que de l'aider à rendre la justice (service judiciaire, assistance « aux plaids, à la « cour du Seigneur »). Enfin il était tenu, dans les circonstances déterminées par le droit féodal, de certaines prestations pécuniaires. Originairement les concessions de fiefs étaient viagères, les obligations qu'elles engendraient avaient le caractère de relations personnelles et de confiance entre le chef et son compagnon. Plus tard les fiefs devinrent héréditaires. On imagina une fiction de droit. Le fief qui, à la mort du vassal, *retombait*, d'après la règle primitive, dans le domaine du Seigneur, fut accordé, par concession nouvelle, à l'héritier du vassal qui se présentait pour *relever* le fief. Mais on lui fit payer un droit de *relief*, plus un droit de chambellage, c'est-à-dire une redevance au profit du chambellan qui dressait acte de la mutation. On procédait à peu près de même en cas de vente, donation, mariage, &^{a}.

Le défaut d'accomplissement des obligations féodales (« devoirs non faits ») entraînait la résolution du contrat; le fief fesait retour au domaine dont il avait été détaché. La félonie produisait le même effet. C'est ainsi que le fief d'Englebelmer qui appartenait à Monvoisin de Miraumont, fit retour à la châtellenie d'Encre, au 14e siècle, par suite de la condamnation dudit Monvoisin exécuté à Bray en Brie pour crime de trahison.

Quand un fief était vendu, le Seigneur avait le droit de se substituer à l'acquéreur, si bon lui semblait. Il exerçait ce qu'on appelait le retrait Seigneurial. Le bien faisait retour « à sa table » c'est-à-dire au tableau de ses propriétés.

Les obligations féodales n'étaient point personnelles, mais réelles ; c'est-à-dire que c'était la terre du vassal, bien plus que le vassal lui-même qui en était tenu : celui-ci pouvait donc s'en affranchir en abandonnant le fief : mais elles grevaient tout propriétaire du fief assujetti et se transmettaient comme charge de la propriété.

On n'était point, d'une façon absolue, Vassal ou Suzerain. On était Vassal à raison de tel fief, Suzerain à raison de tel autre. Les mêmes personnes pouvaient donc être respectivement Vassal et Suzerain l'une de l'autre. Le Seigneur d'Aveluy était vassal du Seigneur d'Encre, mais celui-ci pouvait être en même temps vassal du Seigneur d'Aveluy à raison d'un fief relevant d'Aveluy. La hiérarchie féodale était une hiérarchie de terres subordonnées l'une à l'autre.

Il faut dire, du reste, que si, à l'origine, les fiefs étaient des propriétés territoriales, on en avait étendu l'objet à toute espèce de choses. Les Seigneurs avaient constitué en fief des censives, des droits de péage, de mesurage, &[a]. On baillait à fief même des fonctions. La Prévôté d'Encre était un fief : il relevait de l'abbaye de Corbie.

Les fiefs se divisaient, au point de vue de l'étendue des obligations féodales, en fiefs-pairies et fiefs de plein hommage ; ces derniers se subdivisaient en pleins fiefs et fiefs abrégés ou démembrement de fiefs. Les pairies paient, en général, 10 livres de relief et cent sols de chambellage ; les pleins fiefs soixante sols parisis de relief et 20 sols de chambellage ; les fiefs abrégés 30 sols parisis de relief et sept sols et demi de chambellage.

Ces différences dans le droit de relief ne correspondent aucunement à l'importance du fief. Il peut consister en maisons, terres, vignes, prés, bois, en une seigneurie, un droit de banalité, de champart, de terrage, de censives. Il y a des pairies qui sont bien moins considérables que des fiefs et même des fiefs abrégés : si on trouve des fiefs de 120 journaux, il y en a de 10, de 5 journaux de terre, de la moitié de 4 journaux. Pairies et fiefs sont disséminés partout, non seulement à Encre ou aux environs, mais dans des localités fort éloignées. Il serait oiseux d'en donner le détail. Il suffit d'indiquer les pays où se trouvaient des pairies ou des fiefs mouvants de la châtellenie d'Encre d'après le dénombrement de 1748. La situation était à peu près la même en 1367.

Les Pairies sont au nombre de 41. Il y en a deux à Encre, celle de Michel Roussel et celle de Messire Carbonnel. Il y en a une ou plusieurs à Aveluy, Authuile (et le Metz), Bazentin-le-Petit, Beaumont, Bécourt-au-Bois, Bouzincourt, (et Rancourt, annexe détruite lors de l'invasion de 1636), Chipilly et Miserville, Étinehem, Fricourt, Grandcourt, Mametz, Martinsart, Morlancourt, Neuvirelle près Méaulte, Ovillers, Pozières, Ribemont, Senlis, Thiepval, Vadencourt, La Viéville, Vaudricourt et Division.

Les fiefs sont au nombre de 79. Il y en a un ou plusieurs à Acheux, Bazentin-le-Petit, Beaumont, La Boisselle, Cappy, Chuignes, Clerfay, Contalmaison, Dernancourt, Dompierre et Becquincourt, Englebelmer, Étinehem, Forceville, Fouquescourt-les-Roye, Hamel, Hénencourt, Grandcourt, Millencourt, Miraumont, Pozières, la Tour du Pré lès

Auchonvillers, Ville-sous-Corbie et Witermont.

Il y en a 18 sur le territoire d'Encre. Parmi ceux-ci il convient de citer :

La Maison de l'Écu de France, près de la Porte des Vaches.

Le fief la Pré, dont le chef-lieu était un manoir situé sur la rive gauche de l'Encre, à peu près en face de Boulan.

Un autre fief la Pré consistant en terres au pied du Montalot.

Le fief Clérentin, longeant le Grand Marais et la route d'Aveluy.

Le fief Boquillon qui, ainsi que les précédents, est resté un lieudit du plan cadastral.

Enfin le fief Tauvoye situé à l'Est de la ville, sur le côteau de la rive gauche de l'Encre, près du moulin de Tauvoye.

De l'autre côté de la vallée, en face du fief Tauvoye se trouvait le fief de Taupature qui relevait d'Aveluy. Cette situation, ces noms de Tauvoye et de Taupâture (malgré de nombreuses variantes d'orthographe) conduisent à penser qu'il s'agit de la voie, de la pâture de la vallée ; *Tau* représenterait l'idée de la vallée. Il correspond à l'allemand *thal*, anglais *dale*, kymri *dol*, vallée.

Les indications qui précèdent permettront de se faire une idée de ce qu'était la châtellenie d'Encre avec ses propriétés, ses droits seigneuriaux, ses censives, ses pairies, ses fiefs, toute son organisation féodale. Elles permettront surtout de rectifier les idées qu'on se fait généralement du Seigneur féodal. Le Baron d'Encre avait des propriétés à Encre, mais il n'était pas le propriétaire d'Encre. A côté de lui, dans la ville même, se trouvaient d'autres propriétaires qui souvent étaient en lutte avec lui comme on le verra. De même il avait, en dehors de la ville et dans les pays plus ou moins voisins, des propriétés, des mouvances roturières et féodales, mais disséminées, éparpillées, et qui ne formaient point un domaine compact. C'était un fort important propriétaire, mais qui était obligé de compter avec le droit d'autrui, avec le droit de ses voisins dont les propriétés étaient enchevêtrées dans les siennes, et aussi avec les droits de ceux auxquels il avait aliéné par bail à cens ou par bail à fief une partie de ce qui autrefois avait été une dépendance de son domaine.

L'histoire des Seigneurs d'Encre est donc le plus souvent l'histoire des luttes qu'ils ont soutenues contre leurs voisins et leurs tenanciers, au sujet des droits qui leur appartenaient respectivement.

CHAPITRE III

LES CAMPDAVESNE

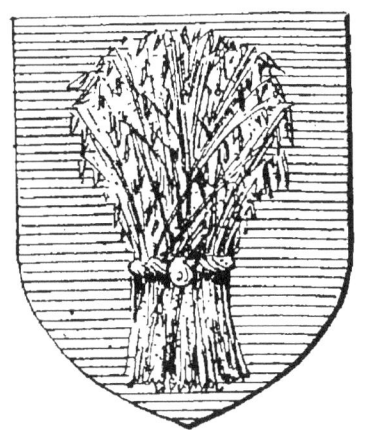

LES CAMPDAVESNE

Au commencement du 12e siècle la terre d'Encre était la propriété de la famille très importante et très opulente des Comtes de St Pol, qui en possédait bien d'autres. C'était la famille des Campdavesne. Elle portait « d'azur, à une gerbe « fleurie d'or, liée de même ». Le nom s'écrit de trois façons : Campdavesne (champ d'avoine) Candavene, (*candentis avenœ,* d'avoine blanche) et Caudavene, qui est une corruption de Candavene. Il est vraisemblable que Campdavesne est la bonne orthographe. Les terres des environs de St Pol produisaient beaucoup d'avoine. De là le nom de Thérouane, (*terra avenensis,* terre à avoine) donné à la ville, voisine de St Pol, qui fut le siège d'un évêché et que les Impériaux détruisirent en 1553.

Hugues II Campdavesne.

Hugues II Campdavesne, 12e Comte de St Pol, très batailleur et très querelleur, était fort mal avec son puissant voisin, Baudouin, Comte de Flandre. Leurs querelles avaient été suspendues pendant la première croisade à laquelle Hugues prit part en 1097, sous Godefroy de Bouillon. Mais elles éclatèrent de nouveau lorsque Hugues fut revenu de Palestine. La terre d'Encre était un des objets en litige. Suivant certains auteurs, Hugues s'en était emparé par violence ; suivant d'autres elle lui appartenait légitimement comme héritier de son père Hugues 1er. Quoiqu'il en soit, Baudouin de Flandre, dit Baudouin à la Hache (en flamand *Hapkin*) lui enleva le château et la terre d'Encre en 1115.

Baudouin, Cte de Flandre.

Quelques années plus tard, en 1119, Baudouin se sentant malade et près de sa fin — il mourut peu après, à l'âge de 26 ans — fit donation de ses biens, et par conséquent de la châtellenie d'Encre à son cousin germain, Charles de Danemarck, fils de Knut ou Canut, roi de Danemarck.

Charles de Danemarck, Cte de Flandre.

En 1878 on a trouvé sur le territoire d'Ovillers, près d'Albert, un véritable trésor pour les antiquaires, 5400 pièces de monnaie d'argent remontant pour la plupart au règne de Louis le Gros (1108-1137). L'une d'elles est un denier, jusqu'alors complètement inconnu, frappé à Encre ; il porte d'un côté une croix ; la légende est, d'après les savants, *Moneta Caroli R. Incrensis* ; ce dernier mot est très lisible. C'est au temps de Charles de Danemarck qu'il faut rapporter ce denier, exemplaire unique de monnaie frappée à Encre. Il est aujourd'hui au Cabinet de médailles de la Bibliothèque nationale à Paris.

Charles de Danemarck est connu dans l'histoire sous le nom de Charles le Bon, qui lui fut donné à cause de sa dévotion et de son humanité. Ce qui ne l'empêcha pas d'être assassiné, le 2 mars 1124, dans l'Église St Donatien de Bruges, où il avait coutume d'aller prier Dieu.

Quelques années auparavant, antérieurement à 1122, un

accord était intervenu entre lui et Hugues Campdavesne, grâce à l'intervention (« l'entreparler ») d'Eustache, comte de Boulogne. Aux termes de ce traité la châtellenie d'Encre, dont Hugues était dépossédé depuis 7 ans, lui fut restituée. Il n'en jouit pas longtemps, car il mourut en 1126. La terre passa alors, avec autres biens, à son fils Hugues III.

Hugues III Campdavesne.

Ce fils n'était ni moins batailleur, ni moins querelleur que son père. Il est connu dans l'histoire par ses méfaits, par le sac de St Riquier, accompagné de toutes les horreurs possibles, par le meurtre d'un prêtre qu'il assassina de sa main au moment où il disait la messe, enfin par une quantité de crimes qui attirèrent sur lui les foudres de l'excommunication. Contraint de se courber sous ce châtiment, terrible alors, il fonda, pour obtenir rémission de ses péchés, le monastère de Cercamp, près Frévent, où il fut enterré en 1142 et où sa femme Béatrix vint reposer près de lui quelques années plus tard, en 1148.

Entr'autres méfaits on lui avait reproché de s'être emparé des biens de l'église des Sts Gervais et Protais d'Encre, dont il se prétendait le patron. Cette église, et d'autres voisines, étaient desservies par un collège de chanoines qui avaient pour cela des prébendes. Hugues s'était emparé de tout et pendant de longues années avait maintenu son usurpation. Mais il dut céder sur ce point comme sur les autres, et restituer les biens qu'il avait pris. Il ne le fit toutefois que sous condition. Il ne voulut pas rendre aux chanoines qu'il avait dépouillés ; c'est à l'évêque d'Amiens, Garin, ou Guarin, qu'il remit les biens, et à charge par l'évêque d'en faire don aux moines de St Martin des

Champs de Paris (ordre de St Benoît). L'évêque Garin leur en fit donation en effet par une charte de 1138. Depuis lors, par conséquent, il y eut à Encre, au lieu de chanoines, un couvent de moines de St Benoît, sous la direction d'un Prieur auquel appartenait le droit de patronat sur l'église, et qui était chargé en outre d'assurer le service religieux dans les paroisses de Bécordel, Bouzincourt, Englebelmer et Witermont, Mesnil et Martinsart, Millencourt, Ovillers et La Boisselle, ainsi que dans la grande chapelle de Ste Marguerite au château. Le Prieuré constitue un fief, dont le chef-lieu est dans la ville même, derrière et contre l'église (A. n° 6), duquel dépendent de nombreuses propriétés dans la ville et dans la banlieue, ainsi qu'au dehors. L'une de ces propriétés consistait dans une chapelle et petit couvent qu'on appelait Notre-Dame des Champs, sur la rive gauche de l'Encre, à environ deux kilomètres de l'église, au sommet de la colline entre Encre et Aveluy, au bord du chemin de Brebières. C'est dans cette chapelle que se trouvait l'image miraculeuse de Notre-Dame qui est aujourd'hui à l'église d'Albert. Le Prieuré, avec ses droits, sa justice, ses censives, était absolument distinct et indépendant de la seigneurie d'Encre. On verra que ce ne fut pas sans peines et sans luttes qu'il parvint à maintenir cette indépendance contre les tentatives que renouvelèrent plus d'une fois les successeurs de Hugues III Campdavesne.

Enguerrand Campdavesne.

A la mort de Hugues, la Seigneurie d'Encre passa, avec le Comté de St Pol, à Enguerrand, l'aîné de ses fils. C'était un preux chevalier ; il était allé à la 1re croisade avec son père en 1097 et, quoique jeune, avait montré une telle vaillance qu'on lui avait donné le surnom de Taillefer. Il est parlé de lui dans « la chanson d'Antioche » qui date du commencement du 12e siècle.

« Sai tu celui nomer ?
« Sire, Engherant l'apelent cele gent d'outremer
« En sornom Taillefer le suelent apeler. »

Enguerrand épousa, en 1150, Ida, fille de Nicolas d'Avesne. Il mourut peu après son mariage, et, comme il ne laissait pas d'enfant, ses fiefs passèrent à son frère Anselme.

Anselme Campdavesne.

Anselme avait épousé Eustache de Champagne. Le prénom d'Eustache se donnait alors aux filles aussi bien qu'aux garçons. Il mourut en 1174.

La question du Prieuré était loin d'être définitivement réglée. Les droits résultant pour les moines de St Benoît de la donation de 1138 donnaient lieu à deux sortes de difficultés. Les chanoines, que Hugues III avait dépouillés, prétendaient qu'à leur égard la donation faite aux Bénédictins ne pouvait avoir d'effet. C'était bien que Hugues eût été obligé de restituer les prébendes usurpées, mais c'était pour eux-mêmes qu'ils entendaient les garder : ils ne voulaient nullement les abandonner aux Bénédictins. Le Pape Eugène III était intervenu à ce sujet en 1148 (circà), et avait décidé que les chanoines garderaient leurs prébendes leur vie durant, et qu'au fur et à mesure des décès des chanoines, elles seraient réunies au Prieuré.

Restait une autre difficulté, celle-là soulevée par les fils de Hugues, Enguerrand, Anselme et Guy Campdavesne.

Ils prétendaient que la donation faite par leur père était nulle et entendaient faire valoir les droits auxquels celui-ci avait renoncé. C'était tout remettre en question. L'évêque d'Amiens, qui était alors Thierry, obtint, en 1154, qu'Anselme renonçât définitivement à ces prétendus droits. Les arrangements de 1138 furent donc confirmés et ratifiés ; les revendications des frères Campdavesne furent repoussées. La charte est du 15 janvier 1154.

Hugues IV Campdavesne.

Anselme Campdavesne laissa trois fils dont l'aîné, Hugues, succéda à ses fiefs. Hugues épousa, en 1178, Yolande de Hainaut, fille de Baudouin, comte de Hainaut, veuve de Yves, comte de Soissons. Elle n'était plus jeune ; elle avait 47 ans.

C'est en cette même année, 1178, que se place un document important, capital pour l'histoire d'Encre, la charte de commune. Ce n'est pas ici le lieu d'en présenter le commentaire. Il suffira de faire, au sujet de cette charte, qui a survécu aux siècles écoulés et dont un des originaux est affiché à la Mairie d'Albert, quelques observations.

On pourrait se demander tout d'abord si c'est bien la charte d'Encre. Car, dans le corps de l'acte, il n'est aucunement question de la commune d'Encre, mais uniquement de la commune de Ham, dont le nom est répété trois fois. De sorte que certains auteurs considèrent ce document comme étant la charte de Ham. C'est une erreur certaine : il s'agit bien de la charte d'Encre. Car, à la suite de l'acte, se trouve une annexe, faisant corps avec la charte, et où il est parlé formellement de la commune d'Encre. D'ailleurs les noms des signataires de la charte, et de l'annexe, celui du comte Hugues de S¹ Pol qui figure dans l'annexe, appartiennent incontestablement à Encre et nullement à Ham. Pourquoi donc est-il question de Ham dans la charte d'Encre ? C'est qu'elle a été copiée sur une charte de Ham, faite elle-même d'après une charte de S¹ Quentin ; et que le scribe, entr'autres erreurs, car il en a commis plus d'une, a copié servilement le mot Ham quand il l'a trouvé, au lieu de le remplacer par Encre. Il a reproduit l'adjectif *Hamensis* au lieu d'y substituer *Incrensis.*

La charte ne se présente pas sous forme d'un contrat. On n'y voit point deux parties qui traitent de leurs droits respectifs, le Seigneur d'une part et la Commune de l'autre ; elle n'est signée ni du seigneur, ni du maire. C'est seulement dans l'annexe que figure Hugues de S¹ Pol pour consentir à reconnaître force probante en justice aux actes qui seraient attestés par le maire ou par trois jurés.

La charte ne crée pas la Commune ; elle est faite pour la « conserver et fortifier » en respectant les droits de l'Église, ceux du Seigneur et ceux des communiers. La Commune existait donc antérieurement. L'acte a pour objet de constater et de régulariser des situations acquises, de codifier une législation qui ne reposait que sur des coutumes. Il se réfère à ce qui était, on peut le dire, le droit habituel de l'époque et particulièrement de la contrée du Vermandois. Il traite du droit civil, du droit pénal, de la procédure, du droit administratif, et, on pourrait presque dire accessoirement, du droit public, c'est-à-dire des rapports entre le Seigneur et la Commune. Le véritable caractère qu'on doit lui attribuer est celui d'une rédaction de coutume.

La coutume est attestée par les « clercs et les laïques » seuls signataires. Les clercs, ce ne sont pas les Bénédictins du Prieuré ; puisque, d'après la bulle du Pape Eugène III, de 1148, ils ne devaient succéder aux chanoines qu'au fur et à mesure des extinctions par décès. Ce sont donc les chanoines encore vivants qui représentent le clergé. Ils sont au nombre de neuf, y compris Baudouin, le chapelain du château. Quant aux laïques, ce sont les pairs de la châtellenie. Régulièrement ils devraient être au nombre de 12 ; il n'y en a que 10 : Mathieu le Prévost, qui est pair de droit à cause de sa charge, et neuf autres qui possèdent des pairies à Morlancourt, Heilly, Fricourt, Bouzincourt, Borcarcourt (La Viéville), Authuile, Mailly et Ovillers. Ce sont des vassaux de la châtellenie qui, d'accord avec le clergé, attestent l'existence et les droits de la Commune.

Il y a donc dans la ville, à côté du Seigneur, à côté du Prieuré, qui se régularisera plus tard, à côté des divers possesseurs de fiefs ou de censives, un pouvoir distinct, propre, indépendant, qui a ses droits, son autorité, sa juridiction, son territoire ; il y a une personne morale, juridique et politique, la Commune. Elle ne manquera pas d'occasion de conflits avec les autres pouvoirs locaux.

Hugues Campdavesne prit part à la 4e croisade. Avant de partir il régla avec le Prieur de St Martin des Champs de Paris une difficulté qui jusque là n'avait pas été tranchée relativement au Prieuré d'Encre. Il avait bien été dit que les moines remplaceraient les chanoines ; mais quel serait le nombre des moines ? Il fut fixé à 10. En 1201 deux des anciens chanoines existaient encore et il y avait au Prieuré 8 moines bénédictins. Il fut convenu qu'au décès des deux chanoines le Prieur de St Martin des Champs les remplacerait par deux Bénédictins, et qu'il maintiendrait à perpétuité au couvent d'Encre le nombre de 10 moines pour assurer le service religieux à Encre même et dans les villages qui ont été précédemment indiqués. Les parties s'en rapportèrent à l'évêque d'Amiens du soin d'assurer l'exécution de leurs conventions.

Hugues mourut à la croisade : il décéda en 1205 à Constantinople ; son corps fut ramené en France. Sa femme Yolande, malgré ses 47 ans à l'époque de leur mariage, lui avait donné deux enfants : Élisabeth, qui épousa Gaucher de Châtillon, et Eustache, qui épousa Jean de Nesle. Ce fut l'aînée, Élisabeth, qui hérita du Comté de St Pol et de la Châtellenie d'Encre.

Chapitre IV

LES CHATILLON S⁺ POL

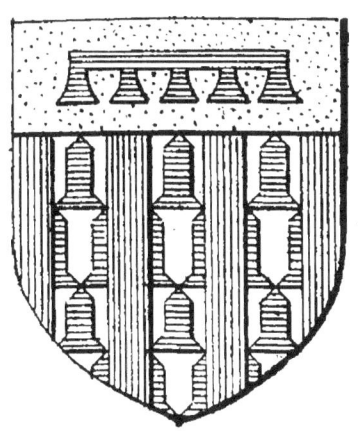

LES CHATILLON S^t POL

Le Domaine passa donc, de la famille des Campdavesne qui l'avait possédé pendant près d'un siècle, dans celle, non moins puissante, des Châtillon sur Marne. Ils portaient « de gueules à trois pals de vair, au chef chargé d'un « lambel d'azur de cinq pendants : support, deux lions : « cimier un aigle au vol étendu de gueules. » Les descendants de Gaucher et d'Élisabeth prirent le nom de Châtillon St Pol. Gaucher lui-même, suivant l'usage du temps, prit le titre de Comte de St Pol, quoique ce fût sa femme qui fût propriétaire du Comté.

Élisabeth Campdavesne & Gaucher de Châtillon.

Il est probable qu'Élisabeth Campdavesne n'avait que la nue propriété du Comté de St Pol et de la Châtellenie d'Encre. L'usufruit devait appartenir à sa mère Yolande en qualité de douairière. Yolande agit en effet comme dame d'Encre dans un acte de 1211 dont il va être parlé et dans une acquisition qu'elle fait le 23 mars 1223 de deux granges, l'une à Mailly, l'autre à Senlis. Elle devait avoir alors 91 ans. C'est seulement après sa mort qu'Élisabeth put devenir pleinement propriétaire de la Châtellenie.

L'acte de 1211, auquel Yolande donna son approbation,

est une fondation faite par un des chanoines d'autrefois, un nommé Gauthier, un des signataires de la charte de 1178, vraisemblablement le dernier survivant des chanoines qu'on avait supprimés en principe en 1138. Il fonde à Encre une chapelle dédiée à St Nicolas et, pour en assurer le service, abandonne les droits qu'il possédait sur une dîme à Auchonvillers. Enfin il donne, pour le logement du chapelain, une maison, construite en pierre (ce qui était bien rare alors) contiguë au monastère des Sts Gervais et Protais, c'est-à-dire au Prieuré. On verra plus loin que cette maison, contre laquelle passait le ruisseau Baillon, deviendra, une soixantaine d'années plus tard, l'Hôtel-de-Ville d'Encre.

Gaucher (ou Gauthier) de Châtillon est un personnage célèbre. Il se signala lors de la 3e croisade, sous Philippe Auguste, notamment à la prise de St Jean d'Acre, 1191. Il fit les croisades contre les Albigeois. Il combattit vaillamment à la bataille de Bouvines, juillet 1214. Son décès est de 1219.

Sa femme Élisabeth lui survécut pendant de longues années. Après 13 ans de veuvage elle avait épousé en secondes noces Jean de Béthune. Son décès est de 1240.

De son mariage avec Gaucher de Châtillon elle avait eu cinq enfants dont deux garçons, Guy et Hugues.

L'aîné, Guy, ne survécut pas à sa mère, de laquelle il devait hériter, suivant l'ordre de la nature, le Comté de St Pol et la Châtellenie d'Encre. Il portait déjà le titre de Comte de St Pol, par anticipation : c'était d'un usage fréquent. Au siège d'Avignon, en 1226, il fut atteint d'une pierre qui lui fracassa le crâne : on le porta dans la tente de St Louis et il y expira entre les bras de son roi.

Guy laissait, de son mariage avec Agnès de Douzy, qu'il avait épousée en 1219, un fils nommé Gaucher de Châtillon, qui, d'après nos lois actuelles, aurait dû être appelé par représentation de son père, à la succession de sa grand'mère, Élisabeth Campdavesne. Mais, aux termes du droit féodal de la coutume d'Artois, la représentation n'était pas admise. C'était toujours l'hoir le plus proche qui était l'héritier féodal. De sorte que au décès de Guy de Châtillon, en 1226, son frère puîné, Hugues de Châtillon, était devenu l'héritier présomptif d'Élisabeth Campdavesne. Étant plus proche d'un degré, il excluait son neveu Gaucher. Aussi le voit-on, à partir de 1226, ajouter au titre de Comte de Blois, qu'il tenait de son père, celui de Comte de St Pol qu'il devait hériter de sa mère et qu'il prenait par anticipation suivant l'usage. Il est probable du reste qu'Élisabeth lui fit, de son vivant, donation du Comté de St Pol et de la Châtellenie d'Encre ; car à partir de 1226, et bien avant le décès de sa mère (1240), Hugues de Châtillon agit comme Seigneur d'Encre.

Hugues de Châtillon, Cte de Blois et de St Pol.

En Juillet 1227 Hugues approuve, et par acte séparé sa mère approuve également, le don qui est fait par Martin le Meunier, autrefois Seigneur Prévôt d'Encre, de 13 setiers de blé à prendre annuellement par l'Hôtel-Dieu d'Encre sur le produit des moulins du Seigneur. On verra plus loin, à propos du Prévôt, qu'une partie de ses salaires (extrêmement minime à la fin du 14e siècle) lui était assignée sur le produit des moulins Le Comte (moulins du Seigneur). Martin délègue à l'Hôtel-Dieu à titre d'aumône

13 setiers (8 hectolitres 19 litres) à prendre sur ce qui lui appartient. Le Comte Hugues abandonne tous les droits qu'il peut avoir, comme Seigneur, sur le blé ainsi donné. Sa mère consent pareil abandon, sans doute en qualité de douairière.

On voit par cette charte que l'Hôtel-Dieu d'Encre existait dès lors, avait sa personnalité juridique distincte, possédait des biens. Son existence antérieure est déjà attestée par une bulle du pape Célestin III, du 5 février 1197, qui permet l'institution d'un chapelain dans l'oratoire de l'établissement. L'Hôtel-Dieu était sous l'invocation de St Jean, comme on le voit par une bulle du pape Innocent III, du 15 mars 1202, adressée à l'évêque d'Amiens pour lui enjoindre de protéger cet établissement contre les entreprises du Curé d'Encre qui prétendait injustement exiger des dîmes au préjudice des pauvres.

La charte de 1227 ne contient point l'acceptation de l'établissement donataire. Mais il n'est pas douteux que cette acceptation ait été faite par le Maire et les Jurés d'Encre. Ils étaient dès lors en possession du droit, qui leur a été maintes fois reconnu depuis, d'administrer les biens de l'Hôtel-Dieu. C'était un établissement public distinct, mais communal.

Il y avait encore un autre établissement hospitalier ayant également le caractère communal. C'était la Maladrerie ou Léproserie. Les lépreux étaient des malades atteints d'une affection de la peau toute spéciale, et qu'on ne laissait communiquer avec personne. La Léproserie d'Encre n'était pas située sur le territoire de la commune, mais sur celui d'Aveluy, tout près de Brebières, à la limite des deux terroirs. Le cadastre d'Aveluy mentionne le lieudit la

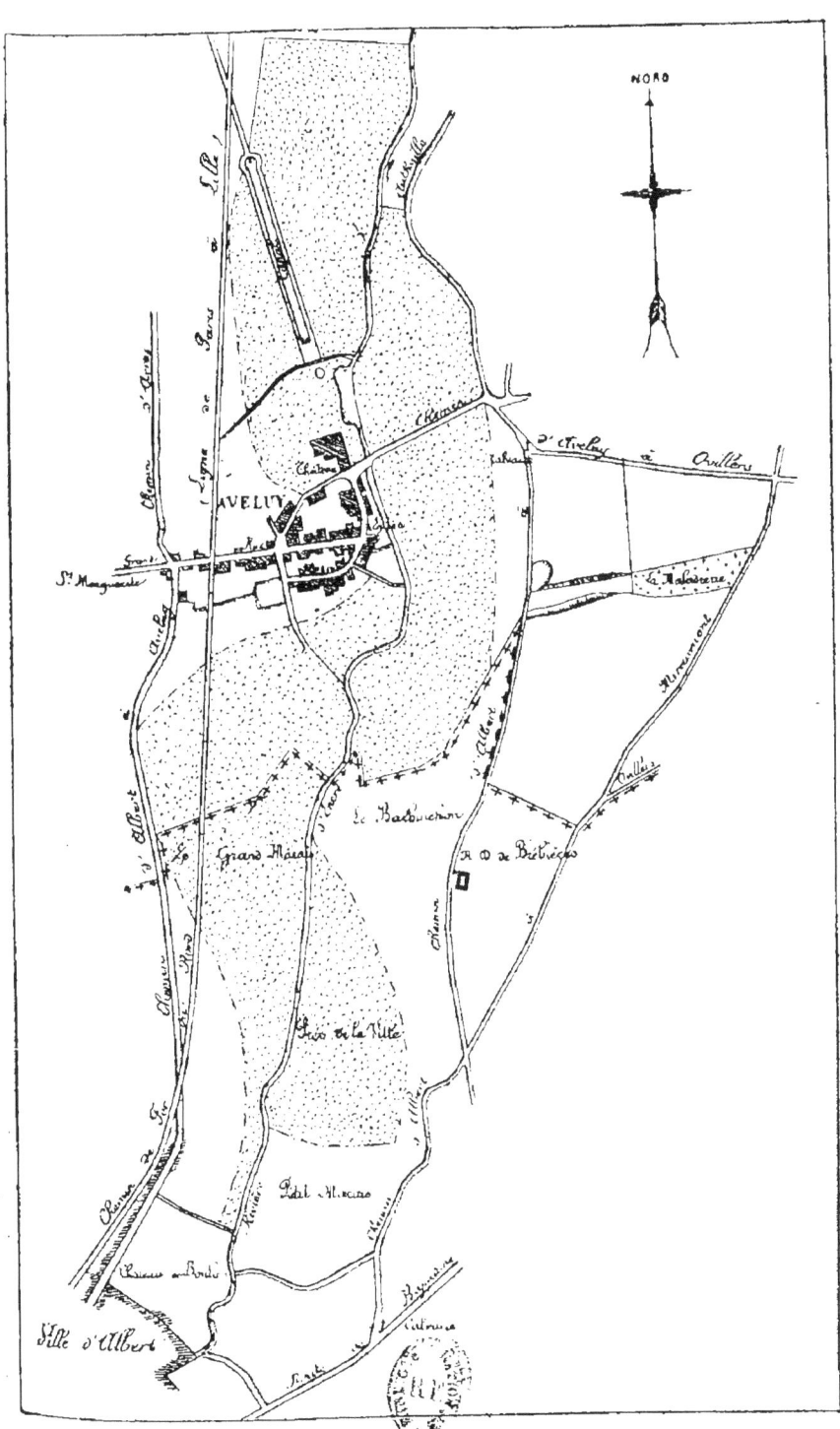

LA VALLÉE EN AMONT

Maladrerie. L'existence de cet établissement dès 1188 est prouvée par une bulle du pape Clément III qui confirme aux lépreux le don d'une dîme que leur avait fait un nommé Robert le Pot. Et son caractère communal résulte d'une charte de la dame d'Aveluy, de 1220, relative à l'acquisition de 16 journaux de terre, faite par les lépreux de Gauthier Le Roux, bourgeois d'Encre, « de l'avis et avec l'aide » (*consilio auxilioque*) des maire et jurés de la ville d'Encre. Des documents ultérieurs établissent du reste ce droit d'administration au profit de la mairie.

La commune avait donc, moins d'un demi-siècle après la charte de 1178, non seulement l'administration de son patrimoine propre, mais des deux établissements charitables de l'Hôtel-Dieu et de la Maladrerie. Ce fait seul suffirait à prouver que la commune n'a pas été créée en 1178; qu'elle existait bien antérieurement.

En avril 1239, Hugues de Châtillon achète de Baudouin, seigneur de Beauval (un membre de la famille des Campdavesne) moyennant 1500 livres parisis, tout ce que ledit Baudouin possédait tant à Encre même que dans la Châtellenie. Hugues, comme tout propriétaire, cherchait à arrondir son domaine.

DON DES MARAIS.

En ce même mois d'avril 1239 il consent au profit de la commune un acte des plus importants. C'est le don de tous les marais qui lui appartiennent aussi bien en amont qu'en aval d'Encre. On pourrait dire que c'est un bail à cens, car le Seigneur stipule un cens de 20 sols parisis payable à Noël tous les ans, à perpétuité.

L'acte a pour objet :

1° Les marais d'amont situés entre Encre et Aveluy, et traversés par la rivière ; c'est-à-dire : sur la rive droite, le Grand Marais, entre la rivière et la route d'Aveluy, et sur la rive gauche le Petit Marais, plus les Prés de la Ville. D'après un arpentage de 1688 le grand marais comprenait 63 journaux, le petit marais 31 journaux. D'après une charte de 1411 les Prés de la Ville en avaient 40. C'est donc un total de 134 journaux. Ils sont encore en grande partie la propriété de la Ville.

2ᶜ Les Marais d'aval, situés, dit l'acte, entre la ville d'Encre et de Heripont. Des documents ultérieurs font connaître que Heripont représente ici Méaulte. Il sera parlé du ruissel de Heripont (Pont du Seigneur) qui n'est autre que le ruisseau, aujourd'hui à sec, qui vient de Bécourt, passe à Bécordel et rejoint à Méaulte la rivière d'Encre. On verra, à propos d'une charte de 1274, que ces marais d'aval, sauf une assez petite partie, ne sont point demeurés à la ville. De sorte qu'en fait la charte de 1239 n'a guères produit d'effet que relativement aux marais d'amont.

Le droit qu'elle concède à la commune n'est pas un droit de propriété absolue. Les marais ne sont cédés que pour le pâturage ; et du pâturage sont exclus par une clause expresse les moutons et les porcs. Ce droit de pâturage appartiendra à tous les bourgeois de la commune, aux serviteurs du seigneur et à ses hommes libres et fieffés habitant dans la ville. Nul autre n'en pourra profiter. Ni le seigneur d'une part ni le maire d'autre part ne pourront accorder à un étranger la permission d'envoyer au pâturage. On saisirait en pareil cas les bestiaux de l'étranger, et on les conduirait au château. Car c'est le seigneur qui est juge de la contravention et qui en perçoit l'amende (2 sols 1/2 parisis).

Le seigneur se réserve le droit de faire non plusieurs mais un seul vivier, et, s'il use de ce droit, le cens annuel sera réduit à 10 sols parisis. Cette réserve fut ramenée à effet par les successeurs de Hugues ; ils créèrent un vivier, qui absorba, on peut le dire, les marais d'aval ainsi qu'on le verra à propos de la charte de 1274.

Hugues de Châtillon avait épousé en 1res noces une fille de Thibault, comte de Bar, et en 2es noces, vers 1225, Marie d'Avesnes, fille unique de Gaucher d'Avesnes. C'est d'elle qu'il est fait mention dans la charte de 1239 que Hugues souscrit du consentement de Marie sa femme. Elle mourut en 1241. Il se remaria en 3es noces, l'année suivante, avec Mathilde, fille d'Arnold II, comte de Guines. Deux de ces unions furent stériles: mais de son mariage avec Marie d'Avesnes il eut huit enfants, quatre garçons et quatre filles. En mai 1246, au moment de partir avec St Louis pour la croisade, il avait eu la précaution de régler le partage de sa succession. A l'aîné de ses fils il laissait les comtés de Blois et de Chartres. Le second, Guy, était pourvu de la manière suivante: « Et Guioz, mes fils « (mon fils) aura le comté de St Pol et la terre d'Encre, et « toute ma terre qui est (toutes mes propriétés qui sont) « entre la rivière de Somme et la mer ». Ces dispositions étaient une sage précaution, car Hugues ne devait pas revenir de son périlleux voyage ; il mourut, en 1248 ou 1249, au moment de s'embarquer pour la Terre Sainte.

Guy de Châtillon, Comte de S#t Pol.

Guy de Châtillon épousa Mathilde (Mahaut) de Brabant, qui était veuve de Robert d'Artois, tué à la bataille de Mansourah en 1250. Lui aussi prit la croix ; il accompagna S#t Louis à la 8e croisade, où le grand roi trouva la mort (1270). Guy, plus heureux, revint en France. Sa mort est de mars 1289. Il avait survécu d'un an à sa femme.

MARAIS D'AVAL.

C'est vraisemblablement de son temps que fut créé, dans les marais d'aval, en vertu de la réserve que son père Hugues avait stipulée en 1239, ce grand vivier qui, d'après le dénombrement de 1367 comprenait 120 journaux en eau, allées, rivages et pâturages, et qu'on retrouve, à l'état de prés, au dénombrement de 1748. En faisant le vivier on avait, comme il a été dit, reporté la rivière tout au pied de la falaise boisée de la rive gauche, et créé à l'extrémité de cette rive boisée, tout au bout du terroir, le moulin du Vivier.

Très avantageux pour le Seigneur, ces grands travaux, qui étaient incontestablement dans son droit, annulaient en fait presque complètement le droit de pâturage qui avait été accordé à la commune sur les marais d'aval. Il ne pouvait plus s'exercer que sur quelques petites parcelles auprès d'Encre, et sur d'autres aux environs du Moulin du Vivier, qui étaient fort éloignées.

Pour accorder à la commune quelque compensation, Guy, par une charte d'avril 1274, transforme, relativement à ce qui n'est pas absorbé par le vivier, le droit de pâturage de la commune en un droit de pleine propriété.

Il lui octroie le droit de pouvoir vendre ou livrer à cens « héritablement » les marais qu'elle tient de son père « du moulin de Batescorche duskes au ruissel de Dihier-« pont ». Mais les acquéreurs à qui la commune vendra tiendront du château d'Encre par 6 deniers parisis de cens payables tous les ans à Noël pour chaque journal, plus 6 deniers en cas de mutation par décès et, en cas de vente, 12 deniers, payables moitié par le vendeur et moitié par l'acheteur.

Le moulin à battre les écorces était situé, comme on le verra, à peu près à l'endroit du moulin à l'huile mentionné au plan de 1748, c'est-à-dire à quelques centaines de mètres du moulin du dehors, tout au commencement des marais d'aval. Quant au ruisseau de Dihierpont (mauvaise orthographe de Deheripont) c'est le ruisseau de Méaulte. On voit par conséquent que l'accord de 1274 porte sur les marais d'aval. Aucun doute n'est possible d'ailleurs, car la ville usa du droit de vente qui lui avait été accordé; elle bailla à cens les portions de marais que lui avait laissées la création du vivier du Seigneur, et on en retrouve le détail dans un relevé fait en 1406 des cens dus à la ville. Il est dit que les prés ainsi acensés par la ville « sont tenus en « chenssel du chastel d'Encre parmy 6 deniers d'issue, 6 « deniers d'entrée et 6 deniers de relief d'hoir à autre ». Il s'agit donc clairement des biens auxquels s'applique la charte de 1274. Leur situation prouve qu'ils faisaient partie des marais d'aval. Ainsi Nicaise Angelot a 4 journaux de pré dont « 3 journaux et un quartier tenant au fossé de « Dihierpont et au quemin qui maine d'Encre à Méaulte, et « trois quartiers séans assez près de la maison manavle « (maison d'habitation) du moulin du Vivier ». C'est pourquoi il a été dit ci-dessus que la charte de 1239, qui, relativement aux marais d'aval, se trouve remplacée par celle de 1274, n'a en définitive produit d'effet que par rapport aux marais d'amont. La ville ne possède plus rien des marais d'aval, tandis qu'elle a encore ceux d'amont.

L'ANCIEN HOTEL-DE-VILLE.

L'année suivante, au mois de juin 1275, une convention intervint entre le Seigneur, le Prieur et la Ville. Elle est constatée par une charte passée entre Guy de Châtillon et le Prieur de St Martin des Champs de Paris. Le Prieur d'Encre, Evrard, faisait agrandir son couvent: il avait besoin pour cela d'un terrain qui appartenait au Seigneur, mais sur lequel la commune avait un droit d'usage. Le Seigneur et la Ville abandonnent ce terrain au Prieur, mais celui-ci, en échange, fait abandon au profit de la Ville de cette maison de pierre provenant de la fondation faite en 1211 par le vieux chanoine Gauthier et où était logé le chapelain de la chapelle de St Nicolas. C'est cette maison, contiguë au ruisseau Baillon et donnant sur la Place du Marché, qui fut pendant de longues années l'Hôtel-de-Ville, « le maison de le Jurrie » d'Encre. Elle faisait partie de la parcelle A. 5 du plan de 1748 et se trouve comprise aujourd'hui dans la maison de M. Watelain, notaire. On peut remarquer que le Seigneur ne reçoit rien en échange de ses droits sur le terrain abandonné pour l'agrandissement des bâtiments du couvent.

L'acte contient une stipulation importante relativement aux murailles qui forment l'enceinte de la ville. Le Prieur reconnaît formellement qu'il est tenu de les entretenir au droit de son tènement (de sa propriété), et qu'il doit laisser un chemin de ronde pour le service de guet et de garde. On verra que malgré cette clause formelle, les Prieurs ont, pendant des siècles, contesté leur obligation. La question des murailles avait pourtant une importance capitale. Elle intéressait tout à la fois le Seigneur, le Prieur et la Ville, tous trois reliés par le même intérêt, le besoin de la défense commune. Mais de tout temps l'intérêt particulier a cherché à se soustraire aux exigences de l'intérêt commun.

LETTRES D'AUMONE.

En 1281, au mois de novembre, Guy de Châtillon et sa femme Mahaut, firent, avec l'agrément de leur fils Huon (Hugues), une donation à la commune. La charte a pour titre « Lettres d'aumosne »; elle est rédigée en français du temps. Guy donne « pour l'âme de lui et l'âme de sa femme» une rente annuelle de 26 livres parisis à toucher du fermier des fours seigneuriaux qu'il possède dans la ville, 13 livres dans l'octave de Pâques et 13 livres dans celle de la St Jean. Il faudra que le fermier des fours banaux se libère exactement auxdites époques, sans quoi il serait tenu de payer en sus huit sols par jour de retard. Avec cet argent les maïeur et jurés achèteront aux plus pauvres de la ville 40 cotes de drap (robes, pour hommes comme pour femmes) et avec le surplus de l'argent, s'il y en a, ils leur achèteront des souliers. La distribution devra être faite au plus tard avant la St Remy. Les maire et jurés (« l'esquevinage ») devront, pour la faire, se concerter avec le prêtre curé du lieu ; mais, par une disposition assez remarquable, il est dit qu'en cas de désaccord, ils pourront « despartir et « donner sans le presbtre ».

26 livres pour acheter 40 robes. Il faut croire qu'une robe de drap à cette époque ne coûtait pas beaucoup plus de 10 sols, puisqu'on prévoit le cas où il pourrait rester de quoi acheter des souliers.

L'expression d'échevinage, qu'on trouve dans cette charte, reviendra souvent par la suite. Les échevins sont les administrateurs de la commune. Le mot vient de l'allemand. Du verbe *Schaff en*, faire, dérive, en allemand moderne, *Schaff ner*, le facteur. Le bas-allemand en avait tiré *Schöpp en* et le bas latin *Scab in us,* d'où le français *échevin*, celui qui fait, qui agit, le gérant. De même en latin on nommait *Actores* (ceux qui agissent) les administrateurs des villes. L'expression de maire et jurés est donc fréquemment remplacée par le terme collectif d'échevinage. C'est l'administration communale.

De son mariage avec Mahaut de Brabant Guy de Châtillon avait eu trois garçons (Hugues, Guy et Jacques) et deux filles. A sa mort, en 1289, Hugues, qu'on a vu figurer ci-dessus aux lettres d'aumosne de 1281, hérita du Comté de St Pol, Guy de la Châtellenie d'Encre.

Guy de Châtillon, boutellier de France.

Quelques années plus tard, en 1292, Guy devint comte de St Pol. Il obtint à cette époque la main de Marie de Bretagne, fille de Jean II, duc de Bretagne et de Béatrice d'Angleterre. Pour favoriser cette union avantageuse, son frère ainé, Hugues, lui fit donation du Comté de St Pol, le jour de Pâques 1292.

LETTRES DE FRANQUISE DE LE PRIORÉ.

Environ deux ans auparavant, à une époque où, sans doute, leurs arrangements de famille n'étaient pas encore définitivement arrêtés, les deux frères, Hugues, Comte de St Pol, et Guy sire d'Encre, avaient réglé par transaction avec le Prieur de St Martin des Champs, agissant pour le Prieuré d'Encre, les droits respectifs de la Châtellenie d'Encre et du Prieuré. Ce document, de juillet 1290, a pour titre « Lettres de le Franquise de le Prioré d'Encre. »

Ce n'était pas sans luttes que les Bénédictins avaient fondé à Encre leur Prieuré, en vertu de la donation de 1138. On se rappelle qu'il avait fallu des lettres de Thierry évêque d'Amiens (janvier 1154) pour les maintenir contre les fils de Hugues Campdavesne. Quarante et quelques années plus tard le pape Innocent III avait dû intervenir en leur faveur par une bulle de 1198 pour la conservation de leurs droits sur l'église d'Encre et sur Ste Marie de Brebières. Un siècle s'était écoulé depuis lors. Mais si les difficultés paraissaient avoir disparu relativement au principe même de l'existence du Prieuré, elles renaissaient constamment au point de vue de son application. On comprend en effet tout ce que pouvait entraîner de complications la coexistence dans la même ville de deux seigneuries indépendantes et rivales. Le Prieuré et le Château avaient l'un et l'autre leur chef-lieu à Encre ; ils y avaient des mouvances, des censives, des hostes, (on nommait ainsi le propriétaire d'une maison chargée de cens) des tenants, des justiciables. Même situation à l'extérieur de la ville ; les propriétés du Prieuré, ou relevant du Prieuré, étaient enclavées dans celles de la Châtellenie ou qui étaient mouvantes du Château. Le petit couvent de Ste Marie de

Brebières ou Notre-Dame des Champs avait ses terres, ses prés (sis au bas de la colline et qui communiquaient à la rivière) enchevêtrés dans des biens de mouvance seigneuriale. Il y avait là une source de conflits incessants de juridiction, dont l'acuité était envenimée par l'intérêt personnel des officiers de justice de l'une et l'autre seigneurie. On sait qu'à cette époque les gens de justice vivaient du produit des actes judiciaires, de sorte que toute restriction de juridiction se traduisait pour eux en une diminution des revenus de leur charge.

Les prétentions des gens du Seigneur avaient été poussées à un point excessif. Sans méconnaître au Prieur le droit de justice, ils contestaient qu'il pût amener ses justiciables au Prieuré pour y être jugés, parce qu'il fallait pour cela passer sur des terres ou chemins de la Châtellenie. C'était absolument déraisonnable. Ils niaient au Prieur le droit d'arrestation des contrevenants, le droit de prendre les bêtes qui se trouvaient en délit sur ses terres, le droit de les mettre en fourrière dans les bâtiments du petit couvent de Notre-Dame de Brebières, &ª. Ils avaient en conséquence mis en liberté, malgré le Prieur, des animaux retenus au couvent de Brebières, ainsi que des hostes du Prieur que celui-ci avait fait amener au Prieuré comme prisonniers. Il convient de dire que le mot prisonnier à cette époque ne s'entend que de l'arrestation préventive. L'emprisonnement n'était pas une peine; c'est seulement depuis 1789 qu'il a eu dans nos lois le caractère d'une pénalité; il n'était qu'un moyen de contraindre le prévenu à comparaître devant ses juges. Ceux-ci le condamnaient soit à l'amende soit à tout autre peine, mais jamais à l'emprisonnement.

Les violences des agents du Seigneur, rapportées par le Prieur d'Encre à son supérieur de Sᵗ Martin des Champs, avaient soulevé un procès dont l'importance s'aggravait de cette circonstance qu'au lieu d'être jugé par les Tribunaux ordinaires il devait être porté devant le Conseil du Roi. Les Bénédictins de Sᵗ Martin des Champs avaient en effet le droit tout spécial, le privilège, de n'être soumis, soit comme demandeurs soit comme défendeurs, qu'à la juridiction du Conseil du Roi : on était fort loin alors de cette idée, aujourd'hui vulgaire, que la loi doit être la même pour tous.

La transaction de juillet 1290 étouffa le procès commencé. Elle règle ce qui concerne le droit criminel et le droit civil.

En droit criminel, le Seigneur gagne sur un point considérable. Il est reconnu que lui seul a le droit de haute justice, c'est-à-dire le droit de condamner pour crime, par exemple de condamner à mort ; droit qu'attestaient deux signes extérieurs, le carcan, ou pilori, sur la Place du Marché, et la potence (nommée par excellence « la Justice ») érigée au haut de la colline du Montalot, au lieu qui porte encore le nom de la Justice, et où on pouvait la voir de plusieurs lieues à la ronde.

Mais le Prieur a droit de moyenne et basse justice : il peut condamner, pour ce que nous nommerions aujourd'hui les délits et contraventions, à une amende dont le maximum est de 60 sols. Pour exercer ce droit de justice il peut arrêter les contrevenants, les faire prisonniers (préventivement) les amener à « sa cour » et pour cela les faire passer, eux et leurs conseils, « parmi la Châtellenie. »

Une disposition spéciale enlève au Seigneur tout droit de justice quelconque en ce qui concerne le chef-lieu du

Prieuré à Encre et aussi le couvent de Notre-Dame de Brebières. Les Religieux y sont absolument chez eux et maîtres absolus.

En droit civil, il est reconnu que le Prieur a sur tous ses hostes et ses tenants le droit de juridiction le plus complet, et on applique purement et simplement le principe en vertu duquel le droit de justice était un des attributs du droit de propriété. Le Prieur connaîtra donc des dommages aux champs, des contraventions aux règlements sur la moisson, des bornages (« cherquemanements ») et en général de toutes contestations relatives à la propriété. Il percevra les droits de mutation (« werps et issues, ventes « et entrées »). Il rentrera dans la propriété des « héritages » (immeubles) dont le tenant aurait encouru la perte par suite de « meffait. » Il aura droit d'accroître ses tenures. Il pourra les amortir. En un mot il jouira de tous les avantages d'une pleine et libre propriété. Le fossé qui joint ses prés à la rivière étant sa propriété, les gens du Seigneur n'y peuvent pêcher ni faire aucun travail. On règle les dimensions de ce fossé, car il y a là une exception au droit commun d'après lequel toutes les eaux étaient au Seigneur.

Ces conventions déterminaient avec assez de précision, comme on le voit, la situation du Prieuré à l'égard du pouvoir rival de la Châtellenie ; mais il y avait à Encre un troisième pouvoir avec lequel des conflits pouvaient s'élever, c'était celui de la Commune. La transaction réserve, à plusieurs reprises, les droits qui peuvent être revendiqués par la Ville à l'encontre du Prieuré. Les deux parties qui traitent, le Prieur et le Seigneur, transigent sous réserve du droit d'autrui.

Ce n'est pas sans raison qu'on appelait « Lettres de le « Franquise de le Prioré » cette charte de 1290. Elle reconnaît en effet l'indépendance du fief que constitue le Prieuré et le place, sauf le droit de haute justice réservé au Seigneur, à peu près dans la situation d'un franc-alleu, qui ne relève de personne. En conséquence de la législation d'alors elle fut soumise à l'approbation royale et elle la reçut. Car en principe aucune communauté, mairie, chapitre, collège, ville, hôtel-dieu, maladrerie, en un mot aucune personne morale, perpétuelle de sa nature, gent de main morte, disait-on alors, ne pouvait posséder d'immeubles sans la permission du roi. C'était une règle d'ordre et d'intérêt public. On avait voulu empêcher l'accroissement des biens de main morte, soustraits pour toujours au mouvement de la circulation. Malheureusement on ne l'a guère entravé en fait.

Quand un bien n'était pas amorti il restait chargé de censives ou de devoirs féodaux ; il pouvait donc, comme on l'a dit plus haut, être repris par voie de résolution du contrat, pour inexécution des obligations, par le Seigneur de qui il provenait. L'une de ces obligations c'était de *relever* le fief en cas de décès. Mais une personne morale ne meurt pas, de sorte que le Seigneur aurait été privé de ses droits de *relief* si on n'avait imaginé un expédient. C'était de désigner un homme, par conséquent un être vivant et mourant, sur la tête duquel était censé reposer le fief. Au décès de cet homme le relief était dû : alors on en désignait un autre qui, de sa main vivante, relevait le fief, et ainsi de suite. Cela s'appelait donner un homme vivant et mourant. Quand au contraire la propriété appartenant à une personne morale était amortie, toute charge qui la grevait disparaissait. Plus de censives, plus de droits féodaux, plus de causes de résolution. Jamais l'être moral ne pouvait plus être obligé de « vuidier ses « mains ; » il n'avait plus jamais à relever le fief, sa main était morte. L'amortissement c'était donc l'affranchissement complet de toute charge. C'était « la Franquise. »

ACHAT DU FOUR BANAL & DU MOULIN A BATTRE ÉCORCES

En mai 1296, Guy de Châtillon et Marie sa femme aliénèrent au profit de la ville, par bail à cens, deux choses : le four banal et le moulin à battre écorces.

Il est vraisemblable que dès cette époque la servitude de banalité du four était considérée comme extrêmement vexatoire. La convention de 1296 n'a cependant pas pour objet de la supprimer. Mais la Commune achète du Seigneur ses fours banaux et par conséquent son droit de banalité, sauf à le convertir plus tard, comme on le verra, en un abonnement. Les fours, dont on a dit la situation, en face du moulin du dedans, au coin de la Place et de la rue de la Porte d'Aveluy, resteront donc fours banaux, mais banaux au profit de la Commune. « Nus hom, dit la charte, « puist faire d'ore en avant fours ne fourniaus dedens « nostre vile d'Encre se n'est par l'assentement et par la « volenté du mayeur et des jurés d'Encre. » Mais le Seigneur se réserve deux avantages : 1° celui de pouvoir cuire au four de la ville si bon lui semble, sans avoir rien à payer ; 2° celui d'avoir « dans le fermeté de son manoir » c'est-à-dire dans l'enceinte du château, un ou plusieurs fours pour son usage personnel ou celui du châtelain à gages qu'il aurait préposé au gouvernement du Castel. Un châtelain censier, c'est-à-dire un fermier du Castel, n'aurait pas le même privilège ; il devrait « fournier as fours de le vile « à le coustume des autres gens ki sont demourans en ledite « vile d'Encre. »

Le moulin à Batescorches, situé, comme on l'a vu, un peu en aval du moulin du dehors, servait, ainsi que son nom l'indique, à broyer les écorces pour la tannerie, à écraser les œillettes pour en extraire l'huile, et surtout à travailler la guède, ou waide, plante tinctoriale dont on obtenait la couleur bleue et dont l'emploi n'a cessé que par suite de la découverte des Indes qui a permis de lui substituer l'indigo. La culture de la waide était fort répandue dans le pays et fournissait à l'agriculture d'alors une de ses principales ressources. La waide demandait certaines préparations ; avant de la porter au moulin pour la battre, il fallait la passer à la rivière. Propriétaire des rivières et propriétaire des moulins, le Seigneur était donc absolument maître de la situation des gens qui cultivaient la waide.

La Ville fait pour le moulin à battre écorces ce qu'elle vient de faire pour les fours. Elle ne supprime pas le monopole du Seigneur, elle l'acquiert pour elle-même, sauf à n'en pas abuser à l'égard de ses habitants.

Le Seigneur lui vend donc son moulin « de Batescorches « et toutes ses ruees (meules) à batre waides. » Elle en pourra disposer comme elle voudra, le garder ou le supprimer « oster ou laissier ledit molin de Batescorches ; » elle en est maîtresse. Mais, si elle le garde, il faut d'abord que les cultivateurs puissent s'en servir, et par conséquent passer leurs waides à la rivière ; et il faut d'autre part que le seigneur ne puisse pas faire concurrence à ce moulin à waides communal, en établissant un autre moulin à waides soit au-dessous soit au-dessus d'Encre. En un mot il faut assurer à la ville le monopole de fait que le seigneur avait pour la waide. C'est ce monopole, plus encore que le moulin lui-même, qui fait l'objet du contrat. De là les stipulations suivantes : le Seigneur accorde à tous ceux qui voudront amener leurs waides au moulin de la ville « l'aaisement de faire lavoirs et de laver leurs waides » dans sa rivière depuis Aveluy, en amont d'Encre, jusqu'au moulin de Tauvoye qui est en aval ; et d'autre part le seigneur s'interdit de faire ou d'autoriser à faire aucun moulin à battre waides, depuis Aveluy jusqu'au moulin de Tauvoye et même, plus en aval, jusqu'au pont de Heripont, c'est-à-dire jusqu'à Méaulte.

Pour prix de sa double acquisition la Commune s'oblige au service d'une rente perpétuelle de 80 livres parisis par an ; et, en plus, au paiement des 26 livres parisis dues par le seigneur en vertu de la charte de 1281 et qui doivent être employées à l'achat de 40 cotes de drap et de souliers pour les pauvres. C'est un total de 106 livres parisis, annuellement, que lui coûte son achat.

Relativement aux 26 livres il y avait une véritable extinction de la dette par confusion : car c'est au profit de la Ville que cette rente avait été constituée en 1281. Elle n'en était pas moins tenue de fournir aux pauvres les vêtements stipulés. Avec le temps cette obligation se confondit avec ses devoirs généraux envers les indigents.

Quant aux 80 livres, le paiement en fut exactement fait tous les ans au seigneur pendant plus de deux siècles. Les comptes des seigneurs en mentionnent la recette notamment en 1447, 1501 et 1511. Mais les choses qu'on veut faire perpétuelles finissent toujours par avoir le sort de toutes les choses humaines. La Ville perdit l'habitude de payer la rente. En 1681, plus d'un siècle après le paiement de 1511, le Seigneur, qui était alors le duc de Luynes, réclama. La ville essaya de résister, invoquant de fort mauvaises raisons. L'affaire se termina par une transaction passée devant Jean Linart, notaire, le 22 Août 1681. Le Seigneur abandonne, par cet acte, son droit aux 80 livres, pour le passé comme pour l'avenir, mais la ville se charge de payer en son lieu et place, à l'Hôtel-Dieu d'Albert la rente de 13 setiers de blé constituée par Martin le Meunier en 1227. On a vu que cette rente était à prendre sur le produit des moulins Le Comte en déduction de ce qui appartenait au Prévôt. En fait c'était donc le seigneur qui la payait. En 1681 il n'y avait plus de Prévôt. Le seigneur ne subira plus la retenue des 13 setiers, et l'Hôtel-Dieu n'y perdra rien puisqu'ils lui seront servis par la Ville.

LE FOSSÉ DE BREBIÈRES.

En 1290 le Prieur avait réglé sa situation par rapport à la Châtellenie, mais non par rapport à la Commune, dont les droits avaient été expressément réservés et dont les intérêts pouvaient se trouver en conflit avec ceux du Prieuré. Au commencement du 14e siècle une difficulté s'éleva entre le Prieur et la Ville au sujet de travaux exécutés par l'Échevinage dans les marais d'amont.

La vallée de l'Encre, venant en droite ligne d'Authuile à Aveluy, rencontre à droite le promontoire de tuf sur lequel est bâti le village d'Aveluy et qui la rejette à l'Est au pied des coteaux du mont d'Encre, sur les pentes duquel était bâtie la Léproserie. La vallée, ayant tourné cet obstacle, se reporte vers l'Ouest, entre le promontoire d'Aveluy (rive droite) et celui du Barbinchon (rive gauche) qui est un contrefort de la colline de Brebières. Elle s'élargit ensuite pour descendre vers Encre dans les marais concédés en 1239 à la commune d'Encre. Ces marais étaient plutôt des marécages. Les eaux n'y avaient pas un cours régulier. Elles se portaient tantôt d'un côté et tantôt de l'autre ; les débordements étaient fréquents. Il en résultait que le droit de pâturage concédé à la commune en 1239 sur les marais d'amont, se trouvait souvent illusoire. La Commune, pour obvier à ces inconvénients, avait fait faire certains travaux afin de régulariser le cours des eaux. Ce n'était pas encore le grand travail d'endiguement qui, canalisant la rivière, l'amena, presque en droite ligne, depuis la pointe du Barbinchon jusqu'auprès de Boulan ; cela ne fut fait qu'au commencement du 17e siècle : il s'agissait de travaux beaucoup moins importants. Mais ils avaient l'inconvénient d'empêcher l'action du fossé qui permettait au Prieur d'irriguer ses prés au bas du couvent de Brebières, ce fossé que la transaction de 1290 reconnaissait appartenir au Prieur, et où elle défendait aux gens du Seigneur l'exercice de la pêche. La Commune avait-elle le droit, dans l'intérêt du pâturage de ses marais d'amont, d'interdire au Prieur l'irrigation de ses prés ?

Une transaction intervint, en juillet 1304, entre la Ville et le Prieur de St Martin des Champs. Le Prieur d'Encre pourra faire à la rivière une saignée (« *un trenkiich* ») de deux pieds de large pour amener l'eau à ses rigoles. Il devra la rendre à la rivière par un fossé de trois pieds de large et, sur le canal d'amenée comme sur celui de retour, il devra établir et entretenir un pont pour permettre aux vaches d'aller pâturer dans les marais. Le tout se fera à ses frais, car c'est une concession que la commune lui fait.

LA SENTENCE DE BOULAN.

La Ville avait à la même époque, et depuis longtemps, une autre difficulté à faire résoudre. Elle était en contestation avec le Seigneur de Boulan. Boulan était un fief relevant en plein hommage de la seigneurie de Hochecocq, qui elle-même relevait de la seigneurie d'Aveluy. Il comprenait en propriété plus de deux cents journaux de terre situés en majeure partie à l'Ouest du terroir d'Encre, des droits de terrage, généralement à 8 pour cent du rendement de la terre, sur quatre-vingt-cinq journaux, et des censives sur plus de trente journaux cultivés en vigne, situés au-dessus des rideaux qui sont parallèles à la gare du chemin de fer, à l'endroit qui sur le cadastre est désigné par les lieuxdits : « les Vignes, au-dessus des Vignes, dit. les « Vignes. » La culture de la vigne, aujourd'hui complètement abandonnée, s'était encore conservée au milieu du 16e siècle, mais tendait à disparaître comme on le voit dans un dénombrement de la seigneurie de Boulan, de 1561.

Le chef-lieu de Boulan, situé au Nord de la ville, à l'extrémité du faubourg dit de Boulan, était dans le périmètre de la banlieue communale. De ce fief étaient mouvants quelques héritages sis dans l'enceinte de la ville, et des parcelles, en plus grand nombre, sises dans la rue de Boulan et dans la rue qui lui est perpendiculaire, qu'on appelait alors la rue de Saulchoy et qu'on nomme aujourd'hui la rue Thiers, par conséquent dans la banlieue.

Des conflits devaient naturellement s'élever entre le Seigneur de Boulan et la Ville; le Seigneur ne voulant tenir compte des droits de la Ville sur ce qui était situé dans sa banlieue et la Ville prétendant au contraire que tout ce qui était dans sa banlieue était, d'une façon complète, soumis à sa juridiction. Le mot banlieue, qui aujourd'hui n'a plus que le sens fort vague d'environs, avait alors une signification extrêmement précise et se rapportait à un périmètre très exactement délimité par des bornes. Dans la banlieue la Ville avait droit de juridiction comme dans l'intérieur des murailles. Le mot l'indique, car *ban*, qui signifie, commandement et par suite publication, suffit à faire comprendre que dans la banlieue, la Commune a droit de commander, d'exercer son autorité.

Le conflit entre la Ville et le Seigneur de Boulan avait été soumis à l'arbitrage du précédent seigneur d'Encre, Guy de Châtillon, qui avait nommé des commissaires pour faire enquête sur les prétentions respectives. Mais Guy était venu à mourir avant d'avoir pu prononcer sa sentence. Un nouveau compromis entre la Ville et Jean, Seigneur de Boulan, déféra le litige à l'arbitrage du nouveau seigneur d'Encre, Guy de Châtillon, bouteiller de France, fils du précédent, et celui-ci confia le soin d'élucider l'affaire à son Sénéchal de St Pol « Michieus de Fontaines ». Les deux parties, la Commune d'une part et Jean de Boulan de l'autre, s'étant rangées à l'avis du « Sénécaus de Ternois », le convertirent en transaction le samedi après la St Mathieu de l'année 1311. Cette charte est intitulée « Le Sentensse « de Boulan. »

Elle résout les difficultés soulevées au moyen d'une distinction entre les immeubles, d'une part, et, d'autre part, les meubles et *catels*. Cette dernière expression comprend les choses qui, malgré leur nature immobilière, étaient assimilées aux meubles par la coutume, telles que des granges, étables et autres constructions qu'on considérait comme faisant partie d'un amontement de culture, d'un *cheptel*.

Relativement aux immeubles, Jean de Boulan gagne son procès. Il a droit de juridiction sur ses hommes « levans et « couquans » (habitant) même dans la banlieue, car ils occupent un immeuble dépendant ou relevant de son fief. Les officiers de la justice de Boulan recevront donc les contrats de vente ou d'hypothèque (« enwagement ») de ces biens ; ils connaîtront des questions de bornage (« cherquemane- « ments » *circa*, autour, du *manoir*) ; ils jugeront les contestations sur la propriété, en un mot ils auront toute juridiction.

Mais au contraire, pour tout ce qui concerne les meubles et catels des hostes et tenanciers de Boulan habitant dans la banlieue, c'est le tribunal de la commune, l'Échevinage, qui aura juridiction. Habitant de la banlieue ou de l'intérieur de la ville, c'est tout un. Par conséquent les habitants des rues de Boulan et du Saulchoy sont soumis à la juridiction communale. Par conséquent encore ils sont assujettis au paiement de l'impôt ; ils sont taillables.

Ces deux points étant réglés quant aux choses, la sentence statue comme suit relativement aux personnes.

En principe il est reconnu que la Ville a pleine juridiction sur les personnes dans sa banlieue comme dans l'enceinte de ses murs. Si donc elle proscrit quelqu'un, si elle le bannit, — ce qui était la grande peine du droit communal — le banni ne pourra demeurer dans la banlieue, fût-il

« levant et couquant » de Boulan.

Mais à ce principe il est fait exception en faveur « du cors » (de la personne) du Seigneur de Boulan, et de «sa maisnie» (de ses domestiques) ainsi que de son catel. Sur tout cela la Ville n'aura point de juridiction, par égard pour le seigneur, son voisin. Mais ce privilège est absolument limité et particulier. Si donc il y avait à Boulan d'autres personnes, qui y demeureraient ou qui s'y seraient réfugiées, coupables d'un méfait quelconque envers la Commune, les magistrats de la Ville pourraient les y venir chercher et prendre au corps dans le château même de Boulan : car il est compris dans la banlieue de la ville.

De pareilles dispositions attestent la vigueur du droit communal à cette époque.

Guy de Châtillon mourut le 6 avril 1317. Dans son testament il n'oublia pas la ville d'Encre : il légua à chacun de ses deux établissements hospitaliers, la maison-Dieu et la Maladrerie une rente perpétuelle d'un muid de blé à prendre sur ses moulins d'Encre, un setier par mois.

C'était un puissant personnage que ce comte de St Pol ; il était grand bouteiller de France ; il fut envoyé comme l'un des hauts dignitaires de la couronne, pour assister à Boulogne, en 1308, au mariage d'Isabelle de France avec Édouard II roi d'Angleterre. Noces fatales d'où prirent naissance les prétentions du fils d'Isabelle, Édouard III, qui, après la mort des trois frères de sa mère, réclama le trône de France. Ce fut l'origine de la guerre de cent ans.

Du mariage de Guy de Châtillon avec Marie de Bretagne étaient nés quatre enfants, dont deux garçons : Jean et Jacques Ce fut l'aîné, Jean de Châtillon, qui, en cette qualité, fit, en 1318, délivrance à la ville des deux muids de blé constitués par son père « en sa dairraine volenté » au profit de l'Hôtel-Dieu et de la Maladrerie. Il s'agissait d'un legs pieux et on comprend que le chef de la famille ait eu qualité pour consentir cet acte ; mais il n'était pas seigneur d'Encre. C'est à son frère, Jacques de Châtillon, que la Châtellenie d'Encre fut attribuée par le partage de famille.

Jacques (ou Jean-Jacques) de Châtillon.

CHAPELLE DE S¹ BARTHÉLEMY.

Il ne paraît pas que l'exemple paternel ait inspiré à Jacques de Châtillon la pensée de faire des libéralités à la commune. C'est de son temps, en 1325, que fut fondée la Chapelle de S¹ Barthélemy dans le cimetière d'Encre ; mais la fondation et la donation de cette chapelle ne sont pas l'œuvre du Seigneur. Elles sont le fait de la Commune elle-même, ainsi que le constate une charte « du lundi qui suit « le dimanche où on chante *Misericordia Domini* » c'est-à-dire qui suit le dimanche de la Trinité.

La chapelle était située à l'angle Nord-Est du triangle formé par le cimetière. Elle a été démolie quand on a fait le nouveau cimetière. En souvenir de son saint patron, c'est le jour de la S¹ Barthélemy que se célèbre, encore aujourd'hui, la fête du faubourg qui conduit à Bray et à Péronne.

La Ville choisit le premier chapelain, un nommé Pierre Revelin d'Encre ; mais remit à l'évêque d'Amiens le soin de choisir ses successeurs. L'évêque d'Amiens, en 1325, était Simon de Goucans, qui mourut le 3 décembre de la même année et dont le tombeau se voit dans la Cathédrale d'Amiens, chapelle de la Petite Paroisse.

HOTEL-DIEU & MALADRERIE.

On a fait ressortir précédemment que l'Hôtel-Dieu, ainsi que la Maladrerie, étaient des établissements communaux. La ville d'Encre a, de tout temps, maintenu, avec un soin jaloux, ses droits d'administration sur ces deux maisons hospitalières. En 1329 un valet de la Comtesse de St Pol, Jeanne de Fiennes, femme de Jean de Châtillon, étant tombé malade, avait été placé à l'Hôtel-Dieu et y était mort. La Commune, qui avait fourni à ce pauvre homme, nommé Pierre, « sen vivre, sen couchier et sen vestir » prit soin de faire reconnaître par la Comtesse qu'elle avait agi ainsi par pure bienveillance, qu'elle n'y était pas obligée, que le Seigneur ni nulle autre personne ne peut placer un malade à l'Hôtel-Dieu que par « la grâce, l'otroy et volenté « des mayeur et esquevin de le ville d'Encre. » Cette charte est de janvier 1330, premier dimanche après le jour de la Thiephane (Epiphanie). Elle constitue ce que l'on nomme des lettres de non-préjudice, fort en usage à cette époque où il n'y avait pas de législation générale et précise établissant les droits de chacun. Comme il n'y avait que des coutumes, on évitait, par le moyen des lettres de non-préjudice, qu'une concession gracieuse pût être invoquée dans la suite comme un précédent. On verra plus loin d'autres lettres de non-préjudice. Elles étaient de pratique usuelle.

LA MESSE MATUTINELLE.

En tout et pour tout il fallait que la Ville se montrât gardienne vigilante de ses droits. Les Religieux d'Encre, probablement à la faveur des troubles de la guerre de cent ans, s'étaient relâchés de leurs devoirs. Ils trouvaient commode de se dispenser de dire la messe du matin, au grand déplaisir des habitants qui, plus dévots que les moines, réclamaient la célébration du service divin, mais la réclamaient vainement. Il est bien évident que tous les moines de l'ordre de St Benoît n'étaient pas animés du zèle pieux et de l'ardeur au travail qui ont rendu légendaire leur nom de Bénédictins. Dans un petit couvent de 10 moines, perdu, isolé à la frontière Picarde, les abus devaient s'introduire aisément. Il suffisait que le Prieur d'Encre donnât l'exemple de la paresse et de la négligence pour que tous ses religieux fissent comme lui. Heureusement l'administration supérieure de l'ordre envoyait, de temps en temps, des inspecteurs pour surveiller l'accomplissement de la règle dans ces petits couvents. En 1350 le frère Hue, de la maison de Cluny, chargé d'une de ces « visitacions », vint à Encre, et les habitants profitèrent de sa présence pour lui adresser leurs réclamations contre les Religieux qui manquaient à leurs devoirs. Le frère Hue s'empressa de faire droit à leurs justes plaintes : par une charte du 1er juillet 1350, il enjoignit aux Prieur et Religieux d'Encre de reprendre « le divin service et célébracion de lad. messe « comme il a esté acoustumé de faire. » Les Religieux furent donc condamnés ainsi, sur la demande des habitants, à dire la messe « matutinelle. »

INVASION ANGLAISE DE 1359.

C'était l'époque de la guerre de cent ans, si cruelle pour notre pays. Les désastres succédaient aux désastres : après Crécy (1346), Poitiers (1356). Le Roi Jean était prisonnier. Son fils aîné, Charles, duc de Normandie, qui avait pris la

Régence, cherchait à se maintenir au milieu des troubles intérieurs, des horreurs de la Jacquerie, des excès de Charles le Mauvais et de ses Navarrois, des révoltes de toute nature. Jean, prisonnier, avait, pour obtenir sa liberté, souscrit un traité honteux que le Régent refusa de ratifier. Édouard III, furieux, annonça, dit Froissart, « qu'il « voulait passer outre-mer au royaume de France, sans « jamais repasser jusques à ce qu'il aurait fin de guerre, ou « paix à sa suffisance et à son grand honneur, ou il mour- « rait à la peine. » Édouard prépara en effet une armée formidable.

Le lieutenant « ès parties de Picardie, du Roi et de Mon- « seigneur le Régent, duc de Normandie et Dalphin de « Vienne » était alors Guy de Châtillon, fils de Jean de Châtillon et neveu du Sire d'Encre. Jeune encore — il n'avait que 32 ans — il déployait la plus grande activité. C'était lui qui, en 1358, avait sauvé la ville d'Amiens des Navarrois. En octobre 1359 il avait son quartier-général à S.ᵗ Omer, d'où il surveillait les mouvements des Anglais. Le débarquement d'Édouard était attendu d'un moment à l'autre. Il eut lieu en effet le 28 octobre, à Calais.

Le 13 octobre, Guy de Châtillon écrivit au châtelain d'Encre, Nicole de Maute, pour lui rappeler et confirmer ses instructions précédentes concernant la mise en état de défense de la ville. La Commune montrait du reste le plus louable zèle ; l'Échevinage ne reculait pas devant les dépenses. Malheureusement il y a toujours eu des hommes qui ne savent pas se résigner aux sacrifices qu'exige le patriotisme. « Plusieurs religieux, curés, chaspellains et « autre gens qui ont dans la ville plusieurs rente et posses- « sions contredisoient à payer et contribuer aux coutz et

« frais que lydicts maire et jurés faisoient. » Aussi Guy de Châtillon écrit au châtelain : « Vous mandons et commet-
« tons que vous tailliés présentement à chascun, tant
« religieux, curés, cappellains comme aux autres habitans,
« selon la faculté des biens de chascun » pour que les travaux de la fortification ne restent point inachevés « et à ce
« les contraignés, si mestier (besoin) est par toutes voies
« deues ; et mennement les contraignés, chascun en droict
« luy, à faire gueit de jour et de nuit, en l'ordre, à son
« tour, sans en aucun espargnier. » Il y a lieu de penser
qu'en présence d'injonctions aussi formelles les Religieux
d'Encre, dont la mauvaise volonté se manifestait dès lors,
dans les circonstances les plus critiques, et se montra
dans la suite si persistante, durent s'exécuter et mettre en
état la portion de murailles dont l'entretien leur incombait
aux termes de la charte de 1275.

Édouard III s'avançait en Artois « avec le plus grand
« charroy et le mieux armé que nul vit onques issir d'Angleterre. » Son armée était admirablement organisée : il
« menait toutes pourvéances pour l'ost (l'armée) et hotels
« (outils) dont on n'avait point vu user par avant de mener
« avec gens d'armes, si comme moulins à la main, fours
« pour cuire, et plusieurs autres choses nécessaires. » Il
savait en effet que ses gens d'armes ne trouveraient pas à
vivre, que « tout était bouté dans les forteresses : ainçois
« (avant) qu'il partît de son pays il avait ouï parler de la
« famine et de la povreté de France, que, de grand temps
« le pays étoit appovri et exillé, que il faisoit cher temps
« au royaume de France, que grande famine y couroit pour
« la cause de ce que on n'avoit de trois ans paravant rien
« labouré sur le plat pays. » Il s'avançait à petites journées,

trois lieues par jour, sans laisser un traînard en arrière, suivi de son immense convoi que précédaient 500 valets munis de pelles et de coignées : « ils ouvroient les chemins « et les voies, et coupoient les épines et les buissons pour « charrier plus aise ». « Le temps était si cru et si pluvieux « que ce leur faisoit trop de meschief et à leurs chevaux, « car presque tous les jours et toutes les nuits pleuvoit-il à « randon. » Dans les villages on ne trouvait « nullui, car « tous s'étaient boutés les gens du plat pays dedans les « forteresses. »

Édouard se dirigea vers Arras où Guy de Châtillon s'était enfermé avec 200 lances, mais évita la ville. A Encre l'émotion était grande ; on se demandait si les ennemis n'allaient pas se diriger sur la ville pour aller passer la Somme à Bray ou au-dessous. Heureusement pour la commune les Anglais prirent une autre direction ; ils restèrent sur les plateaux, passèrent au Nord de Bapaume, puis au-dessus des sources de la Somme et marchèrent sur Reims. L'orage s'éloigna.

TRAVAUX DE DÉFENSE.

Mais au moment où l'on croyait qu'il allait éclater sur la ville les communiers d'Encre, résolus à se défendre énergiquement, avaient pris toutes les mesures nécessaires et complété le système de la fortification. Fossés nouveaux, estacades, rien n'avait été négligé. On avait coupé les ponts de la ville, dont deux étaient en pierre (ceux de la porte de Bray et de la porte des Vaches ou des Bœufars) et deux en charpente (ceux des portes d'Aveluy et de Corbie). Ils avaient été tous quatre remplacés par des ponts-levis. Les déblais des nouveaux fossés avaient été rejetés dans la rivière qui les avait entraînés dans la planée (plaine) de la Naïve, c'est-à-dire du cours d'eau naturel (*nativus*) de la rivière en aval. Pour inonder ces nouveaux fossés on avait pris l'eau à la rivière du Seigneur, notamment au bras artificiel qui entourait son châtel. Assurément, en droit, la Ville n'était pas fondée à disposer ainsi des ponts et des rivières du Seigneur. Peu importait. En présence des nécessités supérieures de la défense du pays on ne s'était pas laissé arrêter par des scrupules juridiques.

Mais quand le danger fut éloigné, le Seigneur d'Encre, Jacques de Châtillon, demanda à la Commune des lettres de non-préjudice pour tout ce qui avait été fait soit de son assentiment, soit sur autorisation de ses officiers, soit en vertu de la loi de nécessité. Ces lettres sont du 8 mars 1360.

« Quand le pays et les aultres villes d'environ seront en « paix et bonne seureté » la Commune enlèvera l'estacade établie sur la rivière, rétablira les ponts dans leur état ancien, le tout à ses frais. Toutefois, quant à celui de la porte d'Aveluy, comme les matériaux de l'ancien pont ont été emportés au château, le Seigneur fournira les bois et « le mairien » (les madriers) nécessaire pour celui qui remplacera l'ancien. Il est reconnu que les ponts ainsi refaits seront, comme auparavant, la propriété du Seigneur, et on constate que leur entretien est à sa charge, sauf le cailloutis du tablier, qui est dû par la Ville.

LE MOULIN A L'HUILE.

En la même année 1360, le 1er novembre, Jacques de Châtillon passa avec la Ville une convention nouvelle relative au moulin de Batescorches qui avait été détruit, peut-être à l'occasion de la guerre, peut-être aussi tout simplement en vertu du droit que la Ville s'était réservé, dans la charte de 1296, de « l'oster », c'est-à-dire de le supprimer. Cette charte interdisait au Seigneur le droit de faire aucun moulin à battre waides depuis Aveluy, en amont, jusqu'au moulin de Tauvoye, en aval d'Encre. La Ville accorde au Seigneur le droit de faire « au lieu c'on « dist de Batescorch » un moulin, non point pour battre waides, mais pour battre « ole (huile) et escorches » ; c'est le moulin à l'huile qu'on voit au plan de 1748 et qui subsiste encore de nos jours. Non seulement la Ville concède cette permission au Seigneur, mais elle lui accorde en plus un quartier de terre, vingt-cinq verges, pour faire les « maison et aaisement du molin. » Il est très remarquable qu'en échange de ces concessions, la Ville ne reçoit absolument rien. Cela montre, une fois de plus, que l'acte de 1296 n'avait été de sa part qu'un rachat de la servitude de banalité que le Seigneur exerçait en fait au sujet de la waide. Dès que cette servitude a disparu, avec le moulin à waides, le but est atteint. Mais il ne faut pas qu'elle renaisse, sous aucun prétexe ; aussi la Commune, qui ne reçoit rien en échange des concessions par elle faites, stipule avec le plus grand soin que le moulin à huile que le Seigneur va établir ne pourra jamais être un moulin banal c'est-à-dire obligatoire. Le Seigneur s'interdit formellement de « molester » les communiers et de les contraindre en aucune manière à venir « maudre audit molin. » Y viendra qui voudra, en toute liberté, sans que le Seigneur se puisse prévaloir contre lui ni contre qui que ce soit d'aucun droit de seigneurie. Le Seigneur reste soumis d'ailleurs aux interdictions stipulées dans l'acte de 1296 qui est expressément maintenu et confirmé. La grande, l'unique préoccupation de l'Échevinage était de soustraire les habitants à la servitude odieuse et vexatoire de la banalité. Il y avait réussi en ce qui concerne le four et le moulin à battre écorces. Mais malheureusement la banalité subsistait et continua de subsister pour les moulins à blé, avec tous les abus qu'elle entraînait.

LETTRES DU DRAP DES MORTS.

Ce n'était pas seulement contre le Seigneur que la Ville avait à lutter dans l'intérêt de ses bourgeois, c'était aussi, comme on l'a déjà vu, contre l'autorité ecclésiastique. Des abus, il s'en produisait partout. Il s'en était introduit dans ce que nous appellerions aujourd'hui le Service des Pompes funèbres. A cette époque les cérémonies n'avaient point grand apparat ; les enterrements étaient fort simples ; mais encore fallait-il un drap pour recouvrir le cercueil. Ce drap était en la possession du Prieur (ou de son sacristain) et les personnes qui voulaient l'avoir pour une cérémonie funèbre traitaient avec le Prieur pour la location du Drap des Morts. Le prix de cette location se partageait entre le Prieur, qui en avait deux tiers, et le Curé qui prenait l'autre tiers, comme il prenait aussi le tiers des offrandes faites pendant la messe ; cela s'était pratiqué ainsi de toute ancienneté. Mais il s'était trouvé un curé qui, jaloux d'augmenter son casuel, s'était efforcé d'introduire de nouveaux usages et y avait réussi. Il exigeait qu'on s'adressât à lui pour obtenir le Drap des Morts quand le Prieur était absent, ce qui vraisemblablement arrivait assez fréquemment, et il en profitait pour imposer des conditions plus dures, pour pressurer les habitants. Les griefs de ceux-ci furent portés par l'Échevinage devant le supérieur du Prieur d'Encre, frère Jean, Prieur de S¹ Martin des Champs de l'ordre de Cluny ; et le frère Jean, après avoir ouï les parties et pris l'avis du Prieur de Cappy, du Prieur de S¹ Pol au Bos et de plusieurs autres, passa avec les maire et jurés de la Ville d'Encre, le 6 janvier 1362, la convention suivante :

Désormais, pour avoir le Drap des Morts et autres ornements funèbres il faudra s'adresser au Prieur et au Curé appelés ensemble. On débattra avec eux deux le prix de location, qui devra être établi « raisonnablement et sans « fraude, selon la faculté et qualité du défunt. » Si le Curé ne venait pas à la convocation, ce que le Prieur (ou le sacristain) aura décidé seul sera « ferme et estable. » Mais on se garde bien de dire que le Curé ait jamais le droit, en l'absence du Prieur (ou sacristain), de débattre le prix de location, et on voit par là de quel côté étaient les torts.

Pour les pauvres, qui n'ont pas le moyen de payer les ornements et drap funéraires, on se servait d'un drap appartenant à la Ville. Le Prieur, tout simplement, s'en était emparé et ne voulait pas le rendre. Il faut pourtant que les pauvres gens soient enterrés décemment. On leur rendra ce drap qui est à leur usage, mais il sera déposé entre les mains d'une tierce personne « à ce commise » qui le délivrera aux pauvres à la charge d'affirmer par serment au Prieur et au Curé qu'ils sont réellement indigents.

Et s'il arrivait que ledit drap fut baillé à « aucune per- « sonne d'estat et riche » le Prieur et le Curé « le poroient « prendre et retenir jusques à tant qu'ils seroient satisfaits « de tel droit qui à yaulx appartiendroit selonc l'estat et « chevanche du deffunt. »

De pareilles stipulations ne prouvent que trop à quel

point les rapports étaient tendus entre l'autorité civile et l'autorité ecclésiastique particulièrement soucieuse de son casuel.

LES PONTS, LES PORTES, LES MURAILLES.

Les lettres de non-préjudice données par l'Échevinage au Seigneur d'Encre en 1360, relativement aux ponts de la ville, ne paraissaient sans doute pas suffisantes à Jacques de Châtillon, ou plutôt à ses officiers. Pendant plusieurs années ceux-ci se préoccupèrent de les faire renouveler et surtout de les compléter. Car elles ne réglaient que la question des ponts, mais non celle des murailles qui, on le conçoit, était encore plus importante. La fortification de la ville, son enceinte, était une œuvre d'intérêt général et d'un intérêt de premier ordre dans ces temps de guerre où on ne trouvait d'abri que derrière des remparts solides. Les murailles protégeaient tout à la fois le château, le prieuré et les habitants de l'intérieur de la ville. Mais à qui incombait la charge de leur entretien ? On a vu plus haut, dans la charte de 1275, que le Prieur devait entretenir la portion au droit de son ténement, au Nord de la ville ; mais entre la Commune et le Seigneur il semble que les droits respectifs n'étaient pas réglés par un contrat formel. Par plusieurs chartes successives la Commune avait cependant reconnu que l'entretien était à sa charge, sauf pour la portion qui faisait le pourtour du chastel. La dernière, fort explicite, était du 14 décembre 1361. Mais cela ne suffisait pas encore aux officiers de la seigneurie. Ils voulurent donner à ce règlement amiable la valeur d'une sentence judiciaire. C'était un moyen pratique fort usité dans l'ancien droit.

La Ville fut donc assignée devant la cour féodale de la châtellenie à la réquisition du Procureur du Seigneur.

Elle comparut par son Procureur (son avoué) Jean de Marchaulz, assisté du Maïeur Antoine Boucher, de Pierre du Maisnil, Jean de Bécourt, Jean Blocquel l'aîné, Andreu de Colencamps, Pierre Rollant, Jean Billon, Clément Rochet, de plusieurs autres jurés et bourgeois et de Florent de Lattre, son conseil.

Elle fut condamnée à accomplir les obligations qu'elle avait reconnues dans les chartes susdites, c'est-à-dire » à refaire et retenir (entretenir) la forteresse, les portes, « les murs, guérites, les allées et fossés, à l'exception « toutefois du châtel et de son enclos et aussi des fossés « d'entour ledit châtel qui sont depuis la porte des Bœufs « jusqu'au pont de la porte de Bray », car ils appartiennent au Seigneur, à qui appartiennent aussi, comme on l'a vu plus haut les quatre ponts de la ville. C'est pour cela qu'il doit fournir le bois des deux ponts qui sont en charpente et « payer l'ouvrage de carpenterie, » mais la Ville doit « le couverture de cailleu ou de galet et retenir (entretenir) « ladicte couverture. »

Cette sentence, du 28 octobre 1363, montre qu'au milieu du 14e siècle la justice seigneuriale était encore rendue suivant les anciennes formes du droit féodal, non pas par des juges faisant profession de juger, mais, en principe, par le Seigneur assisté de ses vassaux. On se rappelle en effet que le Vassal, compagnon du Seigneur, ne lui doit pas seulement le service militaire mais aussi l'assistance « à sa court, à ses plaids ». Le 28 octobre 1363 le Seigneur est représenté à la cour d'Encre par son châtelain, Jean, seigneur de Bouzincourt, et ce châtelain, qui réunit tous les pouvoirs du seigneur, militaire et judiciaire, est assisté de 12 vassaux de la châtellenie. En principe ce devraient être 12 pairs ; mais à défaut de pairs, absents ou empêchés, on prend des possesseurs de simples fiefs, des vassaux d'un ordre inférieur, des « frans hommes » pour compléter le nombre voulu. C'est ainsi qu'aux assises du 28 octobre figurent avec le châtelain, trois pairs de la châtellenie, Monseigneur Huc de Miraulmont, chevalier, Jean du Castel, Jacques de Morlaincourt, écuyers, et neuf frans hommes : Jean de Nœus, Wautier de Nœus, escuier, Michel Leboucher, Pierre du Mesnil, Jean de Boulan, Jean de Mauberfontaine, Colas Lemaie, Jean du Prez et Jean Leheart. L'expression d'assises est ici employée à dessein. Car c'est aux souvenirs de ce vieux droit féodal que se rattachent nos 12 jurés de cour d'assises.

La cour du Seigneur, qui jugeait, comme on vient de le voir, au civil aussi bien qu'au criminel était d'un mécanisme assez compliqué, comme notre cour d'assises, et ne pouvait être mise en fonction journellement. Aussi y avait-il, à côté de cette institution, et pour l'expédition courante des petites affaires civiles et criminelles, un autre organe judiciaire, la Prévôté.

L'ORDONNANCE DE LA PRÉVÔTÉ.

Une charte sans date, mais qui est certainement du 14e siècle, a pour titre « l'ordonnance de le Prévosté d'Encre ». Son but est surtout de déterminer les droits que le Prévôt était fondé à percevoir ; mais l'ordonnance fait connaître du même coup les actes qui rentraient dans sa fonction, puisqu'à cette époque chaque acte judiciaire donnait droit à un émolument au profit de celui qui l'accomplissait.

En dehors de tout acte de sa fonction le Prévôt avait droit tout d'abord à deux avantages :

Il lui était dû une rente de 12 deniers par an, payable à la Chandeleur, sur le produit des trois moulins Le Comte, moulins à blé et moulin à l'huile. Cette somme minime était évidemment le signe plutôt encore que le reste de droits plus considérables qui avaient appartenu au Prévôt sur les moulins seigneuriaux. On se rappelle que c'est en déduction de ces droits que Martin le Meunier avait, en 1227, constitué une rente de 13 setiers de blé au profit de l'Hôtel-Dieu.

Le Prévôt avait en outre le privilège de ne payer qu'au prix d'un denier la quantité de 2 pots de bière (10 litres 50^c) qu'il était autorisé à prendre chaque jour sur la bière (goudale) fabriquée dans la ville. Cela indique qu'il avait un droit de surveillance sur cette fabrication, et que ses fonctions avaient par conséquent un certain caractère administratif.

Quant aux actes judiciaires qu'il accomplissait, il était rémunéré comme suit :

En matière civile il fallait s'adresser à lui toutes les fois qu'on voulait arrêter la personne ou les biens d'un débiteur. Si celui-ci niait la dette devant le Prévôt ou devant l'Échevinage, et qu'il fût condamné, il encourait, du chef de sa dénégation, une amende de 2 sols 6 deniers au profit du Prévôt. Même amende si le débiteur qui reconnaît sa dette ne s'acquitte dans les 7 jours du commandement de payer que lui fait le Prévôt, et force ainsi son créancier à prendre jugement contre lui ("« à se retraire en justice) ».
Même amende encore contre l'individu condamné pour

défaut de paiement de cens.

Quand on faisait un nouveau bourgeois, le Prévôt avait 12 deniers.

En matière pénale le Prévôt a, en principe, droit à la moitié des amendes encourues pour contravention aux bans (arrêtés) que publient soit le Seigneur, soit l'Échevinage, chacun dans la limite de ses attributions. Il aura droit à cette moitié si le messier (garde champêtre) constate une contravention en dehors de la banlieue (de le Loy de le Ville) mais si c'est dans la banlieue il n'aura droit à rien ; c'est à l'Échevinage seul qu'appartiendra l'amende.

Les injures, rixes et batailles donnent lieu à des dispositions particulières. D'abord il est de règle qu'on ne poursuit jamais en pareille matière que sur la plainte d'une partie lésée : la justice n'agit point d'office : pas de plainte, pas de poursuite. Ensuite si la rixe se produit sur la place devant l'entrée du château ou même dans les maisons situées entre le château et le ruisseau Baillon, l'Échevinage ne peut jamais en connaître ; la juridiction du Seigneur est seule compétente. Pour que l'Échevinage ait compétence il faut que la rixe ait eu lieu, en dehors de la limite qui vient d'être indiquée, « dans sa loy », c'est-à-dire dans la ville même ou sa banlieue. Et encore faut-il que la rixe ne soit point grave ; autrement ni le Maire et les jurés, ni le Prévôt n'ont aucun droit ; il s'agit de la grosse amende de 60 sols ; elle n'appartient qu'au Seigneur. La rixe était grave quand il y avait eu « puing warny » (main armée), qu'on avait fait usage d'arme tranchante (« molue »), qu'on avait tiré l'épée ou le couteau, ou qu'il y avait eu sang versé. Dans les autres cas c'était l'Échevinage qui jugeait et « chacun qui avoit féru, soit homme ou femme », était condamné à l'amende ; il devait payer 10 sols au Prévôt.

La fonction de Prévôt d'Encre était, comme on l'a dit plus haut, un fief relevant de l'abbaye de Corbie, et un fief héréditaire. Il se pouvait donc qu'il passât dans les mains d'une femme, et on en a eu l'exemple puisqu'au rôle des fieffés de Corbie, vers 1200, figure Élisabeth, prévôte d'Encre. Alors, naturellement, la Prévôte, qui percevait les droits, faisait remplir la fonction par un homme à ses gages.

La Prévôté d'Encre a subsisté jusqu'à la fin du 15e siècle. Elle a disparu avec la cour de justice féodale. Toutes deux ont été remplacées par l'institution du Bailli seigneurial, chargé exclusivement de rendre la justice.

On aura remarqué sans doute que toutes les institutions judiciaires qui fonctionnaient à Encre, Prévôté, Cour Seigneuriale, Échevinage, Justice du Prieuré, Justice de Boulan, étaient complétement en dehors de l'action du Roi. Il n'a été question jusqu'ici de l'existence d'une justice royale qu'à propos de la difficulté entre le Prieur et le Seigneur, tranchée en 1290 par les Lettres « de le Franquise « de le Prioré. » Il est certain que l'action du pouvoir central ne se faisait guères sentir à Encre, où il n'avait même pas de représentant. Si ce n'étaient les événements de guerre, où se manifeste le sentiment national, on pourrait se demander si la ville était en France ou ailleurs. Les accords et transactions qu'on a vus entre les divers pouvoirs locaux sont faits sans aucune intervention ou confirmation du pouvoir Royal. On était absolument sous le régime de l'indépendance des autorités locales. Elles traitaient ensemble comme bon leur semblait. C'est ainsi que Jacques de Châtillon aurait, en mars 1354, réglé avec le frère Roger, Prieur d'Encre, une question relative à la justice que le Prieur prétendait exercer sur des terres situées dans la Châtellenie. Mais cette charte, mentionnée par André Duchesne dans son histoire de la Maison de Châtillon sur Marne, ne nous est pas parvenue.

Jacques de Châtillon fournit au Roi en 1367 le dénombrement de la Châtellenie d'Encre qui est, comme on l'a dit, conservé aux Archives nationales.

Il n'avait qu'une fille, Isabeau de Châtillon, mariée à Raoul (*aliàs* Guillaume) de Coucy. Elle mourut avant son père, le 19 mai 1360. De sorte qu'au décès de Jacques de Châtillon la châtellenie d'Encre passa dans la maison de Coucy. Dans le partage fait entre les trois enfants que laissait Isabeau de Châtillon, Encre fut attribué au cadet, Raoul de Coucy, déjà seigneur de Montmirail.

La famille de Châtillon, qui pendant plus d'un siècle et demi avait possédé la Seigneurie d'Encre s'était montrée fort généreuse envers la ville. Elle lui avait notamment donné les marais d'amont. En souvenir de ses bienfaits une des rues d'Albert porte aujourd'hui le nom de Châtillon.

Chapitre V

LES COUCY

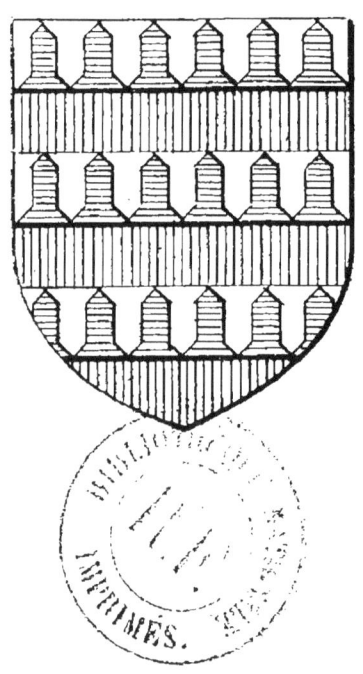

LES COUCY

Raoul de Coucy.

Raoul de Coucy appartenait à la Maison de Coucy qui portait « fascé de gueules et de vair de six pièces; supports « deux griffons assis. » Il était fils d'Enguerrànd de Coucy, seigneur de Guines, et de Chrétienne de Bailleul, nièce de Jean de Bailleul, roi d'Écosse. Il fut Seigneur de Montmirail et d'Encre. Il porta les armes des Coucy chargées, sur la première fasce de gueules, d'un lion d'or qui était l'écu de l'ancienne maison de Montmirail.

INVASION ANGLAISE.

La guerre poursuivait son cours : les invasions anglaises se renouvelaient sans cesse. Celle de 1373 menaça sérieusement la ville d'Encre. Cette année là, les ducs de Lancastre et de Bretagne débarquèrent à Calais, au mois de juillet, avec une armée de trois mille hommes d'armes, de six mille archers, et bien deux mille d'autres gens, dit Froissart, « entr'autres de purs Escots (Ecossais) bien trois cents « lances, qui servoient le roi d'Angleterre pour ses deniers. « Quand ils se furent rafraîchis en la ville de Calais et « toute leur ordonnance fut prête, et leurs charrois chargés

« et leurs chevaux ferrés, ils se partirent un mercuedi au
« matin, bannières déployées » Cette armée se dirigea par
Guines et Ardres sur St Omer qu'elle ne put prendre, puis
sur Thérouane, qu'elle n'osa attaquer. De là elle alla escarmoucher devant Aire ; puis, traversant l'Artois où elle
brûla tout, arriva devant Doullens. Si cette ville avait été
prise il est plus que probable que les Anglais se seraient
dirigés par Encre sur Bray où ils voulaient passer la
Somme. Car on sait, dit Froissart, que Bray « étoit le pas-
« sage des Anglais, ni oncques ne passèrent en France
« qu'ils ne tinssent ce chemin. » Aussi l'émoi fut considérable dans la ville d'Encre lorsqu'on sut que les ennemis
étaient à sept lieues de là, devant les murs de Doullens.
« Ils y livrèrent grand assaut et se mirent en grande peine
« pour la conquerre et l'avoir ; car ils la sentoient riche de
« l'avoir du pays, qui étoit là retrait et apporté, et si n'étoit
« pas, ce leur sembloit, tenable à tant de gens d'armes
« qu'ils étoient. Ils l'eussent eue et conquise de force si
« n'eussent été les gentils hommes du pays qui là dedans
« étoient retraits et qui avoient ouï dire qu'ils auroient
« l'assaut. » Doullens fut donc sauvé grâce à la vaillance
de ses défenseurs, et Encre fut sauvé du même coup. Car
l'armée anglaise, après son échec devant Doullens, se
retira vers Arras, à l'abbaye du Mont St Éloy, où elle se
reposa et se reforma. C'est de là qu'elle partit ensuite pour
Bray, mais en laissant sur sa droite la ville d'Encre.

Bray, où s'était renfermée « grand foison de chevaliers
« et d'écuyers de là environ » imita l'exemple de Doullens.
Les Anglais lui donnèrent l'assaut, mais sans succès. Ils
furent obligés de remonter la Somme et de la tourner audessus de ses sources. Leur chevauchée à travers toute la

France ne s'arrêta qu'en Gascogne. Ce qui s'était passé à Doullens et à Bray marque le caractère de cette guerre. L'ennemi parcourait librement ce qu'on appelle le plat pays ; on n'avait point de forces à lui opposer ; on ne lui livrait pas bataille ; il « ardoit » (brûlait) ravageait, dévastait à son gré. On se contentait de défendre contre lui les places fortes où on avait transporté toutes les richesses qu'on avait pu y amasser et réuni tous les guerriers qu'on avait pu rassembler pour défendre leurs murailles.

Ces époques calamiteuses ne sont pas celles où les lois reçoivent facilement leur application régulière. La guerre, et surtout une guerre aussi prolongée que celle de cent ans, amène un trouble profond dans l'organisme social. L'élément militaire acquiert nécessairement une prépondérance excessive et d'autre part il se produit dans l'élément populaire une fermentation qui se traduit par des excès. La petite ville d'Encre ressentit comme tant d'autres les effets de la commotion générale. Ses corporations, où se trouvaient organisées et condensées les forces vives du parti populaire, se montrèrent turbulentes et envahissantes.

CORPORATIONS. LES MAIRES DE BANNIÈRES.

Il y avait à Encre 6 corporations, portées plus tard au nombre de 7. Les archives de la ville conservent plusieurs de leurs règlements. Celui des Drapiers (ce qui comprend les tisserands, les foulons et les teinturiers) est du 14e siècle, et certainement antérieur à 1389. Celui des Bouchers est postérieur à 1401. Celui des Cordonniers, peu important, ne date que de la fin du 15e siècle ; enfin divers réglements, plus récents encore, concernent les Boulangers. Il faut ajouter à ces documents celui qui est intitulé « les « Bans de le Ville » c'est-à-dire le réglement de police municipale, qui doit être du 14ᵉ siècle. Il comprend des dispositions fort diverses ; il défend, par exemple, le jeu de dès, sous peine de 20 sols d'amende ; il interdit, sous la même peine « d'aller en le ville puis le cloque de dortoir (après « le couvre-feu sonné) se on ne porte feu en torque ou en « tison ou en candeille, ou en lanterne, se on ne puet dire « raison nécessaire pourquoy on y va ; » mais il contient aussi des prescriptions relatives aux corporations, aux bouchers, aux poissonniers, aux pâtissiers. Il interdit par exemple de vendre veau ou agneau qui n'ait 15 jours, ou plus. De sorte qu'on peut le rattacher, au moins en partie, aux réglements sur les corporations.

Ces réglements étaient généralement copiés sur ceux de Sᵗ Quentin. Celui des Bouchers, celui des Drapiers le disent expressément. On a déjà signalé ce fait au sujet de la charte de Commune de 1178, copiée sur celle de Ham, qui elle-même reproduisait à peu près la charte primitive de Sᵗ Quentin. Il semble que Sᵗ Quentin, capitale du Vermandois, était le modèle coutumier adopté dans notre pays. Aussi « l'ordonnance et déclaracion de la Drapperie » est « selon l'usage et les estatuts de Saint Quentin et de Ham. » C'est cette ordonnance, extrêmement développée et détaillée, qui contient les renseignements les plus précieux sur l'organisation des corporations à Encre. Tout y est prévu et réglementé avec le soin le plus minutieux. L'apprenti ne peut être engagé pour moins de 3 ans : il paie aux compagnons 10 sols pour sa bienvenue ; le varlet ou compagnon, celui qui gagne, paie 5 sols ; le maître, pour sa maîtrise, paie 10 sols. Défense de tisser à la chandelle sous peine d'amende arbitraire et de prison. De même le foulon ne peut travailler que du point du jour jusqu'à vespres. Le tisserand ne peut avoir chez lui qu'un drap sur le métier et au plus deux autres en préparation. Les moindres détails de la fabrication sont réglementés. Le teinturier, par exemple, ne peut se servir que des ingrédients déterminés : la waide, la warance et la waude (guède, garance, gaude). Une exacte surveillance est établie pour assurer l'exécution de l'ordonnance.

Tous les ans, à la quinzaine de Pâques communiaulz, en même temps qu'on fait le grand maïeur (le Maire de la Ville) on fait les maïeurs des Enseignes (maïeurs de bannières, de corporations) et on nomme quatre esgardeurs (eswards, inspecteurs, chargés de *regarder*). Les esgardeurs vérifient deux fois par semaine, le mercredi et le samedi, à 4 heures, l'ouvrage qui leur est présenté, et y mettent leur sceau de plomb s'il est bien fait. On ne peut vendre que ce qui est ainsi scellé. Chaque fabricant doit avoir sa marque de fabrique. Quand il y a contestation sur la réception du travail, le maire de bannière avec les esgardeurs constitue un Tribunal qui juge la question. Ce Tribunal a son sergent (huissier) qui cite les parties à comparaître, et si elles ne se présentaient pas, elles paieraient 2 sols 6 deniers d'amende audit Tribunal.

Les sept corporations (on disait aussi métiers ou maniques) qui existaient à Encre étaient les suivantes : chacune avait son Saint Patron, dont la fête devait être rigoureusement observée, à peine d'amende ; chacune avait sa bannière.

Le Pain et le Vin ; Patron St Honoré.

Les Merciers ; Patron St Marcou. Le mot *mercier* veut dire *commerçant*. Aussi comprend-il les cabaretiers, les marchands de toutes sortes de denrées, les bouchers, en même temps que les épiciers, qu'on appelle quelquefois « grossiers » (anglais *grocers*).

Les Cordonniers ; Patron St Crépin.

Les Ferronniers, on disait quelquefois les « fers et charbons ». Cela comprenait tous les gens de bâtiment : charpentiers, couvreurs, maçons, aussi bien que les marchands de fer. Patron St Éloi.

Les Laboureurs ; Patron St Isidore. On les désignait aussi sous le nom de corporation des Roques.

Les Drapiers, qui comprenaient autrefois comme on l'a dit les tisserands, avaient été distingués de ces derniers. C'est ce qui avait porté à sept au lieu de six le nombre des corporations. Les Drapiers avaient pour patron St François. On les désigne quelquefois sous le nom de toiliers, de tailleurs, de couturiers.

Enfin les Tisserands ou Telliers ; Patron St Sévère.

Les corporations, qui formaient autant de petites républiques distinctes dans la république communale, subsistèrent jusqu'à la Révolution de 1789.

L'influence des maires de bannières était considérable. Ils étaient devenus des personnages importants, et souvent peu commodes à manier. A la fin du 14e siècle ils eurent de fréquentes difficultés avec le châtelain et capitaine du château d'Encre, Monseigneur de Buissu, personnage lui même peu accommodant, et fort pénétré du rôle, d'ailleurs très important, il faut le reconnaître, que jouaient les gens de guerre à cette époque si malheureuse. Il était d'un caractère très autoritaire, et ne supportait pas les résistances. Pour vaincre celles qui lui étaient opposées il eut recours à l'intervention du Seigneur, et fit valoir auprès de lui tous les griefs auxquels donnait lieu l'administration de la ville, peu docile à ses ordres.

Il est juste de dire que ses griefs n'étaient pas sans fondement. La Commune était une petite république qui avait ses passions, ses coteries, ses rivalités, ses divisions, ses jalousies, ses abus. L'Échevinage n'était pas toujours composé des gens les plus sages et des administrateurs les plus intègres. Il lui était arrivé, par exemple, d'employer les deniers de la Ville, destinés à des œuvres d'utilité communale, entr'autres le produit des amendes, à des repas et libations où se régalaient les maire et échevins aux dépens de la Commune.

LETTRES DE L'ACCORD.

Un accord intervint entre le Seigneur d'Encre, Raoul de Coucy et la Commune, accord dans lequel celle-ci est obligée de céder à la prépondérance du Seigneur, mais qui néanmoins conserve le caractère d'une convention. La charte qui le consacre, du 12 octobre 1389, a pour titre « Ce sont les Lettres de l'accord. » Il ne s'agit plus d'un simple certificat de coutume comme dans la charte de 1178; il n'y est pas question non plus d'une charte octroyée par le Seigneur, comme celle qu'on verra en 1650. C'est un contrat passé entre deux parties, la Commune et le Seigneur, qui traitent de puissance à puissance, bien que le Seigneur soit manifestement celui qui impose ses conditions.

Sur ce vieux document on peut voir, encore, après plus

de cinq cents ans, le Sceau de la Ville d'Encre qui y est appendu. Il représente le maïeur à cheval, tenant au bras gauche un bouclier chargé des armes de la Ville, burelé de 14 pièces. La main droite et la partie supérieure du sceau ont disparu, mais le bras tendu du maïeur indique qu'il brandit une épée. Son costume est simple ; vêtement de mailles et longue cotte unie sans manches ; pardessus. Le cheval est couvert d'une housse également unie.

La convention avait été débattue entre les conseils des deux contractants : pour la Ville Me Jean Richart, avocat à Amiens « en le court laye et en le court de l'église ; » pour le Seigneur Wautier Hasterel de Arras le châtelain, Monseigneur de Buissu, chevalier, et Guy de Tupigny, cappellain.

La charte est fort longue et ne contient pas moins d'une trentaine d'articles. L'essentiel ici est d'en montrer l'esprit. Ce qui la caractérise c'est une pensée de réaction très violente contre les libertés et franchises de la Commune.

Tout d'abord on supprime les maires de bannières. Le châtelain, Monseigneur de Buissu, s'était emparé de force de leurs bannières devenues des emblèmes séditieux. Elles ne leur seront pas rendues. Il n'y aura plus que des maires de métiers, titre plus modeste, chargés d'assurer la discipline de leur corporation, et aussi d'assister l'Échevinage dans « les grosses besognes », c'est-à-dire dans les délibérations communales d'un intérêt considérable.

Le Seigneur stipule soigneusement le maintien de ses droits féodaux, droits de mutation sur les héritages tenus de lui en censive, droits aux chemins et friches (en dehors de la banlieue) interdiction de bailler à surcens, juridiction en matière de bornages (en dehors de la banlieue).

De son côté la Ville est maintenue, sauf certaines restrictions, dans des droits que les officiers du Seigneur avaient prétendu lui enlever. Ses bourgeois conserveront donc le droit de rouir « lins et canvres » aux rivières du Seigneur, sans payer. Ils auront le droit d'enfermer leurs prisonniers dans la prison du château sans payer aucun « tourage et « cheppage » (droit de geôle). — Il n'y avait d'autre prison à Encre que celle du château, elle servait pour les prisonniers du Roi, ou de la Commune, comme pour ceux du Seigneur. — La Ville gardera, sans que le Seigneur en puisse limiter le nombre, ses sergents et ses waites (gardes de nuit, en allemand *wæchter*) et ils pourront arrêter les délinquants. Elle aura droit comme par le passé aux amendes de 20 sols, sauf à en payer la moitié au Prévôt. Mais désormais toute amende d'un chiffre plus élevé appartiendra au Seigneur. Les règles anciennes seront maintenues en ce qui concerne les rixes et batailles. La Commune gardera son droit de pâturage sur les marais d'amont, mais devra observer l'interdiction de ne communiquer ce droit à aucun étranger ; et, pour empêcher tout abus, elle devra fournir au Seigneur, deux fois par an, la liste des personnes qui envoient des bêtes au pâturage. Le droit de juridiction criminelle de la Ville est maintenu en principe ; si un malfaiteur était pris « dans la loi de la Ville » par les officiers du Seigneur, ceux-ci devraient le renvoyer au Tribunal des Échevins pour être jugé ; mais une personne assignée devant la justice du château ne sera renvoyée devant l'Échevinage que, d'abord s'il est compétent pour connaître de l'affaire, et ensuite si cette personne consent à être jugée par lui. On voit que l'esprit de ces dispositions est de restreindre autant que possible les droits de la Commune.

On lui enlève la connaissance des contraventions à l'interdiction du jeu de dés en portant l'amende à soixante sols, ce qui entraîne compétence de la justice seigneuriale.

On lui défend de connaître désormais des plaintes que formeraient le maire ou les jurés pour injures et outrages à eux adressés. Il y avait là en effet matière à de graves abus. L'échevin insulté actionnait devant l'échevinage dont il était membre et ce tribunal prononçait une amende arbitraire, c'est-à-dire illimitée. Désormais ce sera devant la justice du Seigneur que le magistrat communal devra, en pareil cas, porter son action.

Tous procès-verbaux d'informations pour rixes et coups devront à l'avenir être communiqués aux officiers du Seigneur ; de même la Ville leur devra rendre compte de toute arrestation qu'elle ferait opérer. L'Échevinage est ainsi placé en surveillance.

Une des petites causes qui avaient amené ces rigueurs est révélée par la stipulation qui prévoit le cas d'une taille (contribution) excessive imposée par la Ville aux sergents ou officiers du Seigneur. Celui-ci en pareil cas se réserve d'aviser. Les gens du Seigneur s'étaient plaints, l'acte le dit formellement, de ce que la Commune les imposait injustement. Ils réagissent contre cette vexation.

Ce qui manifeste le mieux l'esprit de cette charte de 1389, c'est que désormais l'administration communale sera placée sous le contrôle du Seigneur. C'est la tutelle administrative qui est organisée. S'agit-il du forage des vins (taxe du vin), de la police des boulangers, bouchers et goudaliers (brasseurs), de celle des poids, aulnes et mesures ? L'Échevinage est contrôlé par les gens du

Seigneur, et les amendes qui seraient relevées appartiennent au Seigneur. Ce n'est donc plus en réalité la Ville qui administre.

L'ingérance de l'autorité seigneuriale est encore plus manifeste en ce qui concerne la gestion des deniers. La Ville n'aura plus le droit de disposer des biens communaux sans l'autorisation du Seigneur. Les comptes annuels de son argentier (receveur) avant d'être arrêtés seront communiqués deux ou trois jours d'avance aux officiers du Seigneur ; on leur en remettra copie. Il en sera de même pour les comptes de l'Hôtel-Dieu et de la Maladrerie. En un mot la Ville est entièrement soumise au contrôle.

Il y avait eu des abus. Ces mesures étaient peut-être sages, nécessaires même ; nos communes aujourd'hui sont en effet, pour les actes importants, placées sous la tutelle de l'administration. Mais il faut constater qu'elles constituaient une grave innovation aux anciennes coutumes, qu'elles portaient une atteinte considérable aux principes de liberté et d'indépendance absolue qui, depuis deux siècles, avaient présidé à l'administration communale. Un tel accord n'a pu être consenti que sous une pression énergique et on ne s'étonnera point de voir qu'il eut pour conséquence des luttes violentes entre l'administration communale et les représentants du Seigneur.

Raoul II de Coucy et Jeanne d'Harcourt.

Raoul II de Coucy, fils de Raoul I, succèda à la Seigneurie d'Encre. Il épousa Jeanne d'Harcourt, de la maison d'Harcourt, qui portait « de gueules à deux fasces d'or. » De ce mariage, qui dura peu, car Jeanne d'Harcourt était veuve en 1401, naquit un fils, Raoul III, qui devint, jeune encore, évêque de Metz. Il est vraisemblable que Jeanne d'Harcourt était douairière d'Encre, car on la voit figurer souvent, à côté de son fils, dans les chartes des années 1401 et suivantes. Elle porte les titres de dame de Montmirail, Encre, Bailleul et Hornoy ; le plus souvent on l'appelle Madame de Montmirail.

C'est dans ces chartes que se révèle tout l'acharnement de la lutte établie entre la Commune et le Châtelain d'Encre.

EXCÈS & VIOLENCES DU CHATELAIN.

On a vu que le Seigneur s'était fait le tuteur de la Commune, que notamment les procès-verbaux d'informations devaient être soumis à ses officiers avant que l'action pût être portée devant le Tribunal. De sorte que le Procureur de la Ville, qui exerçait près de ce Tribunal les fonctions de Ministère public comme aujourd'hui le Procureur de la République les exerce auprès de nos Tribunaux, pouvait se voir paralysé par le Seigneur ou plutôt, en fait, par son représentant, le châtelain d'Encre. Comment vaincre la résistance du châtelain si celui-ci, par mauvaise volonté, entravait le cours de la justice ? C'est ici que devait intervenir et qu'apparaît dans nos chartes, presque pour la première fois, l'action de la justice royale. Le Procureur de la Ville d'Encre en appelait, des refus du châtelain et des griefs qu'il lui faisait, à « la court du Roi », c'est-à-dire à la Baillie de Vermandois dont le siège était à Péronne. Plusieurs appels de cette nature étaient pendants audit Baillage, dès le commencement du quinzième siècle, environ dix ans après « l'accord » de 1389 dont ils étaient la conséquence.

D'autres difficultés, celles-là de nature absolument personnelle, étaient, à la même époque, soumises à la justice royale. La querelle entre la Commune et le châtelain, loin d'avoir été apaisée par « les lettres de l'accord » n'avait fait que s'envenimer. Le châtelain, Monseigneur de Buissu, qui avait arraché aux maïeurs des corporations leurs bannières, était un homme emporté, violent, qui n'admettait pas qu'on résistât à son autorité et ne reculait pas devant les voies de fait. Les détails manquent, mais il paraît bien constant que le fougueux châtelain, irrité contre la Commune, s'en prit au Maïeur, Jacques Bloquel, et à l'un de ses principaux jurés, Jean Rolland. Tous deux furent « injuriés, vilenés, battus et navrés (blessés). » Pour avoir raison de ces violences ils ne pouvaient s'adresser qu'à la justice du roi, et c'est ce qu'ils firent.

On est autorisé à penser que leur plainte était aussi bien fondée que les griefs de Caron le jeune, le Procureur de la Ville ; car la transaction qui termina ces affaires montre que tous les torts étaient du côté du châtelain. Elle porte la date du 8 novembre 1401 et est reçue par le « Lieutenant « du Seigneur du scel de la Baillie de Vermandois. »

Le soin avec lequel on évite dans cet acte de préciser les faits est des plus remarquables. On évite absolument de dire de quoi il s'agit. On craint en effet que si la transaction n'était pas homologuée, si par suite la justice royale était appelée à juger, les énonciations de l'acte ne puissent être invoquées contre le châtelain comme preuve de ses torts et méfaits. Quand on parle des appels interjetés par le Procureur de la Ville, on dit bien que « le cas » sera réparé « audit Procureur au nom de ladite Ville » mais on se garde de dire quel est « le cas; » il « se déclairera lors « de ladite réparation. » Quand on parle des injures, coups et blessures dont Bloquel et Rolland ont été victimes on ajoute « qu'ils ne savoient proprement de qui » provenaient ces violences. C'est parfaitement ridicule. Ils savaient bien que c'était le fait de Monseigneur de Buissu puisque c'est lui qu'ils avaient assigné comme coupable de ces mauvais traitements.

Mais il s'agissait d'étouffer ces affaires, qui pouvaient être fort préjudiciables à Monseigneur de Buissu, et d'éviter que la justice du roi eût à en connaître. On stipule à cet effet que les demandeurs s'en désisteront, et feront le nécessaire pour que le désistement soit entériné en Cour de Parlement. On leur fait donner quittance, toujours sans rien spécifier, de tout ce qui peut leur être dû pour dommages-intérêts et pour frais. Mais ce qui est absolument significatif, c'est qu'il est formellement convenu que tous les frais, dépens, débours divers occasionnés par l'entérinement ne seront pas à leur charge. Leur voyage à Paris leur sera payé : s'ils sont obligés d'y séjourner pour l'entérinement, leur séjour sera payé. Tout sera supporté par le châtelain, Monseigneur de Buissu, et par Madame de Montmirail, responsable des faits de son préposé. On ne peut plus manifestement reconnaître que tous les torts sont à la charge de celui-ci.

Cette transaction avait été ménagée par l'intermédiaire du fils de Madame de Montmirail, dès lors évêque de Metz. Avant que la convention ne fût conclue il avait donné à Jean Poussart, mandataire de sa mère, des lettres par lesquelles il s'obligeait personnellement à indemniser les demandeurs. Ces lettres, qui avaient été remises aux mains de ceux-ci, seront rendues en échange de la transaction du 8 novembre 1401.

ÉLECTION DE JACQUES BLOQUEL.

Que Monseigneur de Buissu n'ait pas pardonné à Jacques Bloquel l'humiliation que lui infligeait cette transaction de 1401 ; que Jacques Bloquel, sorti victorieux de la lutte, ait été extrêmement populaire à Encre, personne ne s'en étonnera. Maire, ainsi qu'on l'a vu, en 1401, réélu en 1402, il fut encore nommé maire en 1403. Le châtelain allait-il donc avoir perpétuellement à lutter contre ce redoutable adversaire ? Ne pouvait-on se débarrasser de lui ? Les jurisconsultes de la seigneurie découvrirent deux moyens de faire annuler l'élection de Bloquel. Premièrement, il n'était pas d'usage qu'on fût maire plusieurs années de suite. En second lieu, par suite d'une circonstance qui sera expliquée plus loin, Jacques Bloquel était exempt de la juridiction de la seigneurie ; on ne devait pas admettre que, dans ces conditions, il pût exercer les fonctions de maire. Se fondant sur ces deux cas d'inéligibilité, Monseigneur de Buissu refusa d'installer comme maire son ennemi Jacques Bloquel, et nomma une commission pour administrer la ville en attendant que le procès fût jugé. Car il va de soi que Bloquel avait immédiatement introduit une instance à Péronne pour faire juger la validité de son élection.

Il est évident que la difficulté eût pu être soulevée dès l'année 1402, à la seconde élection de Bloquel, puisque les deux griefs invoqués par le châtelain existaient dès lors. On avait bien pensé à faire ce procès ; il avait failli éclater.

Déjà la Dame d'Encre d'une part, la Ville de l'autre avaient, le 22 mai et le 8 juillet 1402, constitué leurs mandataires à l'effet de suivre l'instance. Mais probablement les officiers seigneuriaux avaient douté du succès ; ils avaient laissé Bloquel en fonctions. Il avait fallu sa troisième élection en 1403 pour les décider à agir.

Les procurations de 1402 sont curieuses à plus d'un titre. Elles contiennent nomination, non pas d'un seul mandataire, mais d'un grand nombre de mandataires solidaires qui peuvent agir un seul pour tous. La dame d'Encre en nomme douze, la ville en nomme trente. Et, chose étrange, il y en a cinq qui sont constitués tout à la fois pour Madame de Montmirail et pour la Ville.

Les pouvoirs donnés ne comportent que ce qui est relatif au cas de procès. Ce sont ce qu'on appelle en style notarial les pouvoirs judiciaires. Mais quel luxe de détails ! tous les actes de procédure possibles semblent avoir été prévus. Voici un passage qui peut donner une idée de ces développements, beaucoup trop longs pour être reproduits et à côté desquels nos formules notariales sont des modèles de concision. Pouvoir « …de commenchier et entamer plait « (procès) et de le poursieuir jusque à fin, de afermer les « fais et articles, de jurer sur fais, en l'âme de nous, toutes « manières de seremens que ordre de droit requiert, de « produire tesmoins, lettres et instrumens pour nous et en « nostre nom, de veir jurer tesmoins produis et attrais « contre nous, de reprœuchier yceuls et leurs déposicions, « de sauver nos tesmoins, de répliquier, duppliquier, tri- « pliquier et quadrupliquier.... »

Les deux procurations sont exactement conçues dans les mêmes termes. On verra l'usage qui en fut fait au procès intenté en 1403 pour annuler l'élection de Bloquel.

Une autre difficulté avait surgi, qui n'était qu'une pure chicane de la part du châtelain. Comme il était au plus mal avec l'Échevinage, il saisissait toutes les occasions de chercher noise à la Commune. Il avait réclamé contre celle-ci l'exécution rigoureuse de ses obligations relatives à l'entretien de la fortification dans les termes de la sentence d'octobre 1363. La Ville s'était exécutée et, entr'autres travaux, avait, en juin 1403, refait deux voûtes sur la rivière, une en amont, l'autre en aval du moulin du dedans. Ces voûtes auraient quelque peu rétréci la rivière. De là procès contre la Ville pour avoir entrepris sur la rivière du Seigneur par ces travaux, et procès contre les maçons, Jean Roussel et Jean Pallefroy, qui les avaient exécutés.

Deux instances étaient donc pendantes à Péronne, l'une au sujet des voûtes, devant la Prévôté, l'autre au Bailliage relativement à l'élection de Bloquel. Elles étaient suivies avec animosité. Les maire et jurés avaient cru prudent de demander au Roi des lettres de sauvegarde.

Déjà, en 1401, le fils de Madame de Montmirail s'était interposé, et, grâce à sa médiation, la fâcheuse affaire que le châtelain s'était attirée avait été arrangée : il avait fait rendre justice à la ville. Cette fois encore ce furent ses bons offices qui mirent fin aux procès en cours. Les parties convinrent de s'en rapporter à lui pour trancher les difficultés soulevées ; ce fut l'objet d'un compromis signé, le 23 mai 1404, pour Madame de Montmirail par Jean Poussart, un de ses douze mandataires constitués en 1402, et pour la Ville par Vincent Janique, un des trente mandataires de la commune, et en même temps, chose remarquable, un des mandataires de l'adversaire de la Ville.

La sentence de l'évêque de Metz fut rendue huit jours après, le 30 mai 1404. L'affaire des voûtes ne présentait point de difficulté. L'évêque rejette « la complainte de nouvelleté « pour rapeticement desd. arques » (voûtes) attendu que « l'ouvrage n'est mie trop préjudiciable, se fait eust été par « congié » (avec permission). Les voûtes resteront donc comme elles sont ; les maire et jurés ne seront pas inquiétés, non plus que les maçons. On leur fait grâce. Seulement ils sauront qu'à l'avenir il ne faut pas toucher à la rivière du Seigneur, même pour obéir à ses sommations, sans avoir pris de lui « congié spécial. »

Mais la Ville perd son procès sur la grosse question du litige. L'élection de Bloquel est annulée. La sentence porte qu'en principe nul ne peut être maïeur deux ans de suite, que cela ne s'est jamais vu ; que néanmoins « par grâce espécial » on admettra qu'on puisse être maïeur deux années de suite, et que « nostre dicte dame et mère le souf- « frira ainsi estre fait son temps durant, » mais qu'en aucun cas nul ne pourra jamais être maire plus de deux ans consécutifs. Il est manifeste que cette limitation avait pour but, non pas tant d'empêcher les coteries locales de se maintenir au pouvoir, mais surtout de prémunir les officiers du Seigneur contre l'influence d'un maire trop populaire et trop puissant qui se perpétuerait dans ses fonctions et se sentirait capable, comme Bloquel, de tenir tête à l'autorité du châtelain. La sentence ajoute que nul ne peut être maire si « en son nom singulier et privé, il « est exempt de la Seigneurie d'Encre, par appel ou autre- « ment. » Elle donne donc raison, sur ce second point encore, aux prétentions du châtelain. Il faut que le Sei- gneur puisse avoir action sur le maïeur, que celui-ci appartienne à sa juridiction ; qu'il ne soit pas indépendant. Ce sont là des principes absolument nouveaux et fort contraires aux libertés et franchises communales. Les électeurs ne sont plus, comme auparavant, absolument libres dans leur choix. L'éligibilité est restreinte dans l'intérêt du Seigneur.

Les élections se faisaient tous les ans, « le venredi avant « quasimodo. » Le maire, après son élection, allait prêter serment entre les mains du châtelain. Comme celui-ci avait refusé de recevoir le serment de Jacques Bloquel, la nomination avait été tenue pour non avenue et l'administration de la Ville avait été remise à des commissaires nommés par Monseigneur de Buissu. A Pâques 1404, il n'avait pas été fait d'élections puisque le procès était toujours pendant. La sentence de l'évêque de Metz décide que les élections auront lieu « le second venredi de juin » et qu'on choisira « un nouvel maïeur ydone (capable), léal et suffisant, non « exempt, autre que ledit Jacque Bloquel. »

Comment Jacques Bloquel était-il exempt de la juridiction du Seigneur ? On va le voir par des lettres du Roi Charles VI, du 27 mars 1406, rendues au sujet d'appels formés alors contre l'Échevinage d'Encre. Les principes étaient les mêmes en matière d'appels formés contre la justice Seigneuriale. Il suffisait que Bloquel eût fait appel d'une sentence rendue par la justice du Seigneur pour qu'il échappât à l'action de cette justice. Car l'appel avait cet effet, tant qu'il n'était pas jugé, que l'appelant était soustrait à la juridiction dont il avait frappé d'appel une sentence. On « n'osoit cognoistre de lui » ni le contraindre à payer ce qu'il devait aux officiers de justice ; ce dernier point les touchait fort. Il leur eût fallu, chaque fois, prendre des lettres royales pour obtenir la nomination d'un juge spécial commis pour connaître des causes concernant les appelants ; et cela était « fort sumptueux » (coûteux).

En 1406 c'était l'Échevinage d'Encre qui se plaignait au roi des abus qu'entraînait cette exemption, au profit des appelants, de la juridiction à laquelle ils appartenaient régulièrement. Et pour faire cesser cet état de choses, dont les maire et jurés « se complaignoient griefment », le Roi écrit au Prévôt de Péronne : « Te mandons — et pour ce « que ycelle ville ressortist et est de ta dicte Prévosté — si « mestier (besoin) est, commettons que tu commettes un « bon preudhomme et souffisant, non suspect ou favorable « à aucune des parties, qui congnoisse doresnavant, durant « yceulx appeaulx (appels), de toutes les causes meues et à « mouvoir entre yceulx supplians (l'Échevinage) d'une part « et ceux qui ont appellé et appelleront doresnavant desdis « supplians ou de leurs gens, et face aux parties, ycelles « oïes, bon et brief accomplissement de justice. »

SCELLÉS & INVENTAIRES.

Jacques Bloquel, et, avec lui, la Commune avait succombé sur la question des élections, ainsi qu'on l'a vu. Le succès des officiers de la Seigneurie enfla leur orgueil et ils résolurent d'entreprendre contre la Ville une nouvelle lutte dans laquelle ils apportèrent d'autant plus d'opiniâtreté que leur intérêt personnel était en jeu. A une époque où chaque acte de justice était une cause de profit pour celui qui l'accomplissait, on comprend aisément que les questions de compétence étaient surtout des questions de concurrence entre officiers de justice.

De tout temps c'était l'Échevinage qui procédait aux inventaires après décès ; il y trouvait une source de profits que ses membres étaient loin de dédaigner. Les officiers de la justice seigneuriale prétendirent qu'en vertu du principe que la justice émane du Seigneur, c'était à eux que devait appartenir le droit de faire procéder aux inventaires. On lutta donc, de part et d'autre pour avoir des émoluments ; et on lutta pendant des siècles sur cette grosse question. Bien des fois elle dut paraître définitivement tranchée ; mais on la verra constamment renaître ; et c'est seulement la Révolution de 1789 qui y mit fin en supprimant, avec les juridictions locales et seigneuriales, la cause de leurs querelles.

Madame de Montmirail vint, en 1411, passer quelques mois à son châtel d'Encre. La ville profita de son séjour et des dispositions favorables qu'elle montrait pour régler avec elle directement plusieurs affaires litigieuses. Il était plus aisé de s'entendre avec la noble dame qu'avec son châtelain.

La plus grosse affaire était naturellement celle des inventaires. Mais il y en avait d'autres, d'intérêt minime, que la mauvaise humeur et le caractère tracassier du châtelain avaient soulevées. Ainsi il reprochait à la Ville d'avoir, par certains travaux exécutés pour l'entretien de la fortification, entrepris sur la rivière du Seigneur ; « d'avoir picquié ou fait picquier, et fait un fossé ou tren- « quis (tranchée) assez près des arches (voûtes) » La Commune répondait que ces travaux avaient été nécessités « pour le utilité et fortificacion de le dite ville, » par conséquent faits à bon droit. De là un premier procès. Dans une autre instance le châtelain prétendait qu'au préjudice des droits de la justice seigneuriale, le sergent de nuit de la Ville, Jean Le Lièvre, avait procédé, la nuit, à une arrestation pour cas civil, celle du nommé Jean Le Mandelier. La ville défendait son veilleur de nuit. Par la convention dont il va être parlé Madame de Montmirail consent à abandonner ces deux instances. Elle déclare les tenir pour non avenues; toutes réserves faites, de part et d'autre, des questions de principe qui pouvaient y être engagées.

Cette convention porte la date du 31 juillet 1411. Son objet principal, on pourrait dire unique, est de régler la compétence en matière d'inventaires. La question avait été soulevée à propos du décès d'un nommé Maihieu (Mathieu) Hulot; l'Échevinage avait fait l'inventaire; les officiers du Seigneur avaient réclamé, et le procès était pendant à Péronne. Voici comment la question est résolue.

S'il s'agit d'étrangers, « épaves ou estrangiés du royaume « qui ne seront pas demourans en la ville, ou estrangiers « passant le quemin non subgiés de lad. ville, » bien que le décès ait lieu dans la ville ou sa banlieue, le droit de faire inventaire appartiendra à la justice seigneuriale comme conséquence du droit de justice du Seigneur.

Mais pour toutes personnes qui demeurent dans la ville ou sa banlieue les inventaires seront faits, comme cela s'est pratiqué de temps immémorial, par les maire et jurés. Le principe est donc très nettement établi. Peu importe du reste que l'inventaire ait lieu d'office ou à la requête d'une partie intéressée.

Ce qui faisait le grand intérêt du droit aux inventaires c'est qu'il comprenait le droit d'administrer, de la façon la plus large, la fortune du défunt, de la liquider ; de vendre par conséquent les meubles et cateux, bien plus les immeubles eux-mêmes (les hiretages), d'encaisser les deniers, de payer les frais funéraires, d'acquitter le passif, en un mot de faire, pour cette liquidation, tous les actes qu'elle comportait. Et on ne doit pas oublier que chacun de ces actes était une source d'émoluments. Il faut ajouter que cette administration pouvait se prolonger assez longtemps.

Si l'héritier du défunt était mineur, l'administration durait pendant toute sa minorité, de sorte que c'était une véritable tutelle de tous les biens de mineurs ; elle ne cessait que si, devenu majeur, l'héritier acceptait la succession ; elle ne pouvait toutefois dépasser le terme de deux ans depuis la majorité.

Si l'héritier était majeur, l'administration cessait dès qu'il acceptait la succession, et, au plus tard, deux ans après le décès.

Lorsque personne ne se présentait pour recueillir la succession, elle revenait au Seigneur en vertu de son droit sur les biens en déshérence. En conséquence, au bout des deux ans qui suivaient ou la majorité de l'héritier ou le décès du défunt, suivant la distinction ci-dessus, c'était au Seigneur que l'actif net devait être remis.

Il va de soi que les administrateurs devaient rendre compte de leur gestion, soit à l'héritier soit au Seigneur. Afin que celui-ci puisse s'assurer de l'exactitude du compte qui, éventuellement, lui sera rendu, il est stipulé que l'Échevinage sera tenu de lui bailler, à première réquisition, aux frais de la succession, (« aux despens dudit in-« ventaire ») par le greffier (« le clerc juré ») de la ville, copie de chaque inventaire.

On voit avec quel soin cette charte est rédigée. On va jusqu'à prévoir le cas où des immeubles situés dans la loi de la ville, ce qui oblige leurs propriétaires à payer la taille (l'impôt), adviendraient au Seigneur par suite de déshérence. Le Seigneur, lui, ne peut être astreint à payer la taille. Mais alors il sera tenu de « widier — fictive« ment — ses mains desdits héritages et d'iceulx bailler « hommes à yceulx maires et jurés pour demourer taillables « à lad. Ville. »

Un pareil accord, où les principes sont si clairement posés et les détails réglés avec tant de précision, semblait devoir terminer cette question des inventaires, on devrait plutôt dire du droit d'administrer les successions. Et cependant elle faisait encore, 366 ans plus tard, en 1777, l'objet d'un procès entre l'Échevinage et les officiers de la justice seigneuriale.

LES PRÉS DE LA VILLE.

Le lendemain de cette charte du 31 juillet 1411 où elle avait fait à l'Échevinage de si importantes concessions, Madame de Montmirail lui témoigna encore autrement sa bienveillance en lui accordant le droit de bailler à cens une partie des marais d'amont, ce qu'on appelait alors les marais de Brebières et qui porta ensuite le nom de Prés de la Ville. La commune était grevée de dettes onéreuses. Elle n'avait, aux termes de la donation de 1239, qu'un droit de pâturage sur les marais. Madame de Montmirail lui accorde la faculté de bailler à cens, temporairement, quarante journaux de marais à prendre (sur la rive gauche de la rivière) depuis le Pré du Prieur en revenant vers Encre. La ville lui paiera pour cela une redevance de 6 deniers par journal, soit 20 sols parisis pour le tout. Ces quarante journaux pourront être convertis en prés par les preneurs à cens ; mais pour ne pas causer trop de préjudice au droit de pâturage qui appartient aux habitants de la Commune, ceux-ci pourront y envoyer leurs bêtes « depuis le jour de « Notre-Dame mi-août jusqu'au premier mars. » Les conditions dans lesquelles les preneurs à cens pourront faire la vidange de leurs foins, les chemins qu'ils devront suivre sont soigneusement précisés. La concession est limitée quant au temps. Au bout de 12 ans ces quarante journaux devront être « remis à faire pastis » et la ville « demoura « (demeurera) lors quicte des 20 sols parisis. » En fait la ville conserva ces quarante journaux. Ils devinrent « les « Prés de la Ville. »

LES MURAILLES DU PRIEURÉ.

Les maire et jurés profitèrent encore du séjour de Madame de Montmirail, de ses bonnes dispositions et de son influence, pour obtenir que le Prieur exécutât l'obligation, que lui imposait la convention de 1275, de réparer la fortification au droit de ses propriétés. Le Prieur ne s'y montrait aucunement disposé. L'Échevinage supplia Madame de Montmirail « adfin d'éviter aux perrieux (périls) « et inconvéniens qui par le deffault dudit Prieur porroient « advenir tant pour les guerres qui de présent rengnent ou « (au) royalme de France comme pour les anemies (enne- « mis) qui y porroient survenir » de vouloir bien faire faire par le Prieur les réparations qui étaient à sa charge. Madame de Montmirail fit appeler, en l'absence du Prieur, son frère qui se trouvait à Encre, Me Pierre Alays, chantre de l'Église d'Amiens et vicaire de révérend Père en Dieu l'Évêque d'Amiens. Elle obtint de lui que le Prieur ferait faire « les « réparacions et édeffices » nécessaires, avec « garites et « deffences souffisans pour ladite ville garder et deffendre, « et ce aux propres coulx, frais et despens dudit Prieur. » Mais celui-ci n'y consentit que sous toutes réserves et sans préjudice au droit de prouver plus tard qu'il n'était point obligé à ces réparations. Toutes réserves contraires faites d'ailleurs par la Ville.

Cette charte, du 6 septembre 1411, montre quelle était la condition des malheureux habitants qui, en pleine guerre de cent ans, ne parvenaient pas à obtenir du Prieur, malgré les termes si formels de la convention de 1275, sa contribution à la défense de la ville. La fortification, la forteresse comme on disait alors, c'était la protection de tous. Mais il fallait que le Seigneur pour une part, le Prieur pour une autre, la Ville pour le surplus l'entretinssent en bon état. La négligence ou le mauvais vouloir de l'un compromettait le salut de tous. Les événements de l'histoire générale n'expliquent que trop les préoccupations si vives des habitants d'Encre puisque, quatre ans plus tard, en 1415, c'était dans les plaines de l'Artois, auprès de la frontière picarde, que les armes françaises subissaient le désastre d'Azincourt. Les hasards de la guerre auraient pu amener les armées ennemies un peu plus à l'Est. C'est de son camp de Miraumont que partit le roi d'Angleterre pour aller combattre à Azincourt.

MOYENS FINANCIERS.

Mais pour mettre les murailles en état de défense il fallait de l'argent et la commune n'était pas riche. Un emprunt était nécessaire : la Ville demanda à Madame de Montmirail l'autorisation de le contracter. Car depuis « l'accord » de 1389 elle ne pouvait plus aliéner ou s'obliger sans l'autorisation du Seigneur qui exerçait sur la commune la tutelle administrative. Madame de Montmirail autorisa la Ville à « vendre vingt livres de rente viagère » ; cela veut dire à emprunter à rente viagère. La constitution de rente était le mode en usage pour les emprunts. Cette pratique avait été imaginée pour éluder les dispositions du droit canonique qui prohibaient le prêt à intérêt. En échange d'une somme qu'on recevait (la somme prêtée) on s'obligeait à servir une rente, perpétuelle ou viagère, (les intérêts de la somme prêtée). Cela produisait le même effet qu'un emprunt, mais ne portait pas le même nom. Cela s'appelait une constitution de rente moyennant argent reçu, donc une vente de rente. Le remboursement du capital prêté s'appelait le rachat de la rente. Dans la charte du 6 mars 1415 Madame de Montmirail stipule comme condition de son autorisation que la Ville devra racheter la rente — c'est-à-dire rembourser le prêt — au plus tard dans trois ans, à peine d'encourir envers elle, dame d'Encre, une amende de 20 livres parisis. C'était assurément une condition bien dure pour la Ville.

Quelques années plus tard la Ville, toujours obérée, aliène un immeuble. C'est une petite maison attenante « à le maison et jurrie de le Ville, » qui faisait partie de l'immeuble porté A. n° 5 au plan de 1748. Un nommé Jean

Riquier la prend au cens de quarante sols parisis par an. Une des conditions du contrat est qu'il entretiendra l'immeuble en bon état, qu'il y fera même des réparations jusqu'à concurrence de quatre livres, qui devront être employées moitié avant la St Jean, l'autre moitié avant Noël. On voit qu'un preneur à cens n'était pas un propriétaire libre, comme aujourd'hui, de disposer de sa chose, d'en abuser, de la détruire si bon lui semblait. Comme le cens était perpétuel, le bailleur à cens, dont l'immeuble aliéné était le gage, avait intérêt à ce qu'il fût mis et entretenu constamment en bon état. Cette obligation passait aux successeurs du preneur quels qu'ils fussent, ayans-cause à titre universel ou à titre particulier : c'était une charge réelle. Il va de soi que le bailleur à cens avait d'ailleurs contre le preneur l'action personnelle. Jean Riquier oblige donc « son propre corps, à emprisonner se mestier (besoin) « est » : car la législation d'alors, qui ne connaissait point l'emprisonnement comme peine, admettait, comme sanction de l'obligation personnelle, l'emprisonnement pour dette, ce que nous nommons la contrainte par corps.

L'acte, en date du 9 février 1418, est reçu par le lieutenant du maire et deux de ses compagnons jurés : c'est-à-dire qu'une aliénation consentie par la Ville est constatée par un acte de l'Échevinage ; nous avons trace de cette pratique dans nos actes de ventes administratives. Il n'est point parlé d'autorisation de Madame de Montmirail, mais l'acte n'a pu être fait sans le congé de cette dame.

En 1420, c'est encore par une sorte d'aliénation que la Ville procède. Michel Leboucher, un des francs hommes du Castel qui siégeaient à la « court » du Seigneur à l'audience du 28 octobre 1363, avait fondé la chapelle de St Sébastien dans l'église d'Encre. Il lui avait affecté les ornements nécessaires ; « trois nappes, une aube, un amit, « une estole, un fanon, une casule et un calipse. » On y devait dire chaque semaine trois messes de requiem pour lui et Isabelle Vinette, sa première femme. Et pour assurer le paiement de ces messes il avait constitué une rente de seize livres six deniers à prendre sur certains immeubles sis à Encre. Le Seigneur, alors Raoul de Coucy, avait amorti cette rente en ce qui le concernait par lettres du 12 janvier 1379 ; mais elle restait grevée des droits de la Ville, c'est-à-dire d'un cens qu'on trouve porté au relevé des cens de 1406 ; de sorte que le chapelain de St Sébastien ne touchait pas intégralement les seize livres six deniers. L'héritier de Michel Leboucher, un sieur Guérard Wasset, bourgeois de Bray, voulant assurer l'entier accomplissement des volontés du défunt, proposa à la Ville de lui racheter le cens perpétuel qui lui appartenait, moyennant, outre l'abandon des ornements ci-dessus désignés, le paiement d'une somme fixe qu'il paierait comptant. La Ville s'empressa d'accepter et reçut ainsi une somme de quarante quatre livres, le 24 octobre 1420.

Dix huit mois plus tard la Ville a recours à l'emprunt. « Pierre de le Ville, escuier et maistre d'ostel de Madame « de Montmirail, et damoiselle Marie de Saint George, sa « femme, par le congié et licence de ladite dame et de son « fils », qui avait quitté l'Évêché de Metz pour celui de Noyon, prêtent à la Commune quarante couronnes d'or moyennant le service d'une rente viagère de cinq couronnes d'or jusqu'au décès du survivant d'eux et sans réduction à la mort du prémourant. C'est de l'argent à 12 fr. 50 pour cent. On stipule que la somme est versée et que les arrérages devront être payés en « couronnes d'or « du coing et de la forge du Roi nostre sire, de pois et « aloy, pesans, au pois du marc, les soissantes quatre « couronnes un marc d'or. » Cela représente une valeur intrinsèque de 13 livres 17 centièmes par couronne. L'emprunt est donc de cinq cent vingt six livres.

La formule de l'obligation est des plus rigoureuses et des plus développées. On y trouve notamment la renonciation par la Ville « à toute exception de *croix prinse* », qui n'avait assurément plus aucune raison d'être. Il y avait longtemps qu'on ne faisait plus de croisades, et qu'on n'avait plus besoin de protéger, par une exception de faveur spéciale, contre les actions qui étaient intentées en leur absence, ceux qui partaient pour la terre sainte. D'ailleurs on ne comprend guères une ville qui serait allée faire la croisade. On y trouve aussi la renonciation à l'exception « de pécune « non nombré ne délivré » qui remonte au droit romain (*exceptio non numeratæ pecuniæ*). Cette charte porte la date du 20 mars 1421 : il faut lire 1422 puisque, jusqu'en 1563, l'année finissait au 31 mars.

Au mois d'avril 1423 la ville encaissa une somme de 12 livres parisis de Mahieu Bloquel, probablement fils ou parent de Jacques Bloquel, le maïeur de 1403. Non seulement il fallait payer un certain droit quand on était reçu bourgeois de la ville, mais il fallait aussi en payer un pour droit « d'issue » quand on cessait d'appartenir à la communauté. Mahieu Bloquel, pour quitter la ville, paie ses impôts (taille), ses cens et rentes et son droit d'issue, au total 12 livres. Moyennant quoi « s'il advenoit que ledit

« Mahieu eust volenté et affection de avoir son retour et
« demeure en ladite Ville, faire le pœut. »

GAGES DU CAPITAINE. LETTRES DE NON-PRÉJUDICE.

On a dit ci-dessus que Raoul de Coucy, qui avait été nommé, étant encore très jeune, évêque de Metz, était devenu évêque de Noyon. Le roi Charles VI, son cousin, le nomma en février 1415, évêque et comte de Noyon. Sa mère étant morte en 1420, l'usufruit dont elle jouissait avait pris fin et Raoul de Coucy était devenu plein propriétaire de la Châtellenie d'Encre.

Il avait pour capitaine et châtelain du château d'Encre, au lieu et place de Monseigneur de Buissu, dont on a vu les démêlés avec la commune, un sieur Lionel d'Avelux (Aveluy), écuyer, qui vivait en de meilleurs termes que son prédécesseur avec les bourgeois. Il faut que ceux-ci, en effet, aient eu avec lui de bien bonnes relations pour qu'ils lui aient avancé de leurs deniers une partie de ses gages, fait qui est constaté dans des lettres de non-préjudice souscrites, le 5 octobre 1424, par Raoul de Coucy, « Évesque et
« comte de Noyon, Per de France, seigneur de Montmirail
« et d'Encre, » qui reconnaît expressément que « les gages » de son capitaine sont à sa charge et que les paiements que la Ville a faits, ainsi que ceux qu'elle ferait à l'avenir, ne pourront tourner au préjudice de la Ville.

Raoul de Coucy mourut quelques mois plus tard, le 17 mars 1425. Son corps repose dans l'église de Noyon, côté droit, sous une plaque de cuivre.

Blanche de Coucy, Comtesse de Roucy.

Après sa mort, Blanche de Coucy, sa sœur, devint propriétaire des seigneuries de Montmirail et d'Encre ; elle possédait déjà celle d'Havrincourt du chef de son oncle, Jean de Coucy, décédé sans postérité. Elle était veuve de Hugues de Roucy, comte de Roucy et de Brainne. Et dans les actes elle prend la qualité de Comtesse de Roucy et de Brainne qui ne pouvait lui appartenir qu'à cause de son mari.

UN LÉPREUX.

On trouve de son temps, dans les archives de la ville, une charte du 7 mai 1426 qui indique certaines des formalités auxquelles était soumise l'admission d'un lépreux à la Maladrerie d'Encre. Il s'agit d'une nommée Jeanne Casière, qui venait d'Amiens. Les Maire et Échevins d'Amiens lui avaient donné un certificat attestant qu'elle était « entéchie de la maladie de ladre. » Avait-elle droit à être ce que nous appellerions *hospitalisée* à Encre ? C'était la première question à examiner. On fit une enquête et il fut reconnu que Jeanne était bourgeoise d'Encre, par conséquent avait droit d'être reçue à la Maladrerie d'Encre. C'était, vraisemblablement, la fille de Simon Casier qu'on trouve dans la liste des bourgeois de la ville dressée en 1421 et années suivantes. Casière est le féminin de Casier ; on sait qu'autrefois les femmes et filles féminisaient leur nom patronymique. La fille d'un Doucet se nommait Doucette, celle d'un Casier se nommait Casière. Il fut donc décidé que la malheureuse serait admise. En conséquence on lui chanta la messe. Ce n'était pas la messe des morts, mais une messe spéciale où le lépreux devait aller à l'offrande et baiser le pied du prêtre et non pas sa main. Après la messe on conduisit Jeanne à la Maladrerie en procession, où étaient le prêtre, Pierre Nevelon, des jurés, des habitants, Jean Le Caron, receveur et lieutenant du châtelain, et deux hommes du Castel, Michel Le Clercq et Jean Wernier. On la consigna aux mains du directeur de la Maladrerie, Colart Savary. Les époux Savary et leur fille, qui étaient de Millencourt, avaient, quelques années auparavant, en 1418, traité avec la Ville et moyennant certaines conditions, avaient acquis, leur vie durant, droit « à lad. « maison, gardins, terres, cens, rentes, muisons, (rentes « en grains) dismages, terrages, drois, prouffis et émolu- « ments. » Le Maire, Simon Grongnet, en la livrant à Savary, lui fit défense « de plus converser en la ville, synon « en l'abit à ce ordonné et trois fois la sepmaine, est assa- « voir : lundi, mercredi et samedi. »

Le lépreux était retranché du monde ; il devait manger seul, ne boire dans d'autre vase que le sien, ne regarder ni le puits, ni la fontaine, ne point passer sur un pont sans avoir ses gants, n'entrer en aucune maison, ni à l'église, ni au moulin. Il devait avertir de sa présence au moyen de sa crécelle et porter un vêtement spécial. Il fallait éviter tout contact avec le ladre.

OBLIGATIONS DU CURÉ.

Blanche de Coucy, par une charte de 1428 (ou environ), régla les obligations du Curé de la paroisse. Il doit tout d'abord trouver, avoir et tenir avec lui un chapelain de bonne vie et renommée, idoine et convenable, comme son coadjuteur — nous dirions son vicaire. Il doit tous les jours dire la messe basse ; aux dimanches et jours de fête, à la St Nicolas et à la Ste Catherine, « la messe à notte » (chantée). Tous les détails pour les cérémonies du culte, pour les grandes fêtes, pour la sonnerie des cloches, sont soigneusement précisés. Ce qui est remarquable c'est l'obligation de gratuité absolue pour l'administration de tous les sacrements comme pour les enterrements. Il ne faut pas que le curé puisse « exiger des parochiens, par voye de « reffus ou aultrement, directement ne obliquement, « quelque salaire ou rétribucion. » Cette règle ne reçoit que deux exceptions. Pour les bans de mariage on doit lui payer deux sols quatre deniers ; on peut y ajouter ce que « par courtoisie et mère (pure) liberté, dévotion, ou gra-« tuité on lui voldra donner. » En cas de relevailles il a droit à « une candeille de cire et 4 deniers. »

Malheureusement cette obligation d'administrer gratuitement les sacrements fut fort mal observée. Le curé parvint à rétablir son casuel ; et il chercha toujours à l'augmenter. C'est ce qui donna lieu, au commencement du dix-huitième siècle, à un gros procès entre Me Gille Cressent, le curé d'alors, et la Ville.

On verra qu'en 1789, dans leur cahier de doléances, les habitants d'Albert réclamaient la gratuité des sacrements prescrite par Blanche de Coucy dès le commencement du quinzième siècle.

LE CAPITAINE.

A la fin de cette même année 1428 Blanche de Coucy se

trouvait en son Castel d'Encre. Le 24 octobre, elle confirme dans ses fonctions de capitaine dudit château ce Lionel d'Aveluy qui les remplissait déjà du temps de son frère l'évêque Raoul de Coucy. Elle reçoit le serment de Lionel et fixe ses appointements, indépendamment des « drois « pourfis et émolumens accoustumés, » à 12 livres parisis par an, qui lui seront payées par Vincent Le Caron, le receveur de la châtellenie.

A cette époque de guerre continuelle la nomination du capitaine intéressait autant la Ville que le Seigneur. Il était tout naturel que celui-ci choisît et payât l'homme de guerre chargé de défendre son Castel ; mais c'était de sa part une obligation envers la Ville. Aussi copie de la nomination de Lionel fut remise au maïeur Mahieu Bloquel et à Jacot Le Caron, clerc de la Ville « pour montrer et faire apparoir, « en temps et lieu, » dit le *Vidimus* du 23 novembre 1429, « comment ladicte dame est tenue de livrer cappitaine à « ladicte ville à ses despens. »

MURAILLES DU PRIEURÉ.

On voit que le souci de la guerre ne quittait pas les habitants d'Encre ; il était bien naturel, puisqu'on était à l'époque de Jeanne d'Arc.

Il ne fallait pas seulement un bon capitaine pour défendre la ville contre les Anglais ; il fallait aussi de bonnes murailles ; et on sait quelle mauvaise volonté les Prieurs apportaient dans l'accomplissement de leurs obligations relatives à la portion de murailles qui fermait leur ténement. De même qu'en 1411, les maire et jurés profitèrent de la présence au château de la dame d'Encre, pour obtenir, par son influence, que le Prieur s'exécutât. Le Prieur était encore absent. C'était Dom Philibert Dauvernier. Blanche de Coucy manda au château son représentant et procureur, Jean de la Croix, et elle lui fit entendre raison. Il s'engagea pour le Prieur, le 7 février 1430, « à remettre en bon et souf- « fissant estat les agarites et deffenses qui sont séans sur « les murs d'entour leur maison aux propres couts, frais et « despens dudit Prieur. » Mais toujours sous réserve de démontrer que le Prieur n'y était pas obligé.

De son mariage avec Hugues de Roucy, Blanche de Coucy avait une fille, Marguerite de Roucy, qui avait épousé Thomas, marquis de Saluces. La fille de Marguerite, Jeanne de Saluces, avait épousé, en 1427, Guy de Nesle, seigneur d'Offémont, Mello, Acheux, &ᵃ. Marguerite était morte avant sa mère, de sorte qu'au décès de Blanche de Coucy la châtellenie d'Encre passa aux mains de sa petite-fille, Jeanne de Saluces, femme de Guy de Nesle.

La famille des Coucy s'était montrée fort soucieuse de maintenir et d'étendre ses droits de seigneurie. Mais Madame de Montmirail, Jeanne d'Harcourt, avait été bienveillante et libérale envers la Commune. Aussi l'une des rues d'Albert, celle qui autrefois conduisait au château, garde son souvenir ; c'est aujourd'hui la rue Jeanne d'Harcourt.

Chapitre VI

LES NESLE

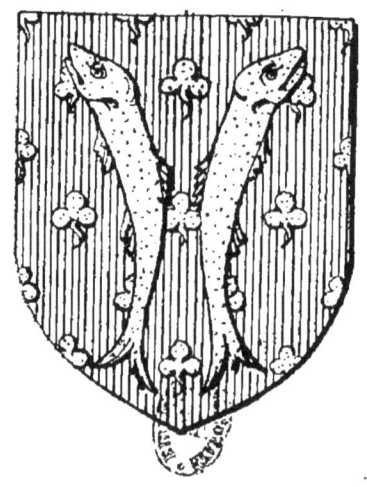

LES NESLE

Jeanne de Saluces et Guy de Nesle.

Jeanne de Saluces hérita la Seigneurie d'Encre de sa grand'mère, Blanche de Coucy. Déjà, du vivant de celle-ci, on voit que Guy de Nesle, seigneur d'Offémont, intervenait aux actes qui concernaient la ville d'Encre. Il figure à la charte de 1428 où sont précisées les obligations du curé.

Les de Nesle portaient « de gueules à deux bars d'or « adossés, sur un écu semé de trèfles de même. » Ils appartenaient à la branche des Clermont-Nesle, seigneurs d'Offémont et de Mello.

DESTRUCTION DU FOUR BANAL.

On a vu qu'en 1296 la Ville avait racheté de Guy de Châtillon les fours banaux. C'était pour en supprimer la servitude, que la Ville avait convertie en un abonnement. Elle percevait de ce chef une taxe sur les habitants ; deux sols par ménage et un sol par demi-ménage (une personne vivant seule). Un accident fit supprimer cette perception en détruisant le four banal qui en était la cause originaire. Ce four fut incendié le 11 octobre 1461 « par feu de « meschief, » (par accident) ainsi qu'une foulerie de draps qui y était contiguë. L'ensemble était situé dans la rue parallèle à la rivière, devenue aujourd'hui l'impasse de l'Hôtel-Dieu, entre cette rue et la rivière. La foulerie touchait à un abreuvoir situé auprès de la parcelle F. 7 du plan de 1748. La Ville concéda l'emplacement de cette foulerie à un nommé Colart Dubos, par acte du 27 mars 1466, moyennant un cens annuel de 12 sols, monnaie courante « tels que 12 deniers patars. »

Cette dernière expression signale la domination dans notre contrée de la maison de Bourgogne, car le patard est une monnaie de Flandre. Encre ne faisait plus alors partie du royaume de France. On sait que Charles VII, pour détacher du parti des Anglais le duc Philippe de Bourgogne, lui avait abandonné les villes de la Somme par le traité d'Arras, du 21 septembre 1435. Toutefois il avait stipulé le droit de les racheter moyennant 400.000 écus d'or.

Les Bourguignons.

L'un des premiers actes du règne de Louis XI fut d'opérer ce rachat (14 octobre 1463), et de reporter ainsi la frontière française aux limites qui séparent la Picardie de l'Artois. Mais bientôt la guerre éclata entre le Roi et le duc de Bourgogne et, pendant de longues années, notre contrée fut désolée par ses ravages. Dès 1465, Charles, le fils du duc Philippe, celui qui devait être plus tard Charles le Téméraire, Charles le Terrible, envahissait la Picardie, prenait Roie, Nesle et Montdidier, et poursuivait la campagne que termina la bataille de Montlhéri (16 juillet 1465). Quelques années plus tard, Louis XI, pris à son propre piège, souscrivait le honteux traité de Péronne (14 octobre

1468) qui attribuait la Picardie à Charles, devenu duc de Bourgogne. Deux années s'étaient à peine écoulées que Louis XI essayait de reprendre ce qu'il avait abandonné (décembre 1470). La guerre, interrompue plusieurs fois par des trêves, renaissait sans cesse ; on sait avec quelles fureurs ; il suffit de rappeler le massacre de Nesle (juin 1472) et l'héroïque défense de Beauvais. La ville d'Encre était aux mains des Bourguignons, dont son seigneur, Jean de Nesle, était le partisan déclaré.

La Hire à Encre.

Monstrelet raconte sur Guy de Nesle, père de Jean, une anecdote assez singulière, où figure le célèbre aventurier gascon si connu sous le nom de La Hire. En 1434, La Hire, avec une troupe de 200 hommes, passait devant le château de Clermont en Beauvaisis où commandait Guy de Nesle. Ce dernier, voulant lui faire accueil, fait apporter du vin devant la poterne du château, régale la troupe et cause avec La Hire, qui tout à coup, traîtreusement, s'empare de lui, l'emmène prisonnier, et le tient un mois enfermé, « moult « durement et en grand travail, tant qu'il eut le corps et « les membres moult travaillés et fu plain de poux et de « vermine » Il fallut que Guy de Nesle, pour obtenir sa liberté, payât rançon de « 14·000 salus d'or, ung cheval de « pris et vingt queues (barriques) de vin. » C'est ainsi qu'on en usait alors entre capitaines qui étaient tous deux au service du roi de France. Guy de Nesle, qui gardait à la Hire une rancune, bien légitime assurément, trouva, quelques années plus tard, en 1437, moyen de se venger. A la tête de 120 hommes il entra tout à coup dans Beauvais, où commandait la Hire, alla droit à l'Hôtellerie St Martin, où il savait que la Hire était en train de jouer à la paume, s'empara de lui, et l'emmena lestement; poursuivi, mais inutilement, par quelques soldats et bourgeois. La Hire fut conduit prisonnier au château d'Encre, et sans doute soumis au même régime qu'il avait infligé à Guy de Nesle. Le roi intervint en faveur du captif, écrivit au duc de Bourgogne, devenu comme on l'a dit, par le traité de 1435, le suzerain de la châtellenie d'Encre. L'affaire fut discutée au conseil du duc, assemblé à Douai, qui trouva que « la prinse « n'estoit belle ni bonne, ne honnest. » Le duc de Bourgogne d'ailleurs tenait alors à « complaire au roy. » La Hire fut rendu à la liberté, au grand dépit de Guy de Nesle, qui dut se contenter « d'aulcunes (quelques) récompensacions « pour ses intérestz, non mie à comparer à la finance qu'il « avoit paiée. »

Jean de Nesle.

A Jeanne de Saluces et Guy de Nesle avait succédé leur fils Jean, seigneur d'Offémont, Mello, Encre, Bray, &{a}. Ainsi que l'avait fait une grande partie de la noblesse picarde, Jean de Nesle avait embrassé la cause des ducs de Bourgogne, devenus, aux termes du traité de 1435, les légitimes souverains du pays. Mais il avait un lien plus particulier envers Charles le Téméraire à cause de son mariage avec Jacqueline de Croï, fille de Jean, comte de Chimai. La famille de Croï était depuis longtemps attachée à la maison de Bourgogne.

C'est chez Jean de Nesle, dans son château d'Encre, que Charles le Téméraire passa la nuit du 2 Août 1475. Il revenait alors de Bruges dans le but d'empêcher la défection de son allié, Édouard IV, roi d'Angleterre, qui avait débarqué à Calais le 5 Juillet, et qui déjà paraissait prêt à quitter la cause du Téméraire. Il la quitta en effet peu après, séduit par l'or de Louis XI (traité du 29 août 1475).

C'est seulement après la mort de Charles le Téméraire, (1477) que la Picardie fut reconquise par Louis XI. Elle redevint, et est toujours restée depuis, terre française. La ville d'Encre fut un poste avancé, une sentinelle placée à quelques kilomètres de la frontière, exposée aux premiers coups de l'étranger, qui occupait l'Artois.

Louise de Nesle et Jean de Bruges.

Jean de Nesle n'eut qu'une fille, Louise de Nesle, qui épousa Jean de Bruges de la Gruttuze, sénéchal d'Anjou. Elle portait les titres de dame d'Offémont, Mello, Encre et Bray-sur-Somme. Elle figure avec son mari dans un accord passé avec la Ville de Bray le 12 juin 1489. Mais en 1515 elle était veuve.

L'ANTIENNE DE LA VIERGE.

C'est au temps de Louise de Nesle que fut fondée en l'église d'Encre par Pierre de Camons, alors maïeur de la ville, l'antienne de la Sainte Vierge qui se chantait journellement en l'église paroissiale « devant son ymage et « représentacion, environ l'heure de complies, par le « maistre d'escolle dudit lieu d'Encre et ses escolliers. » Pour assurer le service « d'icelle anthaine » le maïeur traite en son nom personnel avec son lieutenant et ses échevins stipulant pour la Ville, et leur concède une rente de cinquante et ung sols six deniers obole, monnoye tournoys, à prendre sur des cens fonciers qui lui appartiennent, savoir « 37 sols 6 deniers parisis monnaye royal, qui valent à « ladicte monnoye tournois 46 sols 6 deniers obole, sur la « maison où pend pour enseigne le Faulcon, faisant frocq « (façade) sur le marchié et par derrière tenant au ruissel « qui flue et passe par dedens et au dessoubs de la court « dudit hostel du Faulcon ; » et la somme de cincq sols, monnoye tournois sur un jardin séant « aux faux bours de « la dicte ville d'Encre en la rue que on dist : des cavains. » La charte est de 1491 ou environ.

L'ORDONNANCE DES CORDOUANIERS.

C'est à la même époque, le 15 septembre 1491, que fut fait, par l'Échevinage, le réglement dont il a été ci-devant parlé, pour la corporation des cordonniers. Il défend de faire « saullers (souliers) à homme ne botines à femme » qui ne soient de cuir de vache pur ; et « se ils estoient « trouvés qu'il y eust veau ou cheval » il y aurait lieu à confiscation, indépendamment de l'amende de 5 sols. Les cordonniers ne peuvent employer le veau que pour les « parches (souliers d'enfant) de sept paux (pouces) ou en « dessous. » Ainsi une personne qui aurait voulu se faire confectionner une paire de bottines en veau, une dame par exemple, n'aurait pu l'obtenir ; le cordonnier n'avait pas le droit de la lui faire comme elle la désirait. Les réglements des corporations imposaient leurs servitudes non seulement aux artisans, mais par voie de conséquence, au public. Nul ne pouvait porter d'autre drap que le drap tissé conformément à l'ordonnance, ni chausser d'autres souliers que ceux confectionnés suivant le réglement. On n'était pas libre de se vêtir à son gré ; il fallait, comme aujourd'hui au régiment, porter les effets réglementaires.

TAXE DU PAIN.

Un peu plus tard, le 18 mai 1515, on trouve une taxe du pain. « 6 deniers tournois pour le pain de cinq livres et « demy ; celui de liart la moitié — le bis, de deux livres, « seize onches — et le blanc, quatorze onches. Tant que le « pris du bled sera tel qu'il est ce jourd'huy, à sept et « huict sols tournois. »

On peut rapprocher de cette taxe celle qui fut faite un siècle plus tard, le 29 juillet 1611 ; « le pain blanc du poix « de quatorze onces, estant cuict, au prix de douze deniers. « Le pain clairet, du poix de sept quarterons, au prix aussy « de douze deniers tournois ; et le pain bis, pesant deux « livres, au prix de douze deniers, le tout estant cuict ; « durant le temps et prix du bled tel qu'il est aujourd'huy, « à 48 sols tournois le septiers de bledz. (trois livres 16 « sols l'hectolitre) » Ces indications peuvent-être utiles pour comparer la valeur de l'argent en 1515, en 1611 et à notre époque : car il s'agit d'une chose de première nécessité, le pain.

MURAILLES DU PRIEURÉ.

Louise de Nesle figure dans une sentence rendue le 21 juin 1515 par Jean de la Ruelle, écuyer, lieutenant du juge et garde de la Prévôté de Péronne.

Il s'agit encore de l'obligation que le Prieur doit exécuter, mais qu'il n'exécute jamais, d'entretenir les murailles de la ville au droit de son ténement. Cette fois ce n'est plus une transaction sous réserves, c'est une véritable solution, une sentence de condamnation qui intervient. Car la châtelaine est armée d'un ordre formel qu'elle a obtenu du feu Roi Louis XI. On comprend que ce dernier ait eu à cœur d'assurer la défense de cette petite ville d'Encre, placée, comme on l'a dit à la limite de la Picardie qu'il avait rendue à la France. En vertu de cet ordre, Madame Louise de Nesle, représentée par Philippe Rogier, son procureur fiscal, et Regnault Gonnet, lieutenant du Gouverneur d'Encre, ainsi que le maïeur de la ville, Pierre Bourdon, son lieutenant, Jean Bauduin, et six échevins, ont assigné le Prieur, Dom Rousseau, docteur en théologie. Le Prieur comparaît devant le juge ; il reconnaît formellement et sans réserves que d'après les lettres authentiques passées entre ses prédécesseurs et les Seigneurs d'Encre il est « tenu entretenir lesdites murailles et allées à l'environ « du Prieuré » il déclare « estre prest de soy employer à « rédifier et mectre en estat valable lesd. murailles et ne « vouloir aucunement empêcher l'entérinement des lettres « du roi. » Sur quoi le juge, qui s'est rendu à Encre, prononce condamnation contre le Prieur à l'exécution de ce qu'il vient de promettre.

Le procès est donc terminé, définitivement résolu, on le croirait. Et cependant cent un ans après, la justice royale était encore appelée à prononcer, le 19 Décembre 1616, même sentence contre dom Bize, alors Prieur d'Encre. Il en était de cette querelle, qui durait depuis des siècles, comme de celle dont il a été parlé, à propos des scellés et inventaires dont l'Échevinage et les officiers de la châtellenie se disputaient les émoluments ; elle renaissait sans cesse.

JURIDICTION EN MATIÈRE IMMOBILIÈRE.

Les gens de justice du Seigneur ne pouvaient se résoudre à laisser subsister les privilèges de l'Échevinage, fussent-ils assis sur la possession la mieux établie. Ils y voyaient une atteinte à leurs droits, et surtout aux profits de leurs charges. Au commencement du seizième siècle quatre chefs de contestation étaient soulevés par eux.

Ils déniaient à l'Échevinage 1° le droit de juger les procès en matière réelle, 2' le droit de statuer sur les bornages, 3ᶜ le droit de donner permission d'assister les officiers royaux (les huissiers royaux) exploitant dans la ville et sa banlieue, 4° le droit de donner licence de vendre vin ou cervoise (bière). Tout cela, suivant eux, ne pouvait appartenir qu'au Seigneur. La Ville, au contraire, prétendait que de tout temps on lui avait reconnu compétence en ces matières.

Ces divers points furent réglés par une transaction du 7 août 1518. Madame de Nesle y est assistée, non seulement de Philippe Rogier, son procureur fiscal, qui est en même temps son receveur pour la terre d'Encre, et de Jean Hennin, greffier de la châtellenie, mais de personnes capables de lui donner de sages conseils : Monseigneur Jean de Sᵗ Quentin, écuyer, sieur de Morlancourt, gouverneur d'Encre et de Bray ; Mʳ Léon de Haulteville, maïeur de Péronne, et Mᵉ Jean de Monjan, licencié ès-lois, avocat. De l'autre part on trouve pour défendre les intérêts de la

Ville le maïeur, Guillaume Gamelon, six jurés, l'argentier Nicolas Doudou, le Procureur de la ville, Antoine Martinpuis, et les maires de métiers.

Les difficultés sont résolues au moyen d'une distinction.

Pour tous les héritages (immeubles) qui sont mouvants du château, qui lui paient rente ou censive, les officiers du château ont compétence. Ils connaîtront des procès en matière immobilière; ils connaîtront des bornages; ils donneront permission d'assister les huissiers royaux; ils donneront licence de vendre vin et bière.

Mais quant à tous les autres immeubles situés dans l'étendue de la ville et de sa banlieue, dans « la loi de la « Ville, » quelle que soit leur mouvance, qu'ils soient tenus de la Ville elle-même, ou du Prieuré, ou de Boulan, ou d'Hénencourt, ou d'une autre Seigneurie quelconque, la compétence appartiendra à l'Échevinage.

La transaction établit ainsi une ligne de démarcation très nette entre les propriétés qui proviennent d'aliénations faites par la Châtellenie et celles qui ont pour origine l'aliénation consentie par toute autre Seigneurie. Quant à ces dernières l'Échevinage jugera donc, comme il l'a toujours fait, les contestations en matière immobilière, au pétitoire et au possessoire; il accordera les saisines et dessaisines; il connaîtra des bournes (bornes) et assens (signes de délimitation); il accordera des aides, des recors qui prêteront assistance et moyenne main (par opposition à main forte) aux huissiers royaux; enfin il donnera permission de vendre vin ou bière, c'est-à-dire de mettre bouffeaux. Le cabaret s'annonçait par le bouchon de paille (bouffeaux, fœuillis, rameaux et ramons) qui pendait au-dessus de la porte. C'est ce qui fait que bouchon est devenu synonyme de cabaret.

Sur deux points seulement le droit de l'Échevinage n'est pas complet quant aux immeubles qui ne relèvent pas de la Châtellenie. L'Échevinage ne peut procéder aux « vues « et ostensions » (visites de lieux) sans appeler le Procureur fiscal du Seigneur, sans doute pour que celui-ci puisse vérifier si effectivement il ne s'agit pas d'héritages mouvants de la Châtellenie. En second lieu il ne peut jamais connaître de l'exécution de ses jugements, sans doute parce qu'il est tribunal d'exception. C'est ainsi que, de nos jours, les tribunaux de commerce ne connaissent pas de l'exécution de leurs jugements.

On voit que l'Échevinage, indépendamment de ses fonctions administratives, avait au point de vue judiciaire un rôle qui n'était pas sans importance. Non seulement il était chargé des scellés et inventaires, c'est-à-dire de l'administration des successions non encore acceptées et de la tutelle des mineurs, mais il constituait un véritable tribunal qui jugeait les contestations entre propriétaires. On se figure aisément les complications qui résultaient de l'enchevêtrement des juridictions seigneuriale et communale. Suivant l'origine des propriétés le tribunal compétent était celui du Seigneur ou celui de la Ville. Mais combien d'héritages étaient formés par la réunion de parcelles dont les unes provenaient de la Châtellenie et le surplus d'un autre Seigneur ! Comment faire alors, et à quelle juridiction s'adresser ? Qu'on suppose un litige portant sur une conduite d'eau qui traverse tout à la fois une parcelle provenant du château et une autre d'origine différente : qui sera juge ? On ne s'étonnera pas du nombre de gens de loi, notaires, procureurs, huissiers que renfermait cette petite ville d'un millier d'habitants. Ils y avaient certainement l'emploi de leurs facultés procédurières.

La transaction de 1518 applique immédiatement les principes qu'elle pose en matière de bornage. La Ville avait, paraît-il, divisé ses prés en un certain nombre de lots délimités par des bornes. Comme ces prés étaient situés en dehors de la banlieue la plantation de bornes était un acte attentatoire aux droits des officiers du Seigneur. La Ville est donc condamnée à l'amende de 60 sols ; mais c'est pour l'honneur des principes, car, à l'instant même on lui en fait remise.

BORNAGE DE LA BANLIEUE

Suivant la tradition les bornes de la banlieue auraient été reconnues et replantées à l'époque de cette transaction. L'une d'elles était posée à l'endroit du Calvaire sur la route de Bapaume ; une autre, qui existe encore, à 400 mètres de là, à l'extrémité du lieudit la Grosse Haie ou la Briqueterie ; une troisième, qui existe pareillement encore, sur ce qu'on appelait la voirie du Vivier, aujourd'hui route de Moreuil ; une quatrième à la route d'Amiens, à mi-hauteur de la côte sur le revers de laquelle est le Minon Catel ; une cinquième à la fourche du chemin de Millencourt et du chemin de Warloy ; une sixième était dans le rideau des Vignes ; enfin la dernière borne était plantée à l'extrémité de la voirie derrière la propriété de Boulan, près de la rivière, à l'endroit où est actuellement un pont.

GUERRE AVEC CHARLES-QUINT

Pendant la guerre de cent ans la ville d'Encre avait été plus d'une fois menacée ; les campagnes environnantes avaient été souvent désolées, mais la ville elle-même avait en définitive échappé aux ravages des armées. Il ne devait plus en être de même dans la lutte qui s'engagea entre le Roi François 1er et l'Empereur Charles-Quint. Cette petite ville, que quelques kilomètres séparaient de la frontière, allait subir de cruelles vicissitudes. Amis ou ennemis étaient également redoutables aux habitants. Tout était permis aux bandes dont se composaient les armées, mercenaires pour la plupart.

En 1521, François 1er, dans sa marche sur Valenciennes, dut passer à Encre, ou près d'Encre, en se dirigeant sur Bapaume qu'il démantela.

En 1522, Charles-Quint, aidé de son allié Henri VIII, roi d'Angleterre, attaque la Picardie, s'acharne devant Hesdin, sans pouvoir le prendre, et désole tout le pays aux environs. Les Français reprennent l'avantage, courent toute la plaine d'Artois jusqu'aux portes d'Arras et, à la fin de la campagne, se retirent à Encre, où l'armée se sépare.

L'année suivante les hostilités recommencent de bonne heure. En février, trente cinq mille Anglo-Néerlandais, commandés par le Comte de Buren, envahissent la Picardie, prennent et brûlent Mailly, Encre et Miraumont, se dirigeant, suivant l'habitude, sur Bray, où ils forcent le passage de la Somme. Cette fois Encre n'échappe pas à la dévastation ; la ville est brûlée ; ses maisons qui, à cette époque, étaient presque toutes construites en bois, sont la proie des flammes ; il n'en reste que des ruines.

Treize ans plus tard, quand elle commençait à se relever du désastre, elle se voit menacée à nouveau. Les lieutenants de Charles-Quint, le comte de Nassau et Adrien de Croï, comte de Reux, viennent mettre le siège devant Péronne, (12 août 1536) dont ils ne parviennent point à s'emparer. Mais tout le pays à l'entour est livré aux ravages de leurs troupes.

Le roi de France, qui savait apprécier l'importance stratégique de la ville d'Encre et qui connaissait la pauvreté à laquelle étaient réduits ses habitants, délivra, le 10 septembre 1540, une ordonnance datée de Rouen, portant injonction à son trésorier, Me Jean Laguette, de délivrer 4000 livres tournois à Me Pierre de la Grange, commissaire aux fortifications du pays de Picardie, en stipulant que les fonds seront employés « mesmement » (principalement) aux réparations et fortifications de la ville d'Encre. Grâce à ce secours la ville put remettre en état ses murailles.

Chapitre VII

LES HUMIÈRES

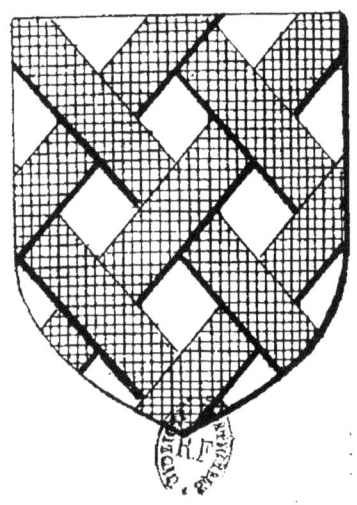

LES HUMIÈRES

Charlotte d'Humières.

Louise de Nesle, ayant perdu le seul fils issu de son mariage avec Jean de Bruges, avait fait donation de ses terres d'Encre et de Bray à sa cousine germaine, Charlotte d'Humières, fille de Jean d'Humières, gouverneur de Péronne, Roie et Montdidier, qui mourut en 1550.

C'est ainsi que la Châtellenie passa aux d'Humières, vieille famille de Picardie, bien connue à Encre où elle avait autrefois possédé des propriétés. Un Jean d'Humières était encore, au milieu du quinzième siècle, propriétaire de nombreux cens et rentes à prendre sur divers héritages et masures situés en la ville et faubourgs d'Encre et notamment sur la maison qui formait l'angle de la Place avec la rue Cour Bréhaut. Il les vendit, le 26 décembre 1462, à un nommé Pierre Faverel ; mais Jean d'Hénencourt, parent du vendeur, exerçant le retrait lignager, se substitua à l'acquéreur suivant acte passé devant Simon Grognet, lieutenant de la Châtellenie d'Encre, du 3 Janvier 1463. Le retrait lignager devait s'exercer dans l'année de la vente.

Les d'Humières portaient « d'argent frété de sable. »

Charlotte d'Humières était mariée à François de

Montmorency, frère du connétable. C'est par François de Monmorency que fut fourni au Roi, en 1532, un dénombrement de la châtellenie.

En 1552 François était mort. Charlotte d'Humières est qualifiée, dans la charte dont il va être parlé, veuve de Messire François de Montmorency, en son vivant chevalier de l'ordre du roi, gouverneur de Paris et Isle de France, lieutenant général au pays de Picardie en l'absence de Monseigneur le duc de Vendosmois, capitaine de cent hommes d'armes des ordonnances du roi, seigneur et baron de la Rochepot, Nelle en Bourgogne, la Prune au pot, Thorel Tonneroys, Mello, Offémont, &ᵃ. En 1894, quand on a démoli l'église d'Albert, on y a retrouvé les armoiries des Montmorency : « d'or, à la croix de gueules, cantonnée « de seize alérions d'azur. »

TRANSACTION SUR LE STELAGE.

L'acte auquel figure Charlotte d'Humières est une transaction passée devant notaires, à Amiens, le 17 janvier 1552, et conclue entre ladite dame et Jean Peltot, mandataire de la ville d'Encre. Il s'agissait du droit de stelage et mesurage des grains. Stelage est une abréviation de sestelage et se réfère à l'idée de setier, en latin *sextarius*. C'est donc l'idée de la division par six, et non de la division par sept, comme on le croit généralement, ce qui fait qu'on écrit septier. Il y avait à Encre un stellier ou mesureur juré. Naturellement il percevait un droit sur chaque setier qu'il mesurait. Mais d'autre part il payait une redevance, car sa fonction lui était affermée. Par qui ? C'était la question. La Ville prétendait que c'était elle qui affermait le stelage ; la dame d'Encre soutenait au contraire que c'était elle qui exerçait ce droit et en percevait le profit. Et de fait le dernier stellier nommé l'avait été par elle. On transigea. Le stellier nommé par Madame Charlotte d'Humières fut maintenu en fonctions ; de plus il fut convenu que, chaque fois qu'il y aurait lieu de renouveler le bail, ce serait le Seigneur qui ferait le renouvellement. Mais il est stipulé qu'il aura lieu « à la chandelle », c'est-à-dire aux enchères publiques, et que le bail, quoique fait par le Seigneur, profitera aussi à la Ville. Elle en partagera le bénéfice avec le Seigneur. Chacun d'eux aura la moitié de la redevance payée par le stellier.

La perception faite par celui-ci sera d'un denier par chaque setier vendu au marché. Les bourgeois ne sont pas tenus de l'appeler pour les ventes qu'ils feraient chez eux ; son ministère n'est obligatoire que relativement aux grains vendus sur le marché. Chez eux, les bourgeois ont le droit d'avoir des mesures à eux, pourvu qu'elles soient étalonnées et flatries (poinçonnées). Ce sont les échevins qui sont chargés en première instance de la vérification de ces mesures, et ce sont eux qui appliquent l'amende en cas de contravention.

GUERRE CONTRE CHARLES-QUINT

La lutte contre Charles-Quint avait été reprise par Henri II, fils et successeur de François 1er.

En 1552 Antoine de Croï, comte de Reux, avec douze ou quinze mille Belges se jette entre l'Oise et la Somme, prend et brûle Chauny, Folembray, Noyon, Nesle et Roie, puis repasse la Somme et va mettre le siège devant Hesdin, dont il s'empare, mais qui, dans la même année, lui est repris par le duc de Vendôme.

L'année suivante, un corps d'armée composé d'Allemands, d'Espagnols et de Néerlandais va mettre le siège devant Thérouane et, malgré une vaillante défense, finit par s'en emparer (20 juin 1553). On sait le sort de cette malheureuse ville, de cette capitale d'un évêché. Elle fut absolument détruite, rasée. Il n'en reste que le souvenir. De là les Impériaux se dirigèrent sur Hesdin, qu'ils prirent le 18 juillet. Mais les Français, commandés par le roi en personne, reprirent l'avantage et infligèrent à l'ennemi, près de Doullens, un grave échec (13 août). Les Impériaux, après avoir rasé la tour et le fort de Beauquesne, décampèrent et vinrent occuper Encre et Miraumont. Le roi, qui s'était mis à leur poursuite, était le 26 à Corbie, le 27 à Heilly, où il recevait des renforts, et arrivait à Encre le 28 Août. Il trouvait la ville brûlée et détruite. Les Impériaux l'avaient traitée presque aussi cruellement que Thérouane. Ils l'avaient incendiée le 26, avant de se retirer sur Miraumont, qu'ils brûlèrent également ainsi que son château. Le roi alla coucher à Grandcourt et continua ensuite sa marche dans l'Artois, le Cambrésis et le Hainaut.

C'est à cette date du 26 août 1553 qu'il faut placer la destruction du château d'Encre. Il n'a jamais été reconstruit.

Il existe au sujet de la campagne de l'année suivante, 1554, un récit flamand attribué à un officier subalterne d'artillerie, qui a été publié dans les annales de l'Académie archéologique de Belgique, XXIV, 2ᵉ série, tome 4. Il renferme quelques détails intéressants.

L'armée Française avait des mercenaires Anglais, Écossais, Suisses et Allemands. De même l'armée impériale avait des régiments Allemands, Espagnols, Italiens, plus un contingent anglais envoyé par la reine Marie. Ces mercenaires, ramassis de toutes les nations, n'avaient, en faisant la guerre, d'autre mobile que la cupidité. Leurs bandes de coquins déterminés, rebelles aux lois de la discipline, ne connaissant aucun frein, se livraient aux actes de la plus odieuse barbarie, à tous les excès : crimes, viols et attentats infâmes. Il convient de citer au nombre des plus redoutables les quinze cents cavaliers noirs du comte Gunther de Schwarzbourg, montés sur de superbes chevaux, portant un panache de plumes de coq et armés d'une lance avec flamme de taffetas rouge. Sur leur étendard était représenté un renard tenant un coq sous ses pattes, pour signifier qu'ils voulaient vaincre et abattre le coq gaulois.

Au commencement de la campagne les Français étaient entrés en Artois et avaient poussé jusqu'auprès de Namur ; le 10 juillet ils enlevaient Dinant. Mais ils durent reculer devant les deux corps d'armée que Charles-Quint envoya contre eux. Ils rétrogradèrent jusqu'à Bapaume et Miraumont. Puis, reprenant leur marche en avant, ils allèrent mettre le siège devant Renty, auprès de Lillers, à la frontière du Boulonnais. Les Impériaux accoururent pour sauver Renty ; et le 13 août eut lieu une bataille célèbre, très glorieuse pour nos armes. Mais, malgré ce succès, il fallut lever le siège à cause du manque de vivres. Les Impériaux, partis de Renty le 28 août, vinrent, par Hesdin, sur Auxi-le-Château, et entrèrent en France où ils pillèrent et brûlèrent Saint Riquier: ils remontèrent de là à

Montreuil, où ils restèrent près de deux mois, poussant des reconnaissances et maraudant sur les terres françaises. Ce ne fut que dans les premiers jours de novembre qu'ils commencèrent leur retraite, brûlant le village de Forestmontier, insultant Crécy, passant à Auxi-le-Château, s'avançant jusqu'auprès d'Amiens et tâtant Corbie qui les repoussa à coups de canon. De là, dit l'auteur flamand, on se dirigea sur Encre (13 novembre). « Cette ville avait été
« détruite l'année précédente et on y rencontra peu d'habi-
« tants. On y trouva du vin assez bon. Le roi de France y
« avait fait construire une belle maison neuve, qui n'était
« point encore achevée. A notre départ on mit le feu à la
« ville et on fit sauter toutes les fortifications à la demande
« d'un prêtre nécromancien. Celui-ci y avait été longtemps
« emprisonné dans une tour, par ordre du roi de France,
« et s'en était sauvé par ses artifices, à ce qu'on disait dans
« le temps. L'ordre était arrivé un matin de l'extraire de la
« tour afin de l'exécuter ; mais, dès qu'il en fut informé, il
« fit en sorte de s'évader de sa prison et de se réfugier à
« Bapaume : ainsi en courait la nouvelle dans tout le pays.»

Que ce soit sur la demande du prêtre ; que ce prêtre ait été plus ou moins nécromancien ; peu importe. Ce qui est certain c'est que la malheureuse ville fut encore une fois brûlée et ses fortifications démolies.

Le lendemain les Impériaux étaient rentrés chez eux, à Bapaume.

Jacques d'Humières.

Charlotte d'Humières n'avait pas eu d'enfant de son mariage avec François de Montmorency. A sa mort ses terres d'Encre et de Bray passèrent à son frère, Jacques d'Humières, qui est célèbre dans l'histoire comme fondateur de la Ligue : on verra bientôt quel lien étroit existe entre la création de la Ligue et l'érection de la Châtellenie d'Encre en Marquisat.

Mais il faut d'abord rendre compte d'un acte antérieur de quelques années à la Ligue ; c'est le point de départ d'une série de contestations entre la ville d'Encre et Aveluy qui durèrent pendant plusieurs siècles.

ACCORD AVEC AVELUY AU SUJET DU GRAND MARAIS.

Le Grand Marais, concédé à la ville en 1239, s'étendait jusqu'auprès d'Aveluy. Ce village n'avait point de pâturage. Il s'était adressé à Encre et lui avait demandé l'autorisation d'envoyer, moyennant certaines conditions, ses animaux dans le Grand Marais, concurremment avec ceux de la ville. La commune ne pouvait lui accorder cette faveur puisque la charte de 1239 et les « Lettres de l'accord » de 1389 lui interdisaient d'admettre au pâturage des marais aucun bétail étranger. Mais les Seigneurs d'Encre s'étaient relâchés de la rigueur avec laquelle l'accord de 1389 maintenait cette prohibition. De sorte qu'un arrangement était intervenu entre Aveluy et Encre, qui permettait aux gens d'Aveluy d'envoyer leurs bêtes au Grand Marais, moyennant certaines redevances. Pendant longtemps l'état de choses ainsi créé avait subsisté sans difficultés : tous les ans, au premier mai, l'argentier d'Encre percevait les taxes convenues et dressait le rôle de ce qu'il aurait à toucher l'année suivante.

Mais, à la longue, il arriva, peut-être à cause du

désarroi causé par les guerres, que l'Échevinage négligea le recouvrement, ou qu'Aveluy négligea de s'acquitter et contracta l'habitude de faire pâturer sans payer. La ville d'Encre finit par se fâcher. Elle refusa de laisser pâturer. Un procès allait s'engager, mais Monseigneur (Jacques d'Humières) s'interposa et amena un accord, qui fut passé le 2 juillet 1571, pardevant Nicolas Pieffort et Antoine Plot, notaires à Encre. La Ville y est représentée par son maire, Jean Conseil, et ses six échevins; Aveluy par trente trois personnes « manans et habitans dudit lieu, faisans et repré- « sentans toute la commune. » Aveluy reconnaît le droit de la ville d'Encre et paie comptant cinquante livres tournois pour le passé. La Ville lui accorde le droit de pâturage, à condition qu'on lui paiera tous les ans deux sols par chaque bête au-dessus de trois ans, douze deniers par chaque bête au-dessous de cet âge; plus une redevance de deux sols par ménage, qu'il y ait bétail ou non. Nul nouveau ménager autre que les trente trois dénommés au contrat ne pourra jouir du droit de pâturage qu'en demandant congé à la ville d'Encre et en se faisant enregistrer : il devra payer vingt sols parisis pour droit de congé; quant aux enfants ou héritiers des trente trois dénommés, ce droit ne sera que de cinq sols tournois. Indépendamment de ces taxes, Aveluy sera tenu d'entretenir la digue de la rivière depuis le moulin dudit Aveluy jusqu'à la haute digue tenant au gué du Barbinchon, et de faire dans la même limite le faucardement de la rivière. Il n'aura du reste aucun droit de pêche dans le marais.

FONDATION DE LA LIGUE. ÉRECTION DU MARQUISAT D'ENCRE.

Il y avait alors en France de bien autres discordes que cette méchante querelle entre deux communes au sujet d'un marais. Le pays était en proie à la plus cruelle des guerres civiles, la guerre de religion, impitoyable entre toutes, car le fanatisme religieux ne recule devant rien ; témoin la nuit sanglante de la St Barthélemy (24 août 1572). Cette guerre durait depuis longues années déjà, avec des alternatives diverses, avec des trêves qu'on qualifiait de paix ; sans cesse elle recommençait avec une nouvelle âpreté. Elle ne s'était pas encore étendue au Nord de la France; à Encre il n'y avait pas de protestants ; la ville était exclusivement et très foncièrement catholique. Son Seigneur d'alors, Jacques d'Humières, était un catholique des plus ardents. Ce fut lui qui fonda la Ligue, et ce furent les guerres de la Ligue qui attirèrent sur la ville les malheurs qu'elle eut à subir.

A la création de la Ligue se rattache étroitement un fait important de l'histoire d'Encre, l'érection de la Châtellenie en Marquisat.

Après la mort de Charles IX (30 mai 1574), le trône de France échut à son frère Henri, duc d'Anjou, qui depuis un an (9 mai 1573) était devenu roi de Pologne, grâce aux intrigues de Montluc, évêque de Valence. Henri III quitta la Pologne, dont la royauté lui fut enlevée quelque temps après (15 décembre 1575), pour venir gouverner son royaume de France sous les inspirations de sa mère, la trop célèbre Catherine de Médicis. La guerre civile y continuait ; les traités de paix et les hostilités se succédaient. A la fin d'avril 1576, Catherine et son fils durent subir un treizième traité, des plus humiliants. Ils n'étaient pas alors les plus forts et avaient besoin de gagner du temps. Ils furent obligés de souscrire aux conditions que leur imposèrent les Réformés et notamment ils promirent au prince de Condé, par un article secret, le gouvernement de Picardie et la place forte de Péronne.

Les conditions du traité avaient soulevé l'indignation de tous les catholiques de France. L'article secret, lorsqu'on en vint à l'exécution, mit en fureur Jacques d'Humières, qui avait succédé à son père Jean dans le Gouvernement de Péronne, Roie et Montdidier. Livrer sa ville de Péronne à Condé, à un protestant, la laisser devenir une des places fortes de « ceux de la religion, » lui semblait une monstruosité. Il résolut de désobéir ; il résista, et organisa la résistance. C'était un personnage remuant, influent, puissant. Il intéressa à sa cause la noblesse de l'Amiénois, du Santerre, du Vermandois, et, aidé des ecclésiastiques de la contrée, des jésuites, de tous ceux qui avaient autorité et crédit dans ce pays de Picardie tout dévoué au catholicisme, il forma une « sainte union » picarde pour s'opposer aux desseins des rebelles, ennemis de Dieu et de la couronne, et empêcher que Péronne fut érigée en place d'armes de ceux de la nouvelle religion, au grand danger de la Picardie et même de Paris. C'est cet acte d'union qui fut le germe de la Ligue, ou union catholique, plus tard étendue à toute la France et qui devint ce que l'on sait : un instrument de révolte contre l'autorité royale, et une arme redoutable aux mains de l'ambitieuse maison des Guise, qui la mirent au service de l'Espagne.

Mais ces conséquences, qu'amenèrent les évènements ultérieurs, n'étaient certainement pas dans les prévisions de Jacques d'Humières, non plus que dans celles de Henri III. On connait la duplicité de ce prince et de sa mère Catherine. Ils n'avaient signé le traité d'avril qu'avec l'arrière-pensée de le violer dès qu'ils le pourraient. La désobéissance de Jacques d'Humières n'était pas faite pour leur déplaire, et ils approuvaient, au fond du cœur, sa résistance à l'exécution du traité, résistance devant laquelle Condé fut obligé de renoncer à prendre possession de la ville de Péronne. Ils trouvaient dans la Sainte Union Picarde un point d'appui contre « les ennemis de Dieu et « de la couronne » qui venaient de leur infliger l'humiliation de la paix du mois d'avril. Loin d'être par eux blâmé pour avoir fondé la Sainte Union, Jacques d'Humières en fut immédiatement récompensé par le titre de Marquis. Dès le mois de juin 1576 la Châtellenie d'Encre fut érigée en Marquisat par Henri, roi de France et de Pologne, qui conservait ce dernier titre auquel il avait cependant perdu tout droit.

Dans le préambule de l'acte on expose que les Rois ont, de tout temps, récompensé par des honneurs la noblesse qui est un des principaux soutiens du trône ; que ces honneurs et qualités sont le moyen d'inciter la noblesse à se dévouer « pour le service de son roi et pour le bien de la « chose publique de sa patrie ; » que le Roi veut, comme ses prédécesseurs, témoigner sa faveur à ceux qu'il connaît « par leurs actes avoir mérité de lui et de ladite chose « publique. » En conséquence il constitue, comme il va être dit, le Marquisat d'Encre en faveur de son « amé et féal « Jacques de Humières, seigneur dudit lieu et d'Encre, con- « seiller du Conseil privé, chevalier de l'ordre du roi, « capitaine de cinquante hommes d'armes de ses ordon-

« nances, son lieutenant général au gouvernement de
« Péronne, Roie et Montdidier, pour le récompenser des
« bons, agréables et recommandables services que tous
« ceux de sa maison et lui ont faits successivement à l'état
« et couronne de France. »

Suivant les principes de la féodalité, ce n'est pas la personne même qui est directement élevée en dignité ; c'est la terre qui monte d'un degré dans la hiérarchie des terres nobles. « La terre d'Encre, dit l'acte, est l'une des belles et
« anciennes baronnies de notre pays de Picardie, limitrophe
« et dernière ville d'iceluy pays au pays d'Artois, étant de
« belle et grande étendue, et relevant nuement (directement)
« de nous à cause de notre château de Péronne, de laquelle
« tiennent plusieurs fiefs et qui a grande juridiction, grand
« nombre de vassaux, sujets et justiciables, tant nobles
« que roturiers et laquelle — avec les adjonctions qui vont
« être indiquées — peut faire un beau revenu annuel suf-
« fisant et capable pour l'entretènement du titre et dignité
« de Marquisat. » Par ces motifs, « Avons, par ces présentes,
« de notre certaine science, pleine puissance et autorité
« royale, joint, uni et incorporé, joignons, unissons et in-
« corporons à ladite Seigneurie et Baronnie d'Encre la Châ-
« tellenie de Miraumont avec les fiefs de Beauregard, Pys,
« Irles, Le Hérelle et Becquerel, les fiefs et seigneuries de
« Bray, Méaulte, La Fontaine, Sappigny et Cachequien, les
« seigneuries de Fricourt, Bouzincourt, Rancourt, Hamel,
« avec les bois de Grandcourt, dits de Pozières, tenus de
« lad. baronnie d'Encre, leurs appartenances et dépendances,
« ensemble celles qui, étant ci-devant aliénées et démem-
« brées, pourraient-être ci-après rachetées et réunies en
« quelque manière que ce soit. Et icelle terre et seigneurie

« d'Encre, avec les autres y unies, avec tous les fiefs,
« arrière-fiefs, droits, justices, cens, rentes et revenus qui
« en dépendent, créée et érigée en nom, titre et prééminence
« de Marquisat. Et, en ce faisant, décoré et décorons ledit
« sieur de Humières du titre de Marquis d'Encre. »

Comme on le voit, la distinction personnelle n'est que la conséquence du nouveau grade donné à la terre. L'honneur en rejaillit sur la personne du propriétaire ; attaché à la terre il passera donc à ceux qui succéderont à la propriété, enfants, héritiers ou ayant cause. A la mort de Jacques d'Humières (1579) il passa à son fils Charles.

Charles d'Humières.

RAVAGES DE LA GUERRE. EXEMPTIONS D'IMPOTS.

La Ligue, fondée originairement pour combattre les ennemis de Dieu et de la couronne, devint, comme on sait, l'ennemie du roi, et Henri de Lorraine, duc de Guise, s'en servit pour dicter des lois au Monarque. La guerre, qui désormais n'épargna point nos provinces du Nord, fit cruellement souffrir les habitants du Marquisat, sans cesse foulés par le passage des troupes : qu'elles fussent amies ou ennemies, les déprédations étaient les mêmes. En considération de leur misère, Henri III accorda aux villes d'Encre et de Bray exemption d'impôts ; c'est ce que, déjà avant lui, avait fait François Ier. L'exemption a lieu à cause « des grandes calamités que ces villes ont souffertes
« par le passage des gens de guerre, par les incendies et
« vols de nourritures, qui sont tels que les habitants sont
« contraints de mendier leur vie et de quitter leur

« demeure. » L'acte est du 2 avril 1583. Cette exemption fut renouvelée le 4 mai 1585, car les causes n'en avaient pas cessé.

Les fureurs de la guerre redoublèrent après l'assassinat du duc de Guise au château de Blois (23 décembre 1588). Son frère, Charles de Lorraine, duc de Mayenne, fut nommé, le 4 mars suivant, par le grand Conseil de la Ligue, lieutenant-général de l'état royal et couronne de France, et mena la guerre contre le Roi, non seulement avec les forces de la Ligue, mais avec le secours de l'Espagne.

Il y avait, près de notre frontière, à Cambrai, une espèce d'aventurier, Montluc de Balagny, fils naturel de ce Montluc évêque de Valence aux menées duquel Henri III avait dû sa royauté de Pologne, qui s'était fait une situation étrange. Catherine de Médicis l'avait nommé gouverneur de Cambrai. Il s'y était créé comme une principauté, indépendante de la France et de l'Espagne. Ce Balagny embrassa la cause de Mayenne. Il fut l'un des plus cruels fléaux de la ville d'Encre; car trop souvent elle se trouva sur le chemin de ses bandes de pillards.

L'assassinat de Henri III, qui périt sous les coups de Jacques Clément, le 1er août 1589, mit le comble aux discordes qui déchiraient la France. Mayenne et les Ligueurs reconnurent pour roi Charles X, le cardinal de Bourbon, vieillard malade et captif. Les royalistes se divisèrent. Les uns reconnurent le Roi de Navarre, Henri IV, les autres l'abandonnèrent parce qu'il était protestant. Le Marquis d'Encre, Charles d'Humières, bien que très ardent catholique comme son père, n'hésita point. Il fut fidèle et dévoué à Henri IV. Mais les bourgeois de la ville d'Encre paraissent avoir, poussés par l'intérêt et surtout par la misère, reconnu l'autorité de Mayenne.

C'est à lui en effet qu'ils s'adressent en 1590 pour obtenir exemption de leurs impôts, et Mayenne accède à leur requête par un acte signé à Laon le 8 juin 1590. De même, en 1592, c'est encore à Mayenne qu'ils demandent le renouvellement de leurs lettres d'exemption, car ils sont poursuivis par les Trésoriers Généraux, qui ont pris et emmenés comme ôtages plusieurs habitants et des chevaux de labour. Ils sont réduits à la dernière misère, ayant eu garnison pendant dix-huit mois ; ils ont logé l'armée du sieur de Balagny pendant sept semaines ; en août 1591 il leur a été impossible de faire la récolte ; les blés sont demeurés dans les champs où ils ont été gâtés et ont germé ; la ville a été assiégée et prise sur le sieur de Balagny par M. Charles d'Humières (le Marquis d'Encre) qui y a laissé une garnison de cheval et de pied laquelle a achevé de consommer les provisions qui restaient aux habitants : les maisons sont abandonnées ; l'argent manque pour les réparer, comme aussi pour ensemencer les terres ; celles-ci restent donc en friche. Par acte daté de Soissons, du 30 septembre 1592, Mayenne accorde remise d'impôts pour trois ans.

L'année suivante les doléances des malheureux habitants recommencent. Cette fois elles sont adressées en même temps au roi Henri IV et au duc de Mayenne. Le langage diffère suivant qu'on parle au roi ou au chef de la Ligue.

Au roi on expose que le sieur d'Humières tient, comme il l'a toujours fait, le parti de sa Majesté ; qu'on a dû loger les troupes du sieur de Balagny et autres étrangers, que les maisons ont été brûlées, les villes d'Encre et de Bray ruinées. Le roi, par un écrit daté de Meaux, le 11 mai 1593, ordonne qu'il soit fait information par les Trésoriers Généraux de France établis à Amiens, qui, à cause de la guerre, sont actuellement transférés à Saint-Quentin.

Au duc de Mayenne on dit que, depuis les présents troubles, les deux villes du Marquisat ont soutenu de grandes pertes et notables ruines pour la fidélité et affection qu'elles ont portées au parti de l'Union des Catholiques ; et Mayenne accorde, le 13 mai 1593, exemption de trois nouvelles années d'impôts.

Ce qui n'était que trop vrai, c'était la misérable condition de ces pauvres habitants. On le vit bien par l'enquête à laquelle il fut procédé, conformément à l'ordre du roi. Un des juges de l'Élection de Péronne, Jacques de Morlencourt, se transporta à Encre le 23 août 1593 et reçut les plaintes de Nicolas Pieffort, maïeur d'Encre et d'Arthur Scellier, maïeur de Bray, ainsi que les dépositions des témoins par eux produits. Ces témoins étaient des gens dignes de foi : Dom Marc Heudre, prêtre, Prieur d'Encre ; François Le Caron, curé-doyen ; Jacques de Trambus, écuyer, seigneur de Bazentin-le-Grand ; Bachelet, seigneur du Mesnil et de Carnoy ; Michel des Aleux, seigneur de Maigremont ; Jacques Berche, sergent royal demeurant à Encre ; et Denis Bourgeois, laboureur à Mametz. Il résulte de ce procès-verbal que l'armée espagnole, auxiliaire du duc de Mayenne et conduite par le Comte Charles de Mansfeld, après la prise de Noyon (dont la capitulation est du 30 avril), avait, en allant assiéger le château de Beauquesne, passé par les villes de Bray et d'Encre où elle avait séjourné onze jours au nombre de cinq mille chevaux ; que ce même Comte de Mansfeld venait, précisément en ce mois d'août, de faire un nouveau séjour pendant l'espace de douze jours entiers avec plus de deux mille hommes et autant de chevaux, tant de service que servant à conduire le canon, les munitions et les bagages ; que ces passages avaient causé d'inestimables ruines ; qu'à Bray trente huit maisons avaient été brûlées par malice des gens de guerre ; qu'on y avait coupé les grappes des raisins et verjus des vignobles, coupé et abattu les arbres portant fruits des jardins, iceux gâtés et mis en ruines ; que les récoltes aux champs avaient été gâtées par le passage desdits gens de guerre qui avaient passé au travers et en avaient abattu grande quantité qu'ils avaient vendue et fait conduire par charriots où bon leur semblait ; qu'il n'était resté dans les maisons ni meubles, ni provisions ; enfin que les habitants étaient prêts à quitter leurs maisons.

On voit par là ce que c'était que la guerre à cette époque et on peut juger de l'état où se trouvait la malheureuse ville d'Encre, prise d'assaut, l'année précédente, par son propre Seigneur à la tête des troupes royales, dévastée en 1593 par la soldatesque espagnole.

Le roi accorda, le 3 mai 1594, l'exemption de trois ans qui lui avait été demandée.

La situation générale de la France s'était trouvée dégagée par deux gros événements ; la mort du cardinal de Bourbon (8 mai 1590) qui supprimait un prétendant au trône, et l'abjuration de Henri IV (21 juillet 1593) qui faisait tomber l'objection religieuse. Ce dernier fait surtout avait une importance considérable. Néanmoins Mayenne continuait la lutte, avec l'aide des Espagnols, et la Picardie en était trop souvent le théâtre. Les Espagnols s'étaient emparés de

Ham. Les Français leur reprirent cette ville (21 juin 1595). Mais dans le combat Charles d'Humières, le Marquis d'Encre, fut tué d'un coup de mousquet.

Jacqueline d'Humières et Louis de Crevant.

Comme Charles d'Humières n'avait point eu d'enfant de son mariage avec Madeleine d'Ongnies, tous ses biens, et par conséquent le Marquisat d'Encre, passèrent à sa sœur et unique héritière, Jacqueline d'Humières, qui était mariée à Louis de Crevant, vicomte de Brigueul, capitaine de cent gentilshommes de la maison du roi.

Henri IV gagnait chaque jour du terrain. La Ligue allait s'affaiblissant ; un dernier coup lui fut porté par la soumission de son chef ; Mayenne signa à Folembray, en janvier 1596, le traité par lequel il reconnaissait Henri pour son légitime souverain.

Mais si cet acte mettait fin à la guerre civile, qui durait depuis trente cinq ans, la guerre avec l'Espagne continuait sur la frontière de France, c'est-à-dire sur les confins de la Picardie. Les Espagnols occupaient Doullens, dont ils s'étaient emparés le 31 juillet 1595. Au mois de mars 1597 ils surprirent, au moyen du stratagème que l'on sait, la ville d'Amiens, la capitale de la Picardie. L'échec était grave pour la France. Il fallait en réparer au plus tôt les effets désastreux. Le maréchal de Biron accourut, s'installa au Nord de la Somme pour empêcher les communications avec Doullens, et commença le siége, que le roi vint presser en personne dès les premiers jours d'avril. La ville capitula le 19 septembre. Un épisode de ce siége mémorable concerne la ville d'Encre.

HENRI IV A ENCRE.

Les Espagnols devaient tenter et tentèrent en effet de faire lever le siége en attaquant les assiégeants par derrière. Ils étaient commandés par l'archiduc Albert d'Autriche, qu'on appelait aussi le Cardinal, car il avait reçu le chapeau rouge quoiqu'il ne fut pas prêtre. Il avait son quartier général à Arras. Avant de s'avancer de là avec le gros de son armée il envoya un corps de cavalerie de six cents chevaux, sous les ordres du mestre de camp de la Barlotte, pousser une reconnaissance. Partis de Doullens le 28 août, la Barlotte et ses compagnons se dirigèrent vers Corbie pour reconnaître la position des Français qui enveloppaient la ville d'Amiens au Nord de la Somme. Mais le roi, qui avait reçu avis de leur arrivée à Doullens, et qui veillait sans cesse, avisé par ses coureurs, sut, à neuf heures du matin, que les ennemis n'étaient qu'à trois lieues de lui. Prenant aussitôt vingt cinq à trente cavaliers qu'il trouva sous sa main, et laissant l'ordre de lui envoyer tout de suite un renfort, que lui amena en effet le maréchal de Biron, il s'élança au devant des Espagnols. Ceux-ci, avertis par leurs éclaireurs de l'approche d'une troupe française, craignant d'être coupés s'ils rebroussaient chemin vers Doullens, prirent le parti de faire retraite sur Bapaume et filèrent au galop par la route d'Encre, poursuivis par le roi, qui galoppait sur leurs traces. Les portes d'Encre leur étant fermées, naturellement, il leur fallut chercher un endroit pour traverser la rivière. Au moment où le passage s'effectuait, non sans désordre, ils furent rejoints par les Français. Nos carabins en tuèrent ou firent prisonniers un bon nombre surtout parmi les Italiens qui formaient l'arrière-garde. Parvenus au delà d'Encre les chefs espagnols voulurent reformer leur troupe désorganisée et faire tête, mais ne purent y parvenir. Ce ne fut plus qu'un sauve qui peut. Les uns, mettant pied à terre, allaient se cacher dans les bois, où les paysans les massacrèrent. Les autres, s'efforçant de gagner Bapaume, leur ville de refuge, fuyaient à toute bride. Mais leurs chevaux harassés, exténués, qui couraient depuis Doullens, tombaient, littéralement, de fatigue. Les Français ramassèrent quantité de prisonniers. Le roi ne s'arrêta qu'à une lieue de Bapaume. De là il revint coucher à son camp devant Amiens, où il arriva à une heure du matin, après cette chevauchée de vingt lieues. C'était tout au moins un vaillant cavalier que le roi vaillant de la chanson populaire.

La reprise d'Amiens fut suivie, peu de temps après, par le traité de Vervins, 2 mai 1598, qui termina la guerre avec l'Espagne. Les populations de la frontière purent enfin respirer.

Chapitre VIII

CONCINI

CONCINI

Concini et Léonora.

En décembre 1600, Henri IV, ayant fait annuler son premier mariage avec Marguerite de Valois, épousa Marie de Médicis, nièce de Ferdinand, grand duc de Toscane. La composition du personnel qui devait former la maison de la future reine avait été débattue entre les cours de France et de Toscane par l'intermédiaire du chanoine Baccio Giovannini ; et dans l'état des propositions qui furent faites à ce sujet au nom du grand duc il est parlé du célèbre Concini dans les termes suivants : « Concino Concini, comte
« de la Penna, jeune homme plein des plus honorables
« qualités, et né d'une maison qui a rendu des services au
« grand duc et à la reine. Son père est auditeur suprême,
« et Monseigneur Cosimo, son frère, est ambassadeur du
« grand duc auprès de sa Majesté Impériale (d'Autriche).
« Il est, en somme, d'une famille très bien vue de leurs
« Altesses, et voudrait s'établir et servir en France avec
« fidélité et ardeur pour gagner les bonnes grâces de sa
« Majesté et pour avoir rang parmi les gentilshommes
« qu'elle entretient pour la suivre et la servir en tout lieu
« et même à la guerre. Rien ne serait plus agréable au
« grand duc que de le savoir accueilli et favorisé. »

Il n'est pas question, dans ces propositions, d'une personne qui appartenait à la domesticité de Marie de Médicis ; elle était d'une trop basse condition pour qu'on en fît mention. C'était Léonora Dori, sa sœur de lait, fille d'un menuisier : elle remplissait près de la princesse les fonctions de femme de chambre. Léonora changea plus tard son nom très plébéien de Dori pour prendre celui de Galigaï qui était tombé en déshérence. L'usage permettait, paraît-il, de s'emparer en pareil cas d'un nom qui n'avait plus de représentant légitime.

Marie de Médicis était fort attachée à Léonora qui avait pris beaucoup d'ascendant sur elle et qui l'avait constamment servie depuis le temps du grand duc François son père. Nulle autre ne lui avait jamais touché la tête et n'avait pris soin de sa personne. (Nessuna altra mai che lei li haveva tocco il capo ne servitola intorno alla sua persona). La nouvelle reine de France avait donc amené avec elle Léonora : elle imagina de prier le Roi de la nommer dame d'atour. Henri IV demanda à l'ambassadeur de Toscane, Belisario Vinta, si Léonora était de famille noble. Celui-ci, pris à l'improviste, dut avouer qu'elle n'était pas noble, en ajoutant toutefois qu'elle était de bonne naissance et bourgeoise (ben nata et cittadina). Le roi refusa de lui donner le titre de dame d'atour, qu'il avait d'ailleurs déjà promis à une autre personne, femme de gentilhomme. Et néanmoins, peu de temps après, Marie de Médicis obtint du roi pour Léonora, qui la dominait, le titre non pas de dame mais de demoiselle d'atour, au grand scandale de toute la cour. Ce fut le commencement des faiblesses dont Léonora et Concini devaient largement abuser.

Voici le portrait qu'un historien, M. Zeller, trace de ces

Conchino de Conchinui Visconte de la Penne Marquis Dancre
Baron de Lisigni Marechal de France Gouuerneur pour Sa
Maiesté des Villes et Citadelles d'Amiens, Perone, Roye, et Mondidier.

B. Moncornet excudit cum Priuilegio Regis 1636.

deux personnages. Léonora était « une petite personne, fort
« maigre et fort brune, de taille assez agréable, aux traits
« accentués et réguliers, qui était douée surtout d'une force
« et d'une persistance de volonté peu communes, patiente
« et obstinée. » Concini était « d'une figure agréable, mais
« efféminé et respirant l'audace, vaniteux et vantard,
« souple et hardi, rusé et ambitieux, pauvre et avide. »

Les fonctions d'écuyer que Concini remplissait auprès
de Marie de Médicis le rapprochaient souvent de Léonora :
celle-ci conçut une vive passion pour lui. Concini, qui es-
pérait tout de l'ascendant que Léonora exerçait sur la
reine, s'empressa de répondre aux avances qui lui étaient
faites. Son but, dit leur compatriote, Baccio Giovannini,
était l'intérêt et l'ambition. (Il fine intrinseco del signore
Concici è più l'interesse dell'ambitione e dei commodi che
l'amore e l'inchinatione — 22 janvier 1601.) Le roi, informé
du projet de mariage, fit dire à la reine qu'il y consentait,
qu'il donnerait même à Léonora un cadeau d'un millier
d'écus, mais à condition que le nouveau ménage s'en
retournerait en Italie. Si cette condition n'était pas accep-
tée, il entendait que Léonora, pour rester en France,
épousât un gentilhomme français : quant à Concini il retournerait dans son pays.

Henri IV, malheureusement, ne persévéra pas dans ces
résolutions : il eut la faiblesse de céder aux instances de
sa femme. Il avait tant d'autres faiblesses à se faire par-
donner par elle. Il consentit au mariage, qui eut lieu en
juillet 1601. Concini fut, à la même époque, naturalisé
français. Dans le contrat de mariage, qui est du 12 juillet,
la reine fit à Léonora une dot de soixante-dix mille livres.

Les époux, associant leurs efforts, exploitèrent sans la

moindre vergogne la faveur de Marie de Médicis. Les faiblesses que la reine avait pour eux étaient telles, et si notoires, que le grand duc de Toscane écrivait en 1607, à propos de sa nièce, « que l'excès de sa tendresse pour « Concini et sa femme était odieux, pour ne pas dire « scandaleux. » La fortune de ces étrangers augmenta rapidement. Ils avaient fait construire, à l'endroit où est aujourd'hui l'Odéon, un superbe palais à la mode florentine et l'avaient garni d'un mobilier digne d'un prince.

Ce fut bien autre chose encore après la mort d'Henri IV. Quand le grand roi tomba, assassiné par Ravaillac (mai 1610), son fils aîné, Louis XIII, né le 27 septembre 1601, n'avait pas dix ans : Marie de Médicis fut proclamée régente. Même après la majorité légale du roi (septembre 1615) elle conserva la régence. Les titres, dignités et richesses s'accumulèrent sur Concini.

Quatre mois seulement s'étaient écoulés depuis la mort du roi, et déjà, en septembre 1610, Concini achetait : de M. de Bouillon la charge de premier gentilhomme de la chambre moyennant deux cent mille livres ; de la famille d'Humières le Marquisat d'Encre moyennant trois cent trente mille livres ; du Marquis de Créquy la lieutenance générale de Péronne, Roie et Montdidier moyennant cent vingt mille livres ; au total six cent cinquante mille livres d'acquisitions dans ce mois de septembre.

Créquy, qui avait succédé à Charles d'Humières dans la lieutenance du Santerre, ne paraît point avoir été fort disposé à se défaire de sa charge ; mais il y fut contraint par la reine. Il écrit en effet aux maïeur et échevins de Péronne, le 1er octobre 1610 : « il a plu au roi et à la reine me com- « mander de remettre ma charge entre les mains de

« M. le Marquis d'Encre. C'est chose à laquelle je n'ai pu
« contrevenir pour que c'est la volonté de leurs Majestés. »

L'achat de cette lieutenance, l'acquisition du Marquisat faisaient à Concini une situation considérable en Picardie. Il la compléta et la consolida dès l'année suivante en devenant Lieutenant général pour la Picardie et gouverneur d'Amiens.

Deux ans après, en 1613, lui, qui n'avait jamais tiré l'épée, fut nommé Maréchal de France. C'est surtout sous le nom de Maréchal d'Ancre qu'il est connu dans l'histoire. Il écrivait le nom de son Marquisat d'Encre par un A, comme il écrivait, en parlant de la maîtresse d'Henri IV, Henriette d'Antragues, au lieu d'Entragues, suivant en cela la prononciation et non l'orthographe. Les historiens ont reproduit la faute et ne parlent jamais que du Maréchal d'**A**ncre.

Les richesses s'accumulaient en même temps que les dignités sur la tête du favori de la reine. A sa mort il possédait, paraît-il, une fortune que lui-même évaluait à la somme énorme de huit millions. Quand on le dépouilla de ses vêtements, on trouva dans ses poches des valeurs se montant à un million neuf cent quatre vingt cinq mille livres, c'est-à-dire près de deux millions, qu'il portait constamment sur lui.

LE MARQUISAT ÉTAIT UN PROPRE DE LÉONORA.

Il convient de dire que le Marquisat d'Encre n'appartenait pas à Concini ; c'était un bien propre à sa femme. Aux termes de son contrat de mariage, Léonora était séparée de biens, et l'acquisition du Marquisat d'Encre avait été faite par elle : c'est à elle que la Reine avait donné les 330000 livres, prix de « cette belle terre produisant un beau « revenu annuel » comme le porte l'acte d'érection de juin 1576. Le revenu d'alors ne peut être évalué à moins de 20000 livres. C'était un très beau placement que Léonora avait fait. Mais il devait lui en coûter cher comme on le verra.

Lorsqu'un mois après cet achat le maïeur de Péronne, Robert Choquel, procureur du roi au bailliage, et M. Jacques de Frémicourt, échevin, se rendirent à Encre, le 22 Octobre 1610, pour venir saluer le nouveau propriétaire, c'est à Madame la Marquise d'Encre que s'adressèrent leurs hommages. Léonora était venue ce jour là à Encre prendre possession et connaissance de son nouveau domaine.

Tous les actes constatent que c'est bien à elle qu'il appartenait et non à son mari.

La lèpre, cette maladie pour le traitement de laquelle avaient été créées les maladreries, avait fini par disparaître, et par suite les maladreries n'avaient plus leur raison d'être. D'autre part l'autorité royale, qui chaque jour étendait son action, cherchait à établir dans toute la France des règles uniformes : elle avait établi une chambre générale de réformation des Hôpitaux et Maladreries. Mais le pouvoir central rencontrait, nécessairement, des résistances locales. Ainsi à Encre la Ville ne voulait pas se dessaisir du droit d'administration qu'elle avait de tous temps exercé sur l'Hôtel-Dieu et sur la Maladrerie, et dans lequel elle avait été confirmée par lettres-patentes du roi Henri III, accordées le 30 septembre 1585 en faveur de Charles d'Humières. La question se souleva de nouveau en 1616.

L'Échevinage s'adressa à la Marquise d'Encre pour faire maintenir ses droits. Et ce fut celle-ci, dénommée dans la requête par elle présentée Léonora Dory Galigay, qui s'adressa à la chambre de réformation. Elle en obtint un arrêt du 17 décembre 1613 qui conservait aux maire, prévôt et échevins d'Encre, Bray et Miraumont, le droit d'administrer leurs Maladreries.

Quelques années plus tard M. Charles Lesage, curé d'Irles, ayant légué aux fabriques de Miraumont et d'Irles un fief de 22 journaux de terre nommé la Pasturelle, les légataires sollicitèrent, en faveur du motif pieux de cette disposition, la remise des droits féodaux et seigneuriaux. Ce n'est pas à Concini qu'ils s'adressèrent, mais à sa femme Leur requête, du 13 février 1616, porte : « à haute et puissante « *dame*, Madame la Maréchale d'Encre... Le fief est tenu de « *votre* Seigneurie de Miraumont... » Et au bas de la requête se trouve une note portant que *Madame* a mandé aux officiers du Marquisat de s'informer de la valeur du legs. C'est donc bien Léonora qui était propriétaire du Marquisat et c'est elle qui l'administrait.

SUPPRESSION DU RUISSEAU LEMAITRE.

Ce serait à son administration qu'il faudrait attribuer, suivant la tradition, la suppression du ruisseau Lemaître. Comme on l'a dit précédemment le bras de rivière qui coulait, dans la direction du Nord au Sud, à l'Ouest de la ville, baignant le pied de la fortification, se prolongeait autrefois dans la même direction, sous le nom de ruisseau Lemaître, et, descendant la vallée, allait rejoindre la rivière au bas du moulin à l'huile. Les Concini auraient supprimé ce ruisseau et en le détournant de l'Ouest à l'Est, en auraient ramené les eaux près de la Tour rouge; augmentant, ainsi, de cet affluent, la force de la cascade qui faisait tourner leur moulin du dehors. Il est certain que c'était là un acte de sage et intelligente administration. C'est aux abords du ruisseau supprimé que l'on a trouvé au dix-huitième siècle ce qu'on a appelé les caves de pétrification d'Albert, d'anciens lits souterrains de rivière où les eaux avaient pétrifié des plantes et des roseaux.

La tradition relative à l'amélioration du moulin du dehors semble confirmée par les pièces de la liquidation de la succession de Léonora; car on y voit figurer au nombre des créanciers Robert Lefort, Guillaume Cardon et consorts, maçons (entrepreneurs) à Amiens, auxquels sont dus « plusieurs ouvrages et réparations faictes au « chasteau et *moulins* d'Ancre. »

MORT DE CONCINI & DE LÉONORA.

On connaît la fin tragique du couple florentin. Concini, dont la vanité, l'arrogance et l'insatiable avidité avaient suscité et accumulé les plus furieuses jalousies, les haines les plus féroces, fut assassiné, par ordre du jeune Roi Louis XIII, le 24 Avril 1617, au moment où il entrait au Louvre. Ce meurtre clôt la série des assassinats politiques qui avait commencé par la tragédie de Blois en 1583.

Le cadavre du favori de Marie de Médicis avait été à la hâte et clandestinement enterré dans l'église voisine de Saint Germain-l'Auxerrois. Exhumé par une foule ivre de fureur, dépouillé, livré aux plus dégoûtants outrages, il fut dépecé et mis en lambeaux par la populace parisienne.

On agita la question de savoir si on ferait le procès à la mémoire de ce favori de la reine-mère. A quoi bon, puisqu'il était mort ? La sentence était dictée d'avance du reste. En vertu du principe que toute justice émane du roi, le Parlement ne pouvait que confirmer ce que le roi avait fait. Le roi s'était fait justice. Néanmoins le procès fut décidé, car il fallait un arrêt de condamnation pour qu'on pût régulièrement invoquer la confiscation des biens de Concini, qui en était la conséquence fort désirée.

Quant à Léonora, qui avait été enfermée à la Bastille aussitôt après le meurtre de son mari, le procès était nécessaire, indispensable, précisément à cause de ce fait, relevé ci-dessus, qu'elle était personnellement propriétaire du Marquisat d'Encre. Pour l'en dépouiller, pour pouvoir en prononcer la confiscation, pour pouvoir obtenir cette dépouille ardemment convoitée, il fallait qu'elle fût condamnée à mort. On ne pouvait invoquer contre elle les mêmes griefs que contre Concini ; elle n'était pour rien, par exemple, dans l'assassinat, qu'on reprochait à celui-ci, du sieur de Prouville, sergent-major de la Citadelle d'Amiens. On imagina de lui imputer le crime de sorcellerie, de prétendre qu'elle avait exercé des maléfices pour s'emparer de l'esprit de Marie de Médicis. A quoi elle répondit victorieusement qu'elle n'avait employé d'autres sortilèges que l'ascendant d'une volonté forte sur une tête faible. Mais il fallait qu'elle fût condamnée. A l'avance on avait préparé la sentence et son exécution. L'arrêt ne contient aucun motif, car, à cette époque, les décisions de justice n'étaient point motivées. Il prononce condamnation à mort et ordonne en conséquence que « tous les biens « féodaux de la condamnée tenus ou mouvants de la

« couronne (le Marquisat d'Encre) seront réunis au « domaine d'icelle. » Cet arrêt, du 8 juillet 1617, reçut son exécution le même jour en place de Grève. Léonora mourut avec un grand courage; son corps fut brûlé et les cendres jetées au vent.

C'est ainsi que le Marquisat d'Encre fut réuni au domaine royal. Il n'y devait pas rester. Des mains du favori de la reine-mère il passa, pour ainsi dire immédiatement, dans celles du favori de son fils Louis XIII, Charles d'Albert, sieur de Luynes.

LEONORA GALIGAI.
Femme du Maréchal d'Ancre.
Née a Florence, Décapitée a Paris le 4 Juillet 1617.

A Paris chez Odieuvre, Md d'Estampes rüe Danjou Dauphine la deuxieme P. Cochere

CHAPITRE IX

LES LUYNES

CHARLES MARQVIS D'ALBERT
Duc de Luines, Pair Connestable et Grand Faulconnier
de France Gouuerneur et Lieutenant General pour le Roy Picardie.
Moncornet excū

LES LUYNES

Charles d'Albert de Luynes.

La noblesse de Charles d'Albert de Luynes ne remontait pas au temps des croisades. Voici ce que racontent les historiens au sujet de l'origine de la famille d'Albert. Un certain chanoine de Marseille, nommé Ségur, avait eu de sa servante deux bâtards qui, d'après leur mère, furent appelés d'Albert. Le cadet, Honoré, se fit soldat, archer de la garde du corps, devint capitaine, fut commandant à Pont-Saint-Esprit, et mourut gouverneur de Beaucaire. Il laissa trois fils, Charles, Honoré et Léon d'Albert, auxquels il donna le titre de trois petites propriétés qu'il avait. Charles s'appela sieur de Luynes, Honoré sieur de Brantes, et Léon sieur de Cadenet.

Il s'agit ici de l'aîné, Charles d'Albert de Luynes, né à Pont-Saint-Esprit le 5 août 1578 et baptisé à St Denis quatorze ans plus tard. Il eut pour parrain Henri IV qui le prit comme page de sa chambre. Plus tard il fut placé auprès du Dauphin, qui devait devenir le roi Louis XIII, dont il gagna les bonnes grâces en flattant son goût pour les oiseaux et pour la chasse au vol. Le 30 octobre 1616 il acheta la charge de grand fauconnier et au mois de mars 1617 fut chargé des oiseaux de la chambre. C'est à cette époque que se place le complot tramé contre la vie de Concini, dans lequel Charles d'Albert joua un rôle principal : on comprend l'influence qu'exerçait sur un monarque qui n'avait pas seize ans cet homme qui en avait trente neuf.

En récompense de sa participation au crime il fut comblé de biens et d'honneurs. Dès le mois de mai 1617 il fut nommé capitaine de cent hommes d'armes des ordonnances du roi Le 16 mai il succéda à Concini dans le gouvernement de Normandie que le Maréchal d'Encre avait échangé contre celui de Picardie. En août, le Roi lui fit cadeau du Marquisat d'Encre. Au mois de septembre suivant il épousa une jeune et belle personne de dix sept ans, Marie de Rohan, fille aînée de Hercule de Rohan, duc de Montbazon. En 1619 il fut nommé gouverneur de Picardie, duc de Luynes, Pair de France, Chevalier des ordres du roi. Enfin en 1621 il fut fait connétable et quelques mois après garde des sceaux.

Il mourut au mois de décembre de la même année d'une fièvre qu'il avait gagnée aux siéges de Montauban et de Montheur. Sa veuve n'attendit pas l'expiration de son année de deuil pour épouser le duc de Chevreuse, Charles de Lorraine. C'est sous le nom de duchesse de Chevreuse qu'elle est surtout connue dans l'histoire à cause du rôle considérable qu'elle joua dans les intrigues ourdies contre le cardinal de Richelieu.

CHANGEMENT DU NOM DE LA VILLE.

C'est au connétable d'Albert de Luynes que la vieille ville d'Encre doit son nouveau nom d'Albert. Par une

LOVIS CHARLES D'ALBERT Duc de Luynes, Pair et grand Fauconier de France &c. Fils vnique de Charles d'Albert Duc de Luynes, Pair et Connestable de France &c. et de Marie de Rohan son Espouse a present Duchesse de Cheureuse: nasquit a Paris en Dec.r 1620. M.r le Conestable mourant Mad.e sa mere prit le soin de son éducation, et ne le fit pas moins instruire dans les sciences que dans tous les exercices conuenables a sa naissance, ioignant la vertu au sçauoir et a la Noblesse. Il fit eclatter son courage dans ses pr.res années aux sieges de Hesdin, d'Arras, d'Aire, de la Bassée, Bapaume et autres places, ou il fut volontaire: et aux grans combats de S. Venant en Flandre ou partie de l'armée Espagnole fut enleuée, de Bapaume ou 2000 cheuaux des ennemis furent deffais, ayant eu en ces deux occasions deux cheuaux tuez sous luy & esté long temps meslé auec les ennemis, de Sailly en Artoys & aux lignes d'Arras, vainement attaquées par le Card. Infant. Mais l'esloignement de la cour et la disgrace de Mad.e sa Mere partag=eant ses pensées et ses resoluoñs causa la discontinuation de plusieurs campagnes si glorieusement passées. Il espousa en 1641 Louise Marie Seguier fille vnique du Marquis d'O, dont il ne luy reste qu'un fils et trois filles. Elle mourut a Paris 1651 regrettée vniuersellem.t pour ses belles qualitez et pieté singuliere. Apres cette perte, mesprisant les vanitez de la Cour, et les inutils amusements du gr=and monde il donne toute son ocupaõn au seruice de Dieu, et a l'exercice des bonnes œuures dans ses Maisons de la Campagne ou il fait tous les iours paroistre sa genereuse pieté auec vne edificaõn publique

A Paris chez Daret auec priuil du Roy 1654. A pñt chez Bisseuin

puérilité dont l'histoire offre plus d'un exemple on voulut effacer le nom d'Encre, que Concini, le Maréchal d'Ancre, avait rendu tristement fameux. Comme si on pouvait détruire l'histoire ! Des lettres patentes du roi décrétèrent, en juin 1620, que la ville d'Encre perdrait son nom et s'appellerait désormais la ville d'Albert.

Louis Charles d'Albert de Luynes.

Le connétable de Luynes ne laissa qu'un fils, qui hérita du Marquisat, Louis Charles d'Albert, né à Paris en décembre 1620 : il n'avait qu'un an au décès de son père. Il succéda comme héritier féodal, aux titres de duc de Luynes, Pair de France et Marquis d'Albert.

Mais en ce qui concerne le Marquisat, le tuteur du jeune d'Albert, M. de Brodeau, écuyer, sieur de Claude et de la Châtrière, négligea quelque peu des devoirs qu'il devait cependant bien connaître. Aux termes du droit féodal il aurait dû en effet s'empresser d'en opérer le relief, c'est-à-dire de payer les droits de mutation (dix livres plus le chambellage) ; faute de quoi on était exposé à la saisie du fief par le suzerain « pour devoirs non faits. » Et la saisie du Marquisat eut lieu en effet à la requête du Procureur du roi de Péronne. Mais, quelques années après, main-levée en fut faite par jugement rendu à Péronne, le 16 décembre 1626, sur la justification du paiement des droits et la promesse que le mineur prêterait serment de foi et hommage à sa majorité ; pourquoi il lui était accordé « souffrance » c'est-à-dire délai jusque là.

ACQUISITION DU PRESBYTÈRE.

C'est à la fin de 1628 que la Ville acheta le Presbytère, qu'on a détruit de nos jours pour édifier la nouvelle église. C'était une maison contiguë au Prieuré et dont le jardin descendait jusqu'à la rivière. Elle porte le n° 18, section A, au plan de 1748. Il semble que son propriétaire, Philippe Gossart, ne voulait pas la vendre à la Ville: on eut recours à un intermédiaire. Ce fut Nicolas Pieffort, notaire et procureur, qui l'acheta à Gossart le 9 novembre 1628. Huit jours après, 16 novembre, Pieffort revendait cette propriété à la Ville moyennant cinq cents livres. Elle était grevée d'un cens de quatre livres envers le Prieuré.

La propriété contiguë, A, 19, qui relevait également du Prieuré passa, le 9 avril 1629, des mains d'un sieur Mutel dans celles de Mathias Cousin, marchand. C'est dans cet acte qu'on voit qu'elle était nommée la Cour Bréhaut. La rue qui y conduisait a donc été appelée à tort et par corruption la rue du Coubréhaut.

RECTIFICATION DE LA RIVIÈRE EN AMONT.

En cette même année 1629 eut lieu une modification importante du cours de la rivière en amont d'Albert.

On a vu précédemment que Jeanne d'Harcourt avait, en 1411, accordé à la ville le droit de soustraire au pâturage commun, pour les convertir en prés, quarante journaux sur la rive gauche de la rivière. On les appelait alors les marais de Brebières; ils étaient devenus les Prés de la ville. Au lieu de jouir seulement pendant douze ans, comme le portait l'acte de 1411, on s'était perpétué dans la jouissance. Les Prés de la ville s'affermaient cher : c'était une ressource précieuse pour l'Échevinage, toujours à court d'argent. La rivière, qui séparait ces prés du grand marais, laissé au pâturage, était maintenue par des digues fort insuffisantes, surtout sur la rive droite. Le grand marais était très souvent inondé ; de grandes crues survenues en 1627 et 1628 l'avaient couvert d'eau et avaient rendu le pâturage impossible, ce qui était un grand dommage pour les cultivateurs. L'état de choses était tel qu'on ne pouvait songer à réparer les digues ; il fallait un remède plus énergique. C'était de créer à la rivière un nouveau lit de vingt pieds de large dans le terrain, plus solide et plus élevé, des Prés de la ville : avec la terre qu'on enlèverait on comblerait l'ancien lit. Et c'est ce qui fut fait. La rivière, à partir de la pointe du Barbinchon, fut amenée presque en droite ligne jusqu'auprès de Boulan, par conséquent reportée sur sa gauche, à travers les Prés de la ville, dont une portion se trouva ainsi réunie au grand marais assaini et redevenu propre au pâturage. Mais il était juste d'indemniser l'Échevinage de la portion de prés qu'il perdait par cette adjonction au grand marais et par l'emprise du nouveau lit de la rivière. A cet effet on lui accorda le droit de prendre dans le grand marais, pour les convertir en prés, quatre journaux, à l'extrémité vers Aveluy, en face du Barbinchon, au lieudit Les Ricouarts. De cette façon on conciliait les intérêts de l'agriculture, à laquelle on rendait le pâturage qui lui était si nécessaire alors, avec ceux de l'Échevinage qui avait besoin du produit des prés pour subvenir aux charges de la ville.

Cet accord fut réalisé par acte devant Pierre Descamps et Nicolas Pieffort, notaires à Albert, le 16 Juin 1629. On y voit figurer d'une part le maïeur, François Gossart, avec cinq échevins et de l'autre 52 habitants d'Albert représentant ceux qui sont intéressés au pâturage du grand marais.

CHEVAUCHÉES DE Mᵉ JEAN GONNET.

En 1633, Mᵉ Jean Gonnet, lieutenant criminel de longue robe au Gouvernement et Prévôté de Péronne, vint faire à Albert une de ces inspections auxquelles l'obligeaient les devoirs de sa charge. L'autorité royale avait compris la nécessité de faire surveiller les justices seigneuriales qui, livrées à elle mêmes, laissaient s'établir et se perpétuer les plus fâcheux abus. Les tournées d'inspection des lieutenants criminels se nomment des chevauchées ; car l'état des chemins à cette époque ne permettait pas de voyager autrement qu'à cheval.

Déjà, en 1619, Mᵉ Jean Gonnet avait fait à Albert, à Miraumont et autres lieux, une de ces chevauchées. Il avait interrogé l'ancien Prieur, Dom Macé Heudre, le Trésorier du Prieuré, le Curé de la Paroisse, Mᵉ Édouard de Neux, le Maire, Pierre Manot, d'anciens maires et des habitants notables, leur faisant « commandement de par le roi de lui « déclarer franchement et librement les crimes faultes et « abus commis » ; tous lui avaient répondu « qu'ils ne « savaient aucune chose qui valut la peine de lui en donner « avis, et n'avoir veu faire aulcun acte remarquable contre « l'honneur de Dieu et le service deub à sa Majesté, à « qui que ce soit dudit Encre et des lieux circonvoisins. » Mais au moment de quitter Albert, il s'avisa de faire venir Mᵉˢ Adrien Crocquesel, Adrien Linart, Nicolas Pieffort et François Vaillant, procureurs au siège du Marquisat

d'Encre, (on disait encore Encre) et il obtint quelques révélations. « La justice est très mal administrée audit lieu et
« avec une longueur du tout insupportable, infiniment pré-
« judiciable au peuple, quy ne peult tirer aulcune expédi-
« tion, d'autant que Me Philippe de Morlancourt, bailly et
« garde de justice audict Marquisat, est toujours absent,
« tenant fort peu souvent les plaids ordinaires et ne voul-
« lant expédier aulcunes choses sur le champ. Il n'y a aul-
« cune prison audict Encre ; les criminelz (prévenus de
« crime) y sont mis dans une caige de bois enfermée et
« environnée de bastiments et principalement des escuries
« du château, où les prisonniers sont misérablement tenus,
« estans contraincts d'y faire leur nécessité naturelle. » Et
on cite l'exemple d'un malheureux qui, pendant quinze
jours, « a esté estroictement et cruellement tenu dans ladicte
« caige et puis après mis hors d'icelle sans aulcune forma-
« lité de justice. » Mandés aussitôt et interrogés par
Me Jean Gonnet, le procureur fiscal et le greffier du Marquisat reconnurent l'exactitude des faits. Le lieutenant criminel se transporta alors au château pour voir de ses propres
yeux cette ignoble prison, qui n'était « qu'une petite caige
« de bois où il n'y a aulcun air, lumière ou clarté, sinon
« quant les portes sont ouvertes. » Le bailli, M. de Morlancourt, qui était présent à cette visite, disait lui-même
« qu'il aimerait autant estre condampné à la mort que
« d'estre ung mois prisonnier esdites prisons. » Comme on
le pense ce bailli fut « admonesté d'adviser le plus promp-
« tement possible à faire faire d'aultres prisons, telles et
« semblables que désire l'ordonnance d'Orléans. » Il est à
espérer que satisfaction, plus ou moins complète, aura été
donnée à cet ordre de Me Jean Gonnet.

La chevauchée de 1633 fit découvrir des faits bien plus graves. Elle avait pour but principal de rechercher les meurtres commis mais demeurés impunis grâce à la faiblesse des autorités locales. « Le roi seul peut donner et « octroyer à ses subjects des lettres de rémission et de « pardon. » Les officiers des justice subalternes « commet- « taient des attentats notables sur la justice royale en ren- « voyant les homicidiars absouz par des moyens obliques ; « ces officiers étaient dignes de punition rigoureuse et « exemplaire. »

D'après les indications qui lui avaient été données, c'est d'abord à Miraumont que se rendit M⁰ Jean Gonnet. Il y obtint quelques confessions ; peut être grâce à l'appareil qu'il déploya. Il s'était fait accompagner de son propre fils, François Gonnet, déjà reçu avocat en parlement, de son greffier, Claude le Dossu, de Jean Levasseur, notaire royal, de Vincent Varet, archer criminel, et de six sergents. Le lieutenant et les notables de Miraumont lui déclarèrent « qu'ils n'avaient cognoissance d'aulcun homicide commis « sur le territoire dudict Miraulmont que des six dont « M⁰ Jean Gonnet leur avait parlé, qui ont été commis « depuis 16 à 18 ans en çà. » Rien que six ; — Et il est à remarquer que s'il y en a qui remontent à 16 ans ils sont antérieurs à la chevauchée de 1619. On ne lui en avait rien dit à cette époque ; on lui avait soigneusement dissimulé la vérité.

On la lui dissimulait encore, car cinq jours après, quand il était à Encre, où il avait interrogé M. d'Ainval, capitaine et bailli du Marquisat, qui avait succédé à Philippe de Morlencourt, le maïeur François Gossart, des notables, entr'autres Philippe Carette dont il sera parlé plus loin, des notaires et des procureurs, probablement à la suite de leurs révélations. Antoine Cuisset, le greffier de la justice de Miraumont, vint le trouver à l'hôtellerie St-Georges et lui avoua qu'on lui avait caché deux autres meurtres commis à Miraumont, l'un remontant à huit ou dix ans, l'autre beaucoup plus récent, de décembre 1631. Cuisset devait bien le connaître, ce dernier, puisque c'était lui-même qui avait rédigé, le 3 avril 1632, la transaction entre le meurtrier et la veuve de la victime. Il y avait évidemment une très grande difficulté pour le lieutenant criminel à obtenir la vérité. On sent que les aveux de Cuisset lui sont arrachés à grand peine, et probablement sont encore incomplets.

Me Jean Gonnet continua son enquête, soit par lui même, soit, quand il était trop tourmenté par la goutte, au moyen de ses auxiliaires. Il découvrit ainsi de nombreux meurtres commis à Aizecourt-le-Bas, Bazentin-le-Petit, Bernes, Cappy, Contalmaison, Dernancourt, Etinehem, Fricourt, Longueval, Morlancourt, Auchonvillers et Pozières. Au total, y compris les huit de Miraumont, 28 homicides. Quatorze remontent à moins de deux ans. Il est plus que probable que dans les 10 ou 15 années antérieures il y en avait eu bien plus que les quatorze autres qui sont déclarés. On n'aura pas tout dit.

Sur ces 28 meurtres deux ont fait l'objet de pardon royal, notamment celui commis par le Seigneur de Contalmaison, Sébastien de Hangre, qui a obtenu des lettres de rémission. Les 26 autres sont demeurés purement et simplement impunis. Pour trois il y a eu transaction avec les parents de la victime ; ce qui assurément n'empêchait pas la poursuite criminelle.

Plusieurs de ces crimes ont été commis publiquement. L'un « un dimanche, à l'issue de la messe ; » un autre « en « présence d'un grand nombre de personnes ; » un autre « sur le marché de Miraumont. »

Certaines des victimes occupaient une situation qui appelait nécessairement l'attention publique ; leur mort a dû être un événement notoire. C'est, par exemple, « le « joueur d'instruments » (le ménétrier) de Puiseaumont, connu dans tous les villages à la ronde : c'est le receveur de la Seigneurie de Maricourt et de Montauban ; c'est le clerc séculier (le maître d'école) de Miraumont ; c'est le fils de Jean Drouart, sergent royal à Albert ; c'est Me Louis Pelletier, le curé de Miraumont. Un curé ne disparaît pas sans qu'on s'en aperçoive.

Les meurtriers sont parfaitement connus. Il n'y a de doute ni sur leur identité ni sur leur culpabilité. Quelques-uns, Philippe Arrachart, à Miraumont, Jacques d'Ignaucourt, à Auchonvillers, ont commis plusieurs meurtres. Ils n'ont pas même été inquiétés. Le greffier Cuisset avoue qu'il n'y a eu aucune poursuite contre Philippe Arrachart, qui reste tranquillement chez lui, fort de la terreur qu'il inspire. Me Jean Gonnet le fait arrêter ; il résiste aux sergents, qui finissent pourtant par s'emparer de lui et le conduire en prison.

Tant de meurtres révèlent une grande violence de mœurs. La plupart peuvent s'expliquer par des rixes de cabaret ; quelques-uns par la vengeance, comme celui du receveur de Maricourt ; un seul par jalousie d'amour, celui d'une fille Jourdois à Auchonvillers ; on ne voit point apparaître le vol comme mobile. Il y a de véritables assassinats, par exemple celui de Denetz, qui a été tué d'un coup de carabine par un nommé Paige le jour de l'Ascension, 5 mai 1633, entre 10 et 11 heures du soir.

En présence de l'impunité de tous ces méfaits on s'étonne de nos jours. M⁰ Jean Gonnet n'avait que trop sujet de s'indigner « contre les baillis et gardes de justice lesquels
« désirans gratiffier les homicidiars aux despens de leurs
« conciences, de leur honneur et des droictz appartenans
« au roy privativement à tous aultres, font souvent tels
« eslargissemens *quousque* encore bien qu'il y ait preuve suf-
« fisante contre eulx, affin d'essayer, par ce moyen du
« tout vicieux et grandement blasmable, de leur faire
« esviter la potence et les relever de la peine et des fraiz
« de l'obtention d'une rémission, pardon ou aultres lettres
« de grâce. »

On appelait élargissement *quousque* (en français *jusque*) celui qui était accordé *jusqu'*à preuve plus ample de culpabilité. C'était à peu près l'ordonnance de « *non-lieu* « *quant à présent* » de notre procédure actuelle. La justice Seigneuriale usait, comme on le voit, beaucoup trop fréquemment pour le bien public, de ce moyen « oblique » suivant l'expression de Jean Gonnet.

Ces défaillances étranges et déplorables de la justice locale ne s'expliquent que trop bien. Juge unique, le bailli, qui avait le droit de condamner le coupable et d'acquitter l'innocent, se faisait, par une tendance très naturelle, arbitre suprême : il s'arrogeait le droit de grâce. Il subissait d'ailleurs les sollicitations, les influences locales ; il cédait aux prières des lieutenants de village qui cherchaient à étouffer une affaire, souvent par la crainte d'un scélérat déterminé qui se serait vengé d'une dénonciation en incendiant leur maison. Il prêtait l'oreille aux curés qui intercédaient pour leur paroissien et imploraient son pardon. En un mot ce juge unique, ce petit potentat, était sujet à toutes les faiblesses de l'homme.

Il convient de reconnaître d'ailleurs que l'opinion publique d'alors tolérait facilement l'impunité de crimes dont la plupart étaient dus à des violences de caractère. On a vu plus haut, à propos de la Prévôté, que les rixes ne donnaient jamais lieu à poursuite s'il n'y avait plainte de la victime. Ces idées, suivant lesquelles l'affaire n'intéresse que la partie lésée, sont celles des peuples encore grossiers. On les retrouve dans le droit originaire des Romains qui ne connaissait que la *pœna privata*, comme aussi dans les lois barbares : la composition, ou wehrgeld, des envahisseurs de l'Empire romain repose sur cette base. Aussi quand il y avait eu désintéressement de la victime ou de ses parents l'opinion publique se trouvait satisfaite, même quand il s'agissait d'un crime. Dès ce moment elle se tournait plutôt en faveur du coupable, et contre la justice, dont les sévérités et les frais lui inspiraient une terreur, une répugnance qu'attestent les réticences ci-dessus signalées des habitants de Miraumont. On faisait tout pour entraver l'action de la loi. On organisait la conspiration du silence ; tous s'y prêtaient, même les notaires, même les curés. En voici une preuve tirée d'un acte d'une date, il est vrai, bien postérieure, 1706, mais qui n'en est que plus probant puisqu'au 18e siècle les idées morales avaient dû faire quelques progrès. Une veuve Briot, de Fricourt, a perdu son fils tué dans une rixe par le maréchal du village. Elle porte plainte contre celui-ci ; l'affaire est pendante devant le bailli. Mais une transaction intervient par l'entremise du curé. Et le notaire qui la constate, digne émule du rédacteur de la transaction faite avec M. de Buissu en 1401, fait dire à cette pauvre femme qu'elle « ne sait qui est homicide de la « mort de son fils ; qu'icelui se l'est attirée par ses débor- « dements et comme agresseur » et que si le maréchal lui a payé 200 livres à elle, c'est « par pure charité. » Et les deux curés de Fricourt et de Bécordel signent avec le notaire cet acte mensonger et indigne ! La plainte est retirée. La justice ne poursuivra pas. Voilà les mœurs de 1706, et à plus forte raison celles de 1633.

GUERRE AVEC L'ESPAGNE.

Avec l'année 1635 s'ouvrit pour Albert une nouvelle période de càlamités. La guerre fut solennellement déclarée à l'Espagne le 19 mai 1635.

Le Gouverneur de la Picardie était le frère du feu connétable de Luynes, Honoré d'Albert, sieur de Brantes, devenu duc de Chaulnes, l'oncle du jeune Marquis d'Albert. Il partit d'Amiens le 12 juillet pour Doullens où était le rendez-vous de son armée, forte de cinq à six mille hommes d'infanterie et de cavalerie. Il entra aussitôt en Artois, ravageant et brûlant partout. Mais il dut promptement se replier et il s'établit d'abord à Miraumont, puis à Albert. Est-il besoin de dire que son séjour fut une cause de ruine pour les habitants de toute la vallée depuis Miraumont jusqu'à Albert ? Moissons déjà presque achevées, grains, foins, fourrages, provisions, les soldats pillaient tout. Les villages étaient abandonnés.

C'est du camp de Miraumont, le 3 septembre, qu'est datée la commission donnée par le duc de Chaulnes au capitaine Pagès de gouverner et de défendre la place d'Albert, en l'absence du gouverneur de la ville, M. d'Ainval, qui, en ce moment, avait été obligé de s'absenter pour vaquer aux affaires particulières de son maître, le jeune Marquis d'Albert. Ce capitaine Pagès, soldat de fortune, est le grand-père de Pagès, le bourgeois d'Amiens qui a laissé de si intéressants mémoires.

Quelques jours après, les Espagnols entrèrent en France, divisés en deux corps; l'un commandé par le comte de Frezin pénétra par Auxi-le-Château, pendant que le second, sous les ordres de Forcaz, arriva par Pas-en-Artois (10 septembre). Il était formé de Croates et de Polaques. Forcaz lança en avant ses redoutables cavaliers. Beauquesne, Toutencourt, Val-de-Maisons furent brûlés. Le château de Mailly fut pris et les villages environnants incendiés. Aveluy notamment fut cruellement traité. De l'église, du château, du moulin, comme des chaumières de paysans, il ne resta que des ruines. Les meules mêmes du moulin furent brisées et enlevées. Ceux des habitants qui purent échapper au massacre se réfugièrent à Corbie, à Péronne et autres lieux. Le village fut complètement abandonné.

Le duc de Chaulnes s'était retiré d'abord à Albert, puis à Corbie et finalement était rentré à Amiens.

LE CAPITAINE PAGÈS.

C'est de cette dernière ville qu'il donna au capitaine Pagès, le 30 octobre 1635, la commission suivante :

« Désirant arrêter les courses des ennemis nous avons
« estimé ne pouvoir apporter un remède plus sûr pour
« empêcher leurs violences que de mettre sur les frontières
« le plus de cavalerie qu'il sera possible, attendant que le

« roi y ait pourvu de plus grandes forces. Et comme il n'y
« a point de lieu plus commode pour ce sujet que la ville
« d'Albert, et que le capitaine Pagès qui commande ladite
« ville a requis de lui accorder commission pour lever et
« mettre sur pied cinquante carabins, sans aucuns frais ni
« subsistance que celle qu'ils pourront tirer du butin ou
« des contributions des ennemis, Avons donné pouvoir
« audit Pagès de lever et mettre sur pied une compagnie
« de cinquante carabins pour tenir garnison audit lieu
« d'Albert sous notre autorité ; sans qu'ils puissent prendre
« aucunes choses sur les sujets de sa Majesté qu'en payant.
« Pourra, avec ladite compagnie, entrer dans le pays
« ennemi, y faire des courses et tous actes d'hostilité per-
« mis par les lois de la guerre. Mandons à tous gouver-
« neurs, capitaines, chefs et conducteurs de gens de guerre,
« tant de pied que de cheval, de laisser passer ladite com-
« pagnie allant et venant à la guerre, sans lui apporter
« aucun trouble ni empêchement, au contraire toute aide.»

Autoriser tous les actes d'hostilité permis par les lois de la guerre, c'était donner carte blanche. Car à cette époque les lois de la guerre permettaient tout. On ne distinguait point le combattant du non-combattant. En pays ennemi tout était ennemi ; hommes et choses. Tuer ou rançonner les uns, ruiner, dévaster, voler, détruire les autres, c'était considéré comme un droit. La guerre c'était le pillage et l'incendie. Les lettres données à Pagès sont de véritables lettres de marque comme on en donnait autrefois aux corsaires. Pagès est un entrepreneur de courses en pays ennemi. Ses hommes n'auront ni subsistance, ni solde. Il les paiera avec le butin qu'il pourra faire. Il est le chef d'une bande de brigands. C'est, dit le duc de Chaulnes, le moyen d'empêcher les violences de l'ennemi. Ce moyen consiste à exercer des violences toutes pareilles. Il est aisé de comprendre non seulement comment se comportaient à l'égard de l'ennemi les carabins de Pagès, mais quelle conduite tenaient ces sacripants à l'égard des Français, malgré la défense de prendre à ceux-ci sans payer. La ville d'Albert eut donc à subir, pendant tout l'hiver de 1635 à 1636, la garnison de ce capitaine de pillards qui, notamment, trouvaient commode pour se chauffer, d'aller chercher, dans les décombres d'Aveluy, tout le bois qu'ils y pouvaient ramasser.

Le récit suivant, fait par le petit fils de Pagès, donne une idée de ce qu'étaient ces courses en pays ennemi, et de la manière dont se faisait, de part et d'autre, la guerre entre avant-postes, à la frontière.

Au commencement de l'année 1636 les Espagnols occupaient Hébuternes, près de la frontière picarde ; ils s'étaient installés dans l'église et le cimetière attenant, qu'ils avaient fortifiés. De là ils faisaient des courses en France, d'où ils rapportaient souvent du butin. Le Gouverneur de Doullens, M. de Rambures, organisa, avec le capitaine Pagès et M. du Fay, qui commandait une compagnie de volontaires logée dans la tour de Contay, une expédition contre Hébuternes. Rendez-vous fut pris au bois de Mailly pour le 2 Avril. M. de Rambures adjoignit à Pagès et du Fay six cents hommes de son régiment et cinquante gendarmes de la garnison de Doullens ; cela faisait un total de sept cent cinquante hommes. On partit du bois de Mailly dans la nuit du 2 au 3 avril. La barrière, à l'entrée d'Hébuternes, qui n'était gardée que par cinq ou six paysans, fut vite enlevée. Les carabins de Pagès, qui formaient l'avant-garde mirent pied à terre, firent sauter, d'un coup de pétard, la bascule du pont-levis et entrèrent vivement dans le fort, bientôt suivis du reste de la troupe. On tua la garde, qui était d'une quinzaine d'hommes, on pilla le fort, on tua une quarantaine d'hommes et on emmena le reste, environ quatre cents hommes, prisonniers à Doullens. Là on se partagea le butin.

INVASION DE 1636. INCENDIE D'ALBERT.

La campagne de 1636 fut désastreuse pour notre pays. En juillet les ennemis firent irruption en France. Ils étaient commandés par des généraux dont le nom a retenti dans l'histoire : Jean de Werth, au service de la Bavière, Piccolomini, au service de l'empereur d'Autriche ; le Cardinal-Infant et le prince Thomas de Savoie, au service de l'Espagne. Leur cavalerie étaient nombreuse ; dix-huit mille chevaux, montés par des Hongrois, des Croates et des Polonais. L'infanterie comptait une quinzaine de mille hommes. L'artillerie se composait de trente pièces de canon.

Cette armée s'empara d'abord de la Capelle (10 juillet) puis du Câtelet (25 juillet). De là, longeant la Somme, elle tenta d'en effectuer le passage en s'emparant de Bray : mais inutilement. Pendant six jours le prince Thomas resta campé sur les hauteurs qui dominent Bray. Dans cet intervalle de temps un de ses détachements vint attaquer Albert, le prit et le brûla.

Tout à coup, la nuit, le prince Thomas décampa, et vint, en aval, se porter sur Sailly-le-Sec par une fausse attaque, sur Cerisy-Gailly par l'attaque sérieuse. Malgré l'énergique défense de Puységur, qui commandait le régiment de Piémont et qui combattit de huit heures du matin à huit heures du soir, l'ennemi réussit à établir un pont. La Somme était franchie (2 août). L'armée royale se retira sur l'Oise, à Noyon et Compiègne. Sur l'une comme sur l'autre rive de la Somme coururent librement les Croates et les Polaques, répandant partout la terreur, car partout ils portaient le pillage, le massacre et l'incendie. Corbie, investi par la rive droite et par la rive gauche, capitula le 15 août. Le coup était rude pour les Français.

Mais un mois après, grâce à d'énergiques efforts, les troupes royales étaient en état de marcher en avant. Le 18 septembre elles reprenaient Roie aux Espagnols et le prince Thomas se voyait forcé de reculer à son tour. Il repassa la Somme, laissant dans Corbie une garnison de trois mille hommes, vint camper à Miraumont, et de là rentra en Artois. L'armée royale mit le siège devant Corbie.

PHILIPPE CARETTE & MICHEL PATOU.

Certains épisodes de ce siège font le plus grand honneur à deux habitants d'Albert, Philippe Carette et Michel Patou. Ils s'étaient, comme tant d'autres, réfugiés à Amiens au moment où l'ennemi s'était emparé d'Albert.

Tous deux avaient cruellement souffert dans leurs biens. La maison de Carette, qui valait quatre mille livres, somme considérable pour l'époque, huit fois plus que n'avait coûté le presbytère quelques années auparavant, avait été brûlée avec les quatre cents setiers de blé qu'elle contenait dans ses greniers. Michel Patou avait perdu de même une maison de trois mille livres à Mailly et quatre cents setiers de blé.

Le blé du grenier c'était la fortune mobilière, à cette époque où l'argent était rare, où les fermages se payaient le plus souvent en blé. Le propriétaire les conservait sur l'aire de son grenier : c'était son capital disponible.

Carette et Patou, ainsi que les autres réfugiés, victimes de la guerre, nourrissaient une haine violente contre les Espagnols. Mais ce n'était pas une haine stérile. Hommes énergiques, ils voulurent employer contre l'ennemi leur connaissance du pays, leur habileté, leur courage. Philippe Carette surtout fut l'homme d'initiative. Il sollicita, il recruta des compagnons, il les entraîna à prendre part aux entreprises qu'il avait conçues. C'étaient des gens de Fouilloy et d'Aubigny, villages voisins de Corbie : Louis et Charles Boursois de Metz, le père et le fils ; Romain de Thaize, Jean Pie, Philippe de Sapiny, Fleury Du Pré, Pierre de Brie, Nicolas Michel et Antoine Deluyne. Tous connaissaient parfaitement les localités, les chemins, les passages, les canaux, les accès. Ils savaient se rendre compte des positions de l'ennemi ; ils n'hésitaient pas à se faufiler, déguisés, parmi les Espagnols et ils rapportaient avec intelligence ce qu'ils avaient vu ; Sapiny notamment était très apte à ce rôle. Philippe Carette, Patou et leurs compagnons, mariniers et bateliers pour la plupart, s'étaient abouchés avec deux officiers, MM. de Beaufort et de Rassilly. On se voyait à l'auberge du Cerf volant, rue des Vergeaux, et on se concertait sur les expéditions proposées.

La première eut lieu dès avant l'investissement de Corbie par l'armée royale. M. de Beaufort prit avec Carette et ses compagnons une cinquantaine de soldats. On s'embarqua dans la nuit du 16 au 17 septembre au port du

Don ; on remonta la Somme jusqu'à Daours ; et de là on alla surprendre, attaquer et détruire le moulin de Corbie. L'expédition réussit parfaitement. Carette entr'autres, se signala par son intrépidité.

Le but, en détruisant le moulin, était d'affamer la garnison espagnole. Dans ce même dessein, Carette et ses compagnons imaginèrent une autre entreprise. Ils savaient que les moulins de Corbie étaient mus par un bras de la rivière d'Encre, qui s'appelle à cause de cela la Boulangerie ; ils entreprirent de mettre à sec ce bras artificiel en détruisant le barrage qui y renvoie les eaux de la rivière, et en rendant celles-ci au lit naturel de l'Encre qui les porte en aval de Corbie. Ils risquèrent l'opération au péril de leur vie.

Après l'investissement de Corbie, ils tentèrent un nouveau coup de main dans la nuit du 26 au 27 septembre ; les uns remontant la Somme jusqu'à Daours, les autres conduisant par terre un convoi de batelets avec lesquels on passa la Somme en amont de la ville assiégée. Tous réunis se portèrent sans bruit sur une demi-lune située devant la Porte à l'image, la surprirent, l'enlevèrent après un vif combat et passèrent au fil de l'épée tous ceux qui s'y trouvaient.

En un mot ces braves gens n'épargnèrent rien pour lutter contre l'étranger et rendre service au roi et à la France. Plusieurs d'entre eux furent grièvement blessés. On est heureux d'avoir à constater cette vaillance et ces qualités guerrières chez des hommes dont toute la vie avait été jusque-là étrangère au métier des armes. Philippe Carette était un honnête et paisible bourgeois, un riche marchand, marié, père de quatre filles. Sous les douleurs de l'invasion il se révéla soldat intrépide, chef habile et entreprenant. Ce rejeton du vieux sang picard fait honneur à la ville d'Albert.

Louis XIII n'attendit pas la fin du siège pour récompenser Carette et ses compagnons. Corbie fut repris le 9 novembre ; dès le mois d'octobre, de son camp de Demuin, le roi accorde aux onze personnes nommées ci-dessus, qui se sont « vaillamment et industrieusement » comportées, ensemble à leurs enfants et postérité, mâles et femelles, nés et à naître en loyal mariage, exemption de toutes tailles, taillons, service du guet, impositions et autres levées quelconques, soit pour leurs personnes, soit pour leurs biens, en quelque lieu du royaume qu'ils soient situés. Et il ordonne de rétablir en leur premier état leurs maisons brûlées.

De ce même camp de Demuin, Louis XIII, le 7 octobre, envoya le capitaine Pagès reprendre possession de la ville d'Albert, les Espagnols s'étant retirés en Artois. Dès le 2 septembre Pagès avait été chargé par le roi de lever une compagnie de cent arquebusiers à cheval (carabins) ; mais il s'agissait, cette fois, d'une compagnie régulière, à la solde du roi. Avec cette compagnie et cent mousquetaires Pagès devra s'acheminer à *Encre* afin de conserver la frontière de ce côté là et d'entreprendre sur les ennemis selon les occasions qui s'offriront et où il verra pouvoir prendre sur eux avantage. On peut remarquer que la ville était encore appelée Encre même par le roi qui avait proscrit ce nom pour en effacer tout souvenir.

L'invasion de 1636 a laissé de profondes traces et de cruels souvenirs sur nos frontières de Picardie. Il n'y a pas eu de période plus néfaste. On ne trouve soit à Albert, soit aux environs aucun bâtiment, aucun édifice quelconque qui remonte à une date antérieure. Des villages entiers ont disparu : ainsi Rancourt auprès de Bouzincourt, Becquerel auprès de Miraumont. La dévastation a été complète. Les cavaliers de Jean de Werth n'ont rien épargné.

INCENDIE D'ALBERT EN 1637.

L'année suivante, le lendemain de Pâques 1637, les Espagnols, avec quinze cents chevaux et trois pièces de canon, vinrent brûler encore une fois Mailly et Albert.

La guerre se continua ainsi pendant de longues années, bien dures pour les habitants qui restaient dans la ville désolée. Les passages de troupes se succédaient ; en 1640 à cause du siège d'Arras où le jeune Marquis d'Albert, Louis Charles, duc de Luynes, qui avait alors vingt ans, se signala par son courage ; en 1641 à cause du siège de Bapaume, qui capitula le 18 septembre ; au commencement de 1643 à cause des préparatifs de la campagne qui allait s'ouvrir. Le 9 mai en effet le duc d'Enghien, celui qui fut le Grand Condé, avait son quartier général à Albert, poste « d'où il pouvait avec rapidité diriger ses troupes de tous « côtés où les ennemis pourraient tourner la tête. » C'est d'Albert qu'il partit pour aller remporter sur les Espagnols la célèbre victoire de Rocroy.

Tous ces passages de troupes écrasaient la malheureuse ville d'Albert. Elle était dans un état lamentable. Quand on parcourt les actes des notaires de l'époque on y rencontre fréquemment des mentions comme celles-ci : « héri- « tage qui était ci-devant amasé (bâti) — maison qui a été

« détruite par malice des gens de guerre — héritage qui a
« été autrefois édifié de maison — venderesse qui est de
« présent réfugiée à Amiens à cause des guerres, etc. »

INCENDIE AU CHATEAU.

Tous les habitants ne s'étaient pas réfugiés à Amiens. Un certain nombre de malheureux sans asile avaient trouvé un abri dans le château où commandait M. Jean d'Ainval, seigneur de Maucreux. Le capitaine Pagès avait été fait prisonnier par les Espagnols : il était mort en 1640 ; M. d'Ainval avait repris ses fonctions de gouverneur. Il avait fait construire des huttes en bois pour les pauvres gens qui étaient venus se réfugier au château. Un accident leur enleva ce dernier abri. Un incendie survenu dans la nuit du 15 au 16 mars 1645, et auquel la violence du vent donna une activité exceptionnelle, détruisit toutes ces logettes. Un jeune homme périt dans les flammes. La belle-mère et la petite-fille du gouverneur ne purent se sauver qu'en chemise. M. d'Ainval était absent. Il était allé à Péronne solliciter décharge d'une réquisition de deux mille bottes de foin adressée à la ville.

Tout était désorganisé. On avait transporté à Amiens, en même temps que les archives communales, les ornements de l'église : le tout avait été déposé dans le couvent des Minimes. Les cérémonies du culte ne se faisaient plus. Ce fut en 1647, à l'occasion de la solennité de Pâques, qu'on fit revenir d'Amiens quelques uns des ornements les plus indispensables. Et ce fut seulement en 1649 qu'on nomma un bedeau en remplacement du précédent qui était mort depuis plusieurs années. Le service religieux était resté longtemps interrompu. Tous les liens sociaux étaient relâchés.

RÉGLEMENT DE 1650.

A une pareille époque, les lois étaient fort peu et très mal observées, les anciens réglements étaient négligés : les contestations anciennes, qu'on croyait terminées, se reproduisaient, notamment l'éternelle querelle de l'Échevinage et des officiers du Marquisat au sujet de leurs attributions. Le duc de Luynes entreprit en 1650 d'y mettre un terme.

Le duc avait, après de brillants débuts à la guerre, renoncé au service et, on peut dire, renoncé au monde depuis que sa mère, la duchesse de Chevreuse, avait été exilée par Richelieu à cause de ses intrigues incessantes. Il vivait retiré dans ses propriétés, fort occupé d'œuvres de piété, mais ne négligeant point la bonne administration de ses biens et l'accomplissement de ses devoirs envers ceux qu'on appelait les sujets du Marquisat.

Il fit en 1650 un réglement général pour rétablir l'ordre à Albert. Il avait voulu auparavant entendre les parties intéressées, avait mandé à Paris l'Échevinage ainsi que les officiers du Marquisat, et avait écouté leurs observations. Après en avoir conféré avec son secrétaire, M. Maurisset, il promulgua son réglement, sorte de constitution au petit pied imposée au nom de son autorité de Seigneur.

Le réglement a d'abord pour objet la composition de l'Échevinage et son mode de nomination. Certains maïeurs s'étaient arrogé le droit de choisir eux-mêmes les échevins : le nombre de ceux-ci n'avait point toujours été le même, tantôt quatre, cinq, six, huit. Désormais on nommera tous les ans, le vendredi avant Quasimodo, quatre prudhommes ; deux par l'Échevinage, deux par les maires de métier : sur les quatre élus tous les habitants en choisiront un pour être maire, les trois autres seront échevins ; un quatrième Échevin sera choisi par le maire (on l'appela le lieutenant du maire). L'Échevinage, avant d'entrer en fonctions prêtera serment devant le représentant du Seigneur.

Il peut être utile d'ajouter ici, ce que ne dit pas le réglement, que l'élection du maire se faisaient à l'église. On ne se préoccupait guères alors de séparer le spirituel du temporel et on ne trouvait nullement choquant d'utiliser l'église comme salle de vote. Les électeurs, c'est-à-dire les chefs de famille, étaient donc réunis dans la nef. A la porte se tenaient les deux sergents de ville en uniforme, c'est-à-dire portant la robe mi-partie rouge et mi-partie violette. Chacun d'eux tenait deux planches ; et sur chaque planche était écrit le nom d'un des quatre prudhommes élus. En sortant de l'église chaque électeur faisait à la craie une marque sur la planche portant le nom de celui qu'il voulait pour maire. Le prudhomme « le plus marqué » était proclamé maire. Le maire n'est du reste que le Président de l'Échevinage. Il n'a pas d'attributions propres.

Le réglement détermine les attributions de l'Échevinage, qui est, comme on sait, tout à la fois un corps administrant et un tribunal.

Il aura la police de la ville, à l'exclusion des officiers du Marquisat.

Il aura le droit de donner les alignements.

Il sera, entre les habitants, juge civil et criminel, sauf au Seigneur à percevoir le produit des amendes et confiscations qui seraient prononcées.

Il connaîtra des scellés et inventaires, c'est-à-dire qu'il administrera les successions jusqu'à leur acceptation par l'héritier et gérera la tutelle des mineurs.

Il accordera la saisine pour tous les héritages qui ne sont pas de la censive du Seigneur.

Il percevra, pour la Ville, la moitié des droits de mesurage et de travers (péage).

Il recevra, les comptes de l'argentier (du receveur) de la Ville, et ceux du receveur de l'Hôtel-Dieu et de la Maladrerie ; mais sous la surveillance et le contrôle des officiers du Marquisat.

Le réglement pourvoit encore à la nomination du marguillier, et à l'interdiction de tout commerce pendant les offices du culte. Ce sont des points qui touchaient particulièrement le pieux duc de Luynes.

Il rappelle les obligations des sujets en ce qui concerne l'entretien de la fortification, comme aussi leur droit de se réfugier, en cas de besoin, dans le château.

Enfin il maintient le droit exclusif du Seigneur sur les cours d'eau.

Cette espèce de charte octroyée se termine par une disposition particulière et de circonstance.

Comme on l'a dit plus haut les titres de la Ville, ceux de l'Hôtel-Dieu, de la Maladrerie, avaient été transportés à Amiens. C'était le curé, M° Michel Ducastel, qui les avait déposés au couvent des Minimes. La Ville les lui avait réclamés, mais il ne voulait pas les rendre, prétendant sans doute que les circonstances n'avaient guères changé et qu'ils ne seraient pas en sûreté à Albert. De là procès, porté devant l'official d'Amiens, qui, par sentence du 21 janvier 1649, avait condamné le curé à la restitution des titres. Malgré cette sentence M⁰ Ducastel refusait de s'exécuter. A l'échevinage hostile, qui lui avait fait le procès, avait succédé un échevinage favorable au curé, qui ne voulait pas poursuivre l'exécution de la sentence rendue. Le Seigneur lui enjoint de la poursuivre et de rétablir le service divin dans l'église; car les ornements de l'église suivaient le sort des titres de la Ville; ils étaient renfermés dans le même coffre.

INCENDIE D'ALBERT PAR LE PRINCE DE CONDÉ.

C'est peut être à cette obstination de M⁰ Michel Ducastel que nous devons la conservation des vieilles archives de la ville d'Encre qui, sans cela auraient été, plus que probablement, la proie des flammes. Les craintes du curé n'étaient que trop fondées. Non seulement la guerre continuait avec l'Espagne, mais il s'y joignait, pour comble de malheurs, la guerre civile. On était à l'époque de la Fronde.

Le Grand Condé avait passé à l'ennemi ; il avait pris l'écharpe rouge et le roi d'Espagne en avait fait son généralissime. Condé vint à la tête d'une armée espagnole, attaquer Albert et enleva la place le 2 août 1653. Dix ans auparavant, il était encore à Albert, méditant la campagne que devait illustrer sa victoire de Rocroy sur les Espagnols. Singulière vicissitude: il était maintenant au même lieu, mais c'était comme chef des Espagnols, et c'était contre la France qu'il tournait ses armes et son génie. Quelles réflexions durent s'offrir à son esprit! Il traita la ville en ennemi, en Espagnol. Elle fut encore une fois brûlée.

L'incendie dévora notamment l'église et les petites maisons qui y étaient adossées, moins une seule, qui, par miracle, fut préservée. Il fut si violent que les cloches fondirent. Le marguillier d'alors, Me Nicolas Pieffort, notaire royal et procureur au Marquisat, un des gendres de Philippe Carette, recueillit le métal. Il y en avait 577 livres pesant, qui furent employées en 1655 pour la refonte de trois cloches neuves. Le presbytère, voisin de l'église, fut détruit comme elle. Déjà l'hospice, à l'angle Sud-Ouest de la place, n'était plus qu'une ruine dont les matériaux, malgré les défenses des échevins, étaient enlevés par tout venant.

En présence de ces calamités le Seigneur se montra généreux. Pour rétablir le service divin on construisit une sorte de hangar en prolongeant jusqu'au Prieuré la chapelle de Notre Dame de Pitié avec le cloître y attenant. Ce fut le duc de Luynes qui fournit les bois par l'intermédiaire de M. d'Aigreville qui avait succédé à M. d'Ainval comme gouverneur de la ville. Il donna de même le bois du bâtiment provisoire où on logea le curé sur l'emplacement du presbytère. On dut remettre à des temps meilleurs des constructions définitives.

Car la guerre durait toujours et avec elle les maux qu'elle entraîne; les réquisitions d'hommes, de chevaux, de vivres, l'obligation pour les habitants de pourvoir à la garde de leur ville mal fermée, de se défendre contre les gens de guerre qui passaient auprès de ses murailles. En 1656 la brèche faite par les troupes de Condé n'était pas encore réparée; elle avait de 34 à 36 pieds de large. Il fallait faire défense à certains habitants de la franchir pour aller faire commerce avec les gens de guerre qui passaient dans le faubourg, c'est-à-dire leur acheter du bien volé. Il fallait aussi la surveiller jour et nuit pour empêcher les soldats maraudeurs de pénétrer dans la ville et d'y commettre des déprédations. Dans les campagnes voisines les pillages étaient continuels. A Beaumont, à Grandcourt, à Cheviécourt (annexe disparue de Grandcourt) il fut impossible de faire les semailles en 1659 à cause de la présence du camp volant de M. de Créquy qui séjourna pendant près de huit mois dans le pays. Les soldats s'emparaient des chevaux des paysans, et s'ils les rendaient, c'est que les pauvres bêtes étaient atteintes de maladie et ne pouvaient plus être utilisées.

LE BOUCHER DE CARÊME.

Les maladies qui accompagnent les armées ne s'attaquent pas seulement aux animaux : elles atteignent les hommes. Elles faisaient au commencement de 1656 de cruels ravages à Albert et dans les villages voisins. C'est ce qui donna lieu à l'établissement du boucher de carême.

Jusqu'alors on avait toujours observé fidèlement, rigoureusement, les commandements de l'Église. Dans ce pays d'Albert, si profondément catholique, personne ne mangeait de viande pendant le carême. Il le fallait bien d'ailleurs. Celui qui en aurait voulu n'aurait pu s'en procurer ; les bouchers ne tuaient pas pendant le carême : c'était défendu, et l'autorité communale, en parfait accord à cet égard avec l'autorité ecclésiastique, maintenait scrupuleusement l'interdiction. Mais le malheur des temps devint tel qu'il fallut faire fléchir la règle. Le 4 mars 1656 Me Charles Roussel, Procureur de la ville, représenta à l'échevinage, présidé par le maïeur, Pierre Varanguien, qu'il était nécessaire de pouvoir faire du bouillon aux nombreux malades d'Albert et des environs. On alla trouver le curé, Mᵉ Michel Ducastel: et il permit à l'Échevinage de choisir un boucher, Charles Carpentier, qui fut autorisé à tuer pendant le carême et à vendre de la viande à ceux qui avaient permission du curé de leur paroisse.

Créée pour la circonstance, l'institution du boucher de carême continua de subsister après la guerre. Depuis 1656, tous les ans, l'Échevinage choisissait parmi les bouchers de la ville un successeur à Charles Carpentier, qui seul avait le droit de tuer pendant le carême, à condition expresse de ne livrer la viande qu'à ceux qui étaient autorisés à en manger, non pas d'après l'ordonnance du médecin, mais en vertu de la permission du curé. Quand on avait la mauvaise chance de tomber malade pendant le carême et d'avoir besoin d'un bouillon, il était important d'être bien avec son curé.

La guerre ne se termina qu'à la fin de 1659, par le traité des Pyrénées, du 7 novembre, qui mit fin à cette lutte de vingt quatre ans. Albert cessa alors d'être place frontière, car l'Artois était enfin restitué à la France. Le cours normal de la vie put se rétablir dans la ville qui depuis un quart de siècle avait tant souffert. Le fait suivant peut donner une idée de ce qu'avaient été les conditions de l'existence pendant cette longue et douloureuse période.

Nicolas Linart, notaire royal au gouvernement et prévôté de Peronne à la résidence d'Albert, avait été, comme tant d'autres habitants, obligé maintes fois de quitter la ville dévastée. Il était allé exercer ses fonctions, suivant les temps et les circonstances, tantôt à Chaulnes, tantôt à Cappy, ou à Lihons, ou à Foucaucourt : il avait droit d'y instrumenter puisqu'il était notaire au gouvernement et prévôté de Péronne : les actes qu'il y recevait portent cette mention qu'ils sont faits « pardevant Linart notaire à la « résidence d'Albert, réfugié, à cause des guerres, à Cappy, « Lihons, etc. » Or si on additionne les diverses périodes de ces exodes du notaire Linart on constate que, sur les vingt-quatre ans de guerre, il en a passé près de quinze hors de sa résidence !

INCENDIE DE 1660.

On commençait à peine à se relever de tant de misères qu'un accident vint y mettre le comble. Le 17 août 1660, une femme, en chauffant son four, alluma un incendie qui s'étendit à toute la ville et la consuma. La tradition rapporte qu'une seule maison échappa au désastre. Il faut rappeler que les maisons étaient presque toutes construites en bois et pour la plupart couvertes en chaume.

DÉPART DES BÉNÉDICTINS.

C'est à la suite de tant de malheurs que les Religieux du Prieuré prirent le parti de quitter définitivement Albert. Ils avaient, comme tant d'autres, été obligés de fuir pendant la guerre ; ils ne voulurent pas revenir. Leur maison de campagne à Brebières, et par suite la chapelle où était l'image célèbre de la Vierge, furent désertées, ainsi que la maison conventuelle, sise à Albert, derrière l'église. Cette disparition des Bénédictins, qui depuis cinq cents ans étaient établis à Albert, est un événement considérable de l'histoire locale. Il apportait un trouble grave dans les conditions générales du pays, où le Prieuré avait tenu une si grande place.

Désormais, pour les moines de St Martin des Champs de Paris, le Prieuré d'Albert n'était plus qu'un domaine dont on pouvait tirer un revenu plus ou moins élevé. Étrangers à la ville, ne connaissant plus ses habitants, ne s'occupant plus de leurs besoins religieux, ils ne voyaient en eux que des fermiers et des contribuables. Il y avait, il est vrai, toujours un Prieuré, qui était un fief ayant ses droits et sa justice, un Prieur par conséquent en qui il se personnifiait. Mais ce Prieur n'était que le supérieur fictif d'un couvent dont la réalité avait disparu. Le titre restait, mais la fonction n'existait plus. Ce n'était qu'une vaine apparence, un signe trompeur de ce qui avait existé autrefois. Le Prieur n'était plus que le gérant du domaine qui s'appelait le Prieuré.

La grande préoccupation des moines fut, tout en conservant les biens qui leur avaient été donnés en 1138, de se décharger des obligations qui avaient été la condition de cette donation, ou de les exécuter le moins possible. Ils firent à cet égard des transactions de diverse nature.

Le but de cette donation, titre originaire de leurs droits, était l'accomplissement des fonctions religieuses à Albert et dans certains villages voisins. Voici ce qui fut réglé à cet égard ainsi qu'on le voit par un bail des biens du Prieuré en date du 3 juin 1672.

En déduction de son fermage le fermier paiera :

Trois cents livres par an à chacun des curés d'Englebelmer-Vitermont, d'Ovillers-La Boisselle, de Mesnil-Martinsart.

Deux cents livres à chacun des curés de Bécordel, Millencourt et Bouzincourt.

Quant au curé d'Albert il lui est alloué soixante setiers de blé et autant d'avoine. Le chapelain de la grande chapelle de Ste Marguerite au château d'Albert aura 84 setiers de blé et autant d'avoine. La chapelle n'existait plus ; depuis un siècle elle avait été détruite ; mais cela n'empêchait pas qu'il y eût toujours un chapelain, dont la fonction consistait uniquement à percevoir et empocher les revenus attachés à ce bénéfice. Le vicaire d'Albert aura 84 livres, traitement si évidemment insuffisant que la Ville, qui n'était cependant pas riche, était obligée de le compléter.

Le fermier devait payer en outre, ainsi qu'il résulte de documents postérieurs, dix livres par an pour l'entretien du chœur de l'église, dix livres au chantre, six livres au bedeau, le coût des cierges ténébreux, (du jour des ténèbres), celui du festin de St Gervais donné aux prêtres et aux officiers du Prieuré, ainsi que le repas qui était dû, d'après un document de 1406, aux ménestreux qui cornaient à faire la fête la nuit et le jour de St Gervais.

Les moines avaient dû, autrefois, assurer à leurs tenanciers le moyen de convertir le grain en farine : ils avaient donc leur moulin, situé rue des Ilieux, et qu'on appelait le moulin des Clercs. Quittant la ville, ils abandonnèrent le moulin dont leurs tenanciers et leurs hostes étaient banniers Ceux-ci, ne pouvant plus dès lors moudre au moulin des Clercs, qui était détruit, se trouvaient obligés d'aller au moulin du Seigneur. Un accord intervint à cet égard entre ce celui-ci et les moines, et de cet accord, réalisé en 1673 et renouvelé le 26 mars 1684, il résulte que les moines avaient obtenu des conditions très favorables.

Le Prieur lui-même (s'il vient à Albert) et ses domestiques, le Receveur général du Prieuré, et son fermier auront le droit de moudre au 24e; c'est-à-dire que sur 24 sacs de farine on leur en retiendra un comme paiement de la façon et qu'on leur rendra la farine des 23 autres. Les tenanciers du Prieur moudront au 18e. Tandis que les autres habitants d'Albert, ceux des villages voisins qui sont assujettis à la banalité du Seigneur, de même que ceux de Boulan qui demeurent dans la banlieue d'Albert, sont obligés d'abandonner un sac sur 12 et paient par conséquent le double de ce que paient le Prieur, son Receveur et son fermier. Ceux-ci ont de plus le droit de dégrainer, c'est-à-dire d'être servis immédiatement dès qu'ils se présentent au moulin, sans attendre leur tour. C'était un privilège fort apprécié, et par suite justement maudit par les banniers ordinaires qui, venus des villages voisins, de Fricourt ou de Forceville par exemple, avec leur charge de blé, étaient obligés de subir l'interruption du travail et de perdre leur temps jusqu'à ce qu'on eût achevé de servir les privilégiés, tels que le Gouverneur, le Maire et le Prieur.

RECONSTRUCTION DE L'ÉGLISE.

C'est avec la Ville surtout que les Bénédictins eurent des difficultés à résoudre. Il fallait reconstruire l'église incendiée. Aux frais de qui ? Bâtie sur un terrain qui était mouvant du Prieuré, appartenait-elle aux moines ? Était-elle une propriété de la commune ? Elle se divisait en deux parties : la nef, où se faisaient les fonctions curiales ;

le chœur, réservé aux Religieux. Ceux-ci, et leurs gens, dans le chœur agissaient en maîtres. C'est au point qu'au mois d'août 1645 le fermier du Prieuré, Nicolas Platrier, y entassait les sacs de grain de sa récolte, ce qui occasionna des plaintes dont l'Échevinage dressa procès-verbal. Elles n'étaient pas fondées sur la profanation du lieu saint. Puisque la nef servait à la Ville de salle de vote au moment de l'élection, le chœur pouvait bien être utilisé comme magasin à blé à l'époque de la moisson. Ce qui les motivait c'était la crainte d'incendie, car Platrier et ses domestiques allaient dans ce magasin avec des flambeaux et des lanternes et on redoutait que l'église ne fût encore une fois brûlée.

Le Prieur d'Albert se refusa absolument à contribuer, en quoi que ce fût, à la réfection de la nef ; et quant au chœur, tout ce qu'on put obtenir de lui, aux termes d'une transaction du 18 juillet 1664, ce fut une somme de huit cents livres. Il était tenu en outre de fournir 10 livres par an pour l'entretien du chœur. La jouissance lui en était réservée, pour l'honneur des principes ; car, en fait, ni lui ni aucun autre Religieux n'y vint plus désormais.

Ce fut une longue affaire que la reconstruction de l'église, malgré le concours de toutes les bonnes volontés ; celle de la Ville, celle du curé Ducastel, celle du duc de Luynes et de son représentant M. d'Aigreville, gouverneur d'Albert. En 1664 l'horloge, « réfugiée » à Amiens, n'était pas encore rapportée. En 1669 on n'avait pas encore commencé la réédification de la tour et du clocher. L'argent manquait ; on empruntait sur les biens de la Maladrerie et ceux de l'Hôtel-Dieu, on engageait les « Prés de la ville. » Ce ne fut qu'en 1703, plus de cinquante ans après le grand incendie, que fut complètement achevée cette église, qui vient d'être démolie en 1894. La date de 1705 se lisait sur le fronton de son entrée au Sud.

RECONSTRUCTION DE L'HOPITAL.

La reconstruction de l'Hôpital était aussi une grosse affaire. L'ancien Hôtel-Dieu était, ainsi qu'on l'a dit, au coin Sud-Ouest de la Place; il avait façade par derrière sur la rue des Boucheries et pardevant sur la Place. Le terrain fut vendu, le 24 octobre 1661, et on entreprit la construction du nouvel Hôtel-Dieu de l'autre côté de la rivière à l'endroit où il est actuellement. Là encore le duc de Luynes intervint pour aider la Ville. Cette intervention généreuse suffirait pour expliquer le soin avec lequel il surveillait les comptes des administrateurs de l'Hôtel-Dieu. Certaines difficultés avaient été soulevées à cet égard par les officiers du Marquisat qui, on doit se le rappeler, étaient chargés de contrôler ces comptes. Le duc de Luynes, étant à Albert le 13 juin 1669, décida qu'en cas de contestation sur leur exactitude c'est le bailli qui jugera.

En 1680 les travaux de reconstruction n'étaient pas terminés ; on dut contracter un emprunt pour les achever. Et pour obtenir cet emprunt, de huit cents livres, il fallut que les administrateurs de la Ville prissent, personnèllement, l'engagement solidaire de rembourser le prêteur, Mᵉ Adrien Latiffy, notaire et procureur. Ces administrateurs étaient : Charles Descamps, maïeur, Éloi Thibault, Jacques Bruyant, Jean Sénéchal, échevins, Charles Rousselle, procureur de la ville et Claude Debrye, greffier.

La maçonnerie de l'Hôtel-Dieu coûta quarante-cinq sous

L'ÉGLISE (vue prise en 1846)

la toise.

En 1693 on ajouta un bâtiment à étage dont le terrain fut pris aux dépens du jardin de l'établissement; il fut terminé l'année suivante; la réception des travaux de Sueur, maçon et entrepreneur, est du 5 novembre 1694.

MURAILLES ET PORTES.

Les murailles de la ville auraient eu besoin de grandes réparations; mais faute d'argent on ne pouvait y pourvoir. En 1667, comme il y avait des craintes de guerre, la ville décida de boucher les brèches avec une espèce de mur en terre. Les corps de garde des portes ne furent remis en état que plus tard, en vertu d'un traité du 16 Juin 1675 passé avec Sébastien Jolliet, qui était entrepreneur en même temps que greffier de la Ville. Les ponts et portes n'étaient pas encore complètement réparés en 1686. Il fallut que là encore le duc de Luynes intervînt pour fournir les bois nécessaires. En 1690 on n'avait pas encore réparé les brèches auprès de la porte d'Aveluy.

Quant aux titres et archives de la Ville, si longtemps retenus par le curé Ducastel, ils avaient été enfin restitués, ainsi que le constate un récépissé du 22 Janvier 1673.

On voit qu'il fallut bien des années pour faire disparaître les traces des désastres que la ville avait subis. Les trente années qui suivirent la guerre sont une période d'emprunts, de gêne continuelle pour la Ville obérée; gêne d'autant plus grande que des malheurs nouveaux venaient s'ajouter à ceux causés par l'ennemi. Ainsi, dans l'hiver de 1680 à 1681, il survint une inondation qui emporta les digues de la rivière depuis le Barbinchon jusqu'auprès de Boulan ; les eaux couvrirent le grand marais qui se trouva converti en un lac. De nouvelles inondations eurent lieu en 1684 et 1690.

Les particuliers mettaient naturellement moins de temps que la Ville à réparer leurs pertes, surtout lorsqu'ils avaient une certaine aisance, comme Victor Pieffort, le fils de Nicolas Pieffort le marguillier de 1653. Dès 1661 Victor Pieffort faisait édifier au coin de la rue des Boucheries et de la Place une maison ayant soixante pieds de façade et dont une partie devint, en 1702, l'Hôtel-de-Ville d'Albert.

Louis Charles d'Albert, duc de Luynes, mourut en 1690. Il était aussi duc de Chevreuse ; car sa mère, la célèbre Marie de Rohan, après la mort de son second mari, avait eu le duché de Chevreuse en paiement de ses reprises et l'avait donné à son fils. Celui-ci consacra à la religion une grande partie de sa vie. Il a composé, sous le nom de Laval, divers ouvrages de piété. Il avait épousé en 1641 Louise Marie Séguier, fille unique du Marquis d'O. Devenu veuf, il épousa, en 1661, une sœur consanguine de sa propre mère, de quarante ans moins âgée que celle-ci. C'est à l'unique fils de son premier lit, Charles Honoré d'Albert, duc de Chevreuse, que passa le Marquisat.

Charles Honoré d'Albert, duc de Chevreuse.

L'héritier du Marquisat est ainsi dénommé dans la transaction avec Aveluy dont il va être parlé : Duc de Chevreuse, Marquis d'Albert, Pair de France, chevalier des ordres du Roi, commandant les chevaux-légers de la garde de sa Majesté.

PROCÈS AVEC AVELUY.

Les difficultés avec Aveluy au sujet du pâturage dans le grand marais n'avaient, on peut le dire, jamais cessé. Il était très difficile d'obtenir des habitants d'Aveluy le paiement des redevances stipulées par la transaction du 2 juillet 1571. L'échevinage d'Albert s'efforçait de faire exécuter ce contrat ; il tenait registre exact des redevances dues ; il constatait régulièrement l'admission des nouveaux « bourgeois d'Aveluy » qui payaient le droit d'entrée au pâturage ; au premier mai il réclamait les cotisations. Mais la guerre et ses suites, plus tard les inondations du grand marais amenèrent des retards, des négligences, des difficultés de recouvrement, de sorte qu'Aveluy ne paya pas et trouva définitivement plus commode de ne pas payer.

Albert, pour maintenir son droit, lança une assignation le 24 juin 1672, réclamant 29 années d'arrérages. L'affaire fut portée devant Me Jean Jolly, bailli du Marquisat ; et par sentence du 1er mars 1673 le bailli condamna Aveluy à exécuter purement et simplement la transaction de 1571 ; à payer par conséquent les redevances échues, qu'il réduisit toutefois à neuf années. Le calcul desdites redevances devait être fait par experts. Ce règlement par experts, qui n'était pas très facile, car les données exactes manquaient, traîna en longueur. On finit par transiger, le 30 avril 1679, moyennant cent livres qu'Aveluy s'obligea à payer pour tout compte jusqu'à cette date. L'acte en fut passé devant Me Adrien Latiffy, notaire. Il rappelle en entier les conditions de l'accord de 1571 : la communauté d'Aveluy les confirme expressément et de nouveau s'oblige à les exécuter fidèlement. Cela n'empêcha point que trois mois plus tard

Aveluy soulevait une nouvelle difficulté par exploit du 10 août 1679.

On a vu plus haut qu'en 1629 on avait réservé dans le grand marais quatre journaux, mis à l'état de prés, pour l'Échevinage, en compensation de la portion des Prés de la ville dont il se trouvait privé par suite de l'établissement du nouveau lit de la rivière et d'une adjonction faite au grand marais. Aveluy, qui n'avait pas été partie à l'acte du 16 juin 1629, prétendit qu'il ne lui était pas opposable ; que les quatre journaux devaient être soumis à son droit de pâturage comme tout le surplus du grand marais. Pure chicane, puisque les quatre journaux ainsi réservés, en face du Barbinchon, n'étaient que l'équivalent de ce qui avait été ajouté au grand marais et de l'amélioration qui y avait été faite par le redressement de la rivière. Ce procès fut néanmoins soutenu ; et il dura quatorze ans. Il fut terminé seulement en 1693, le 1er mai, par une transaction passée, sous le bon plaisir de M. le duc de Chevreuse, entre l'échevinage d'Albert d'une part et de l'autre Nicolas Linart, seigneur d'Aveluy. Ce Nicolas Linart était le petit-fils du notaire du même nom dont on a dit plus haut les pérégrinations pendant la guerre d'Espagne, et le fils de Jean Linart, notaire comme son père, mais qui avait acheté la seigneurie d'Aveluy en 1679.

Par la transaction il fut convenu que désormais les habitants d'Aveluy, au lieu de faire pâturer en commun avec ceux d'Albert, seraient cantonnés. On leur assigna, près de leur village, 16 journaux qui furent bornés par l'arpenteur Louis Lesueur. Albert aurait pour lui seul le surplus du marais. Aveluy aurait pour lui seul ces seize journaux, mais toujours en simple droit de jouissance précaire,

CANTONNEMENT D'AVELUY

toujours par conséquent à charge de payer les redevances et d'accomplir les obligations portées à l'acte de 1571 qui, une fois de plus, fut encore confirmé et reconnu.

Cet arrangement, si raisonnable, ne termina cependant point la lutte entre les deux communes. On la verra recommencer une trentaine d'années plus tard.

DIFFICULTÉS ENTRE L'ÉCHEVINAGE ET LE MARQUISAT.

Non moins que les procès de communes ceux des corporations sont remarquables par leur tenacité invincible. La lutte, tant de fois signalée entre l'Échevinage et les officiers du Marquisat continuait toujours. Elle est constatée à la fin du dix-septième siècle par les faits suivants.

En 1681, à propos d'une succession Talon, échue à deux mineurs, le Marquisat contestait, une fois de plus, à l'Échevinage le droit de faire l'inventaire et de gérer la tutelle, si formellement reconnu par les chartes de 1411 et de 1650. Il renouvelait encore la difficulté en 1685 à propos des successions de Jean Linart, notaire à Albert et Seigneur d'Aveluy, et de Michelle Pourcellet, sa femme.

Les inondations de 1681 et de 1684, qui avaient fait du grand marais un véritable lac où on pêchait des carpes et des tanches, avaient fait naître la question de savoir à qui appartenait le droit de pêche. La Ville le réclamait comme équitable compensation du pâturage perdu. Mais le Marquisat le revendiquait pour le Seigneur, attendu que la concession de 1239 ne portait que sur le droit au pâturage.

En 1682 le Marquisat contestait à la Ville le droit à la moitié des produits du mesurage des grains (stelage) réglé cependant par la transaction du 17 janvier 1552.

En 1684, au mépris des dispositions formelles de la charte de 1650 qui reconnaissaient à l'Échevinage le droit de police, les officiers du Marquisat prétendaient faire le réglement au sujet des moutons. D'après celui qui avait été arrêté par la Ville il y avait quatre bergers, un par faubourg ; le faubourg formant une communauté spéciale qui élisait son berger en présence de l'Échevinage. Les officiers du Marquisat voulaient réglementer à nouveau, sans tenir compte de ce qu'avait fait la Ville par ses arrêtés de 1657, 1679 et 1684.

Ils intervenaient même dans la composition du corps de ville, qui comprenait non seulement un maire et des échevins élus suivant les règles fixées en 1650, mais aussi, comme tous les tribunaux, un procureur et un greffier. Le rôle de ces deux fonctionnaires de la Ville était fort important. Rien ne pouvait être résolu ou jugé que sur les réquisitions du Procureur, qui, comme on l'a dit précédemment, était, pour l'Échevinage, ce qu'est aujourd'hui un Procureur de la République pour nos tribunaux. Le greffier aussi était un rouage important de l'organisme administratif et judiciaire. De tout temps c'était l'Échevinage qui avait nommé ces deux fonctionnaires de la juridiction communale. A certaines époques même on renouvelait tous les ans leurs pouvoirs, puisque tous les ans la composition de l'échevinage changeait. Le plus ordinairement on continuait dans leurs fonctions les mêmes personnes. C'est ainsi que Mᵉ Charles Roussel, dont il a été parlé plus haut à propos du boucher de Carême, était resté pendant de très longues années le Procureur de la Ville. A son décès, 15 février 1687, ce fut le duc de Luynes qui nomma son successeur. Il portait ainsi une grave atteinte aux franchises et libertés municipales ; mais on a vu, par sa charte de 1650, le cas qu'il faisait de l'indépendance communale. Dans sa pensée, les prétendus droits de la Ville n'étaient que des concessions bénévoles de ses prédécesseurs, concessions toujours révocables ; il était le Seigneur, les habitants n'étaient que ses sujets. L'Échevinage protesta il est vrai, contre cette usurpation ; mais faiblement. Pouvait-il entreprendre une lutte contre le Seigneur qui s'était montré, à maintes reprises, si généreux envers la Commune, et qui d'ailleurs était si puissant ? Cette lutte avait-elle, eu égard au courant des idées de l'époque, quelque chance de succès ? Enfin, circonstance accessoire mais qui a son importance, le procureur nommé par le duc, Jean Varanguien, un des procureurs du Marquisat, se trouvait être un des fils de Pasquier Varanguien, le maire d'alors. L'Échevinage céda. Il laissa installer Jean, qui prêta serment entre les mains de l'échevin Gelée, vu l'empêchement de son père.

Le choix du duc avait été malheureux. Au bout de quelque temps, Jean Varanguien, à la suite de graves difficultés de famille, fut obligé de quitter le pays. Ce fut encore le duc de Luynes qui pourvut à son remplacement en nommant procureur d'office de la Ville Me Jean François Devieilhe. L'Échevinage protesta encore, mais pour l'honneur des principes. Le pli était pris ; l'usurpation du droit communal était un fait accompli. Me Jean François Devieilhe fut installé le 3 janvier 1689. Et depuis lors le procureur et le greffier de la Ville furent toujours à la nomination du Seigneur.

SUPPRESSION DE L'ÉCHEVINAGE. RACHAT DES OFFICES.

En 1692, l'Échevinage reçut un coup bien plus terrible. Il fut complètement supprimé. L'idée du pouvoir absolu, de l'état despotique, avait fait son chemin. Le roi Louis XIV entendait être maître en tout et partout ; son autorité devait s'étendre sur toute la France, également, uniformément : toutes les administrations locales devaient dépendre de l'administration centrale, être les instruments, souples et dociles, de la volonté suprême du chef de l'État. Un édit royal du mois d'août 1692 enleva donc entièrement aux communes, dans toute la France, le droit de s'administrer elles-mêmes. Ce n'était pas seulement aux libertés communales qu'il était ainsi porté atteinte, mais aussi aux prérogatives des Seigneurs. Les unes disparaissaient avec les autres. La nomination du Procureur de la Ville, par exemple, revendiquée comme on vient de le voir, par le duc de Luynes, ne devait plus appartenir au Seigneur Marquis d'Albert. Le corps de ville tout entier ne pouvait plus être qu'une émanation de l'autorité royale ; tous ses membres devaient être nommés par le roi, être des fonctionnaires royaux, des conseillers du Roi. C'était une révolution.

L'émotion fut grande à Albert. On tenait aux vieilles franchises, pour lesquelles on avait tant combattu, lutté depuis des siècles ; on voulait les conserver, si diminuées qu'elles fussent par les empiétements du Seigneur. Mais comment résister à l'autorité du roi qui convertissait les fonctions électives de l'Échevinage en charges royales ?

Le maire d'Albert, à cette époque, était Me Guilain Gelée, procureur au Marquisat, qui devint Seigneur de

Boulan, de même que Jean Linart, notaire, était devenu Seigneur d'Aveluy : c'était l'époque où la bourgeoisie, qui grandissait, commençait à se substituer aux anciennes familles. Guilain Gelée était un homme fort intelligent, fort capable ; on lui doit un réglement général pour l'administration de la ville, qui est vraiment remarquable. Il imagina d'abord de soutenir que l'Édit d'août n'était pas applicable à l'Échevinage d'Albert parce qu'il n'aurait été qu'une émanation, un des organes de la justice seigneuriale, et que les justices seigneuriales n'étaient pas supprimées. Cette thèse, contraire aux prétentions que la Ville avait toujours maintenues au sujet de ses franchises municipales, contraire à la vérité, dut être abandonnée. Il fallut recourir à un autre moyen.

Les édits portant création de charges royales comportaient certains accommodements. Ainsi, au mois d'avril 1692, le roi avait créé à Albert une charge de crieur-juré. La personne qu'il en avait pourvue ne l'avait pas eue gratuitement ; le titulaire, en pareil cas, payait une certaine somme au Trésor royal. On créait, en définitive, les charges pour les vendre ; c'était un moyen de battre monnaie. La Ville avait racheté cette charge de crieur pour l'éteindre : il n'y avait donc pas de crieur-juré à Albert plus qu'auparavant ; seulement le trésor royal avait touché le prix de la charge, c'est-à-dire encaissé 165 livres. Ce système de rachat des offices créés par le roi était de pratique courante et s'appliquait même quand les créations d'offices royaux répondaient à un véritable besoin de meilleure administration. Pour surveiller les registres de l'état-civil, fort mal tenus par les curés, on avait créé des charges de contrôleur de ces registres. La mesure était excellente. Mais les curés s'entendirent pour racheter l'office de leur contrôleur, et par suite le contrôle fut supprimé. De même quand on créa à Albert, dans un intérêt d'hygiène, un office d'inspecteur des viandes de boucherie, les bouchers de la ville, se concertant, rachetèrent l'office et échappèrent de la sorte à toute inspection. Les plus sages dispositions des édits royaux restaient ainsi sans effet. C'est qu'en réalité les créations d'office n'étaient qu'un expédient financier. Les offices étaient créés, avec bonnes ou mauvaises raisons, non pour être exercés, mais pour être vendus. La Royauté n'y voyait qu'un procédé pour soutirer quelque argent.

Guilain Gelée, ayant réuni le corps de ville, le 27 mars 1693, fit décider, d'abord qu'on resterait en fonctions sans nouvelles élections puisque l'Édit d'août interdisait de procéder désormais à aucune élection, et en second lieu qu'on rachèterait les offices municipaux au trésor royal. Cela s'appelait *lever* un office. Et en effet le rachat eut lieu, pour le prix de 1800 livres, plus le décime, soit 1980 livres. Moyennant quoi la Ville put continuer à s'administrer elle-même comme elle le faisait depuis cinq siècles.

La Ville dut encore lever en 1695 l'office de « greffier des « rôles de tailles et autres impositions » moyennant 187 livres, en 1696 celui de « receveur des biens patrimoniaux « de la ville » moyennant 660 livres ; en 1698 les offices de « jurés mouleurs, visiteurs, compteurs, mesureurs et « peseurs de bois à brûler et de charbons » moyennant 650 livres. On voit que les agents du trésor étaient doués d'une imagination fertile pour inventer de nouveaux offices à vendre, et aussi quels furent les lourds sacrifices imposés à la Ville à cette époque où la misère était si grande. Le blé qui depuis 40 ans, de 1651 à 1691, avait valu, d'après les mercuriales, en moyenne, trois livres cinq sols le setier, s'était élevé en 1691 à quatre livres six sols huit deniers, et en 1692 il avait atteint le taux énorme de huit livres neuf sols six deniers, soit environ 13 livres 10 sols l'hectolitre.

Chapitre X

LES BOURBONS LÉGITIMÉS

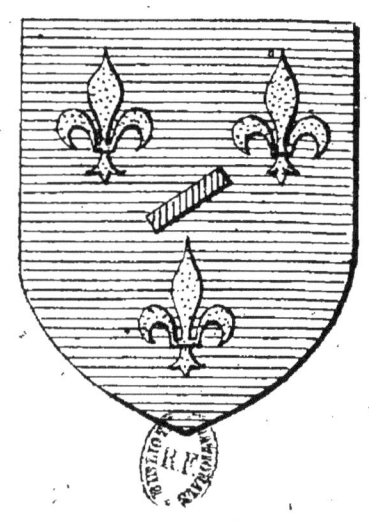

LES BOURBONS LÉGITIMÉS

Le Comte de Toulouse.

De son commerce, doublement adultérin, avec Mme de Montespan, Louis XIV eut six enfants qui furent autorisés à porter le nom de Bourbon légitimé de France, égalés aux princes du sang, et même, plus tard, déclarés aptes à succéder au trône. Par cette légitimation scandaleuse le Roi se mettait au-dessus de toutes les lois civiles et religieuses ; il bravait outrageusement la morale publique. « Que les rois « soient les maîtres de donner, d'augmenter, de diminuer, « d'intervertir les rangs, de prostituer à leur gré les plus « grands honneurs, comme à la fin ils se sont approprié « le droit d'envahir les biens de leurs sujets de toutes con- « ditions et d'attenter à leur liberté d'un trait de plume à « leur volonté, plus souvent à celle de leurs ministres et « de leurs favoris, c'est le malheur auquel la licence effré- « née des sujets a ouvert la carrière que le règne de Louis « XIV a su courir sans obstacle jusqu'au bout, devant l'au- « torité duquel le seul nom de loi, de droit, de privilège « était devenu un crime. » Ces lignes sont de St-Simon : on le reconnait au style ; on y retrouve un peu le duc et pair entiché de ses privilèges, mais surtout on y sent la vigoureuse indignation de l'honnête homme contre les excès du pouvoir absolu.

Le dernier des Bourbons légitimés de France, Louis Alexandre, né le 6 juin 1678, fut, comme ses frères et sœurs, accablé de titres et de biens. Comte de Toulouse à sa naissance, il fut fait Amiral de France à cinq ans, à onze ans gouverneur de Guyenne, gouvernement qu'il échangea plus tard contre celui de Bretagne : avant quinze ans il fut chevalier de l'ordre. Il était duc de Dainville; on érigea pour lui en duché-pairie la seigneurie de Penthièvre, puis celle de Châteauvilain.

Le 18 mars 1695 Madame de Montespan acheta pour lui, du duc de Chevreuse, la terre d'Albert, moyennant 850 mille livres. A tous ses titres le Comte de Toulouse ajouta celui de Marquis d'Albert.

LES SŒURS DE St-VINCENT DE PAUL.

L'un des premiers actes de Madame de Montespan, et il faut lui en savoir gré, fut d'introduire à l'Hôtel-Dieu de la ville, les filles de la charité, Sœurs de St-Vincent de Paul. L'acte en fut passé, entre elle et le supérieur de la congrégation de St-Lazare, le 1er mai 1697.

RÉUNION A L'HOTEL-DIEU DES MALADRERIES D'ALBERT & DE MIRAUMONT.

En la même année, Mme de Montespan fit, comme autrefois Léonora Galigaï, rendre à l'administration d'Albert ses droits sur la Maladrerie, établissement distinct de l'Hôtel-Dieu, quoique administré par les mêmes personnes. Miraumont aussi avait une maladrerie.

On a dit plus haut que depuis longues années la lèpre ayant disparu, les maladreries n'avaient plus leur raison d'être. En décembre 1672 un édit royal les avait réunies toutes sous l'administration de l'Ordre de Notre-Dame du Mont-Carmel et de St Lazare de Jérusalem qui en avait distribué les biens entre ses dignitaires. C'est ainsi que M. Antoine Delachenet, écuyer, ancien garde du corps du Roi, avait, en qualité de commandeur, les Maladreries de Miraumont et d'Albert qui relevaient du Prieuré de Flandre. Albert avait revendiqué ses droits sur les biens de sa Maladrerie, et, de même qu'en 1613, en avait obtenu la restitution en 1677. Mais plus tard un édit royal les lui enleva de nouveau et ordonna que ces biens fussent, ainsi que d'autres, réunis à l'hôpital de Bray. Une pareille mesure ne se comprend point. Bray n'avait point d'hôpital; Bray n'était point le chef-lieu du Marquisat. Sur les très vives réclamations d'Albert, appuyées de l'influence de Madame de Montespan, cette mesure inexplicable fut rapportée et un arrêt du Conseil d'État, du 13 novembre 1697, réunit à l'Hôpital d'Albert les biens des deux Maladreries d'Albert et de Miraumont; Bray étant d'ailleurs l'objet d'autres dispositions. A partir de cette date par conséquent l'Hôpital et la Maladrerie d'Albert n'ont qu'un seul et même patrimoine, qui est augmenté par l'adjonction de celui de la Maladrerie de Miraumont. Mais comme compensation l'Hôpital d'Albert devra recevoir les pauvres malades de Miraumont à proportion des revenus de la Maladrerie annexée, revenus qui sont déclarés s'élever à 250 livres et pouvoir être portés à 300 livres.

Au commencement de ce siècle on a discuté sur la portée juridique des ces arrêts de réunion : la jurisprudence a reconnu qu'ils n'avaient pu porter atteinte au droit de propriété et le transférer aux communes dans les mains desquelles l'administration des biens avait été concentrée ; que c'étaient de simples mesures administratives. Et comme Miraumont a fait valoir que d'ailleurs l'obligation prise envers ses pauvres était, en fait, illusoire à raison de la distance de trois lieues qui sépare les deux pays, la désunion des biens de sa Maladrerie a été prononcée vers 1836 et ils ont été restitués à Miraumont.

GESTION DU MARQUISAT.

Les grands seigneurs comme les de Luynes, les de Chevreuse, à plus forte raison un prince comme le Comte de Toulouse n'administraient point leurs domaines par eux-mêmes. Les affaires du Comte de Toulouse étaient gérées par un Conseil d'administration auquel durent être désormais soumises toutes celles qui pouvaient concerner le Marquisat d'Albert. Le Président de ce Conseil y avait naturellement grande influence. C'est à lui par conséquent que les Maire et Échevins s'adressaient, avec lui qu'ils correspondaient, de lui qu'ils recevaient les instructions et les ordres de Son Altesse Sérénissime. (par abréviation S.A.S.) Il y avait pour eux un très grand intérêt à se concilier la faveur du Président du Conseil. Aussi ne manquaient-ils point une occasion de gagner sa bienveillance et leurs délibérations mentionnent, sans aucune vergogne, les envois de pâtés de canard, ou autres menus cadeaux, qu'ils lui font « pour le bien de la Ville. »

C'était ce Conseil qui traitait des revenus du marquisat avec des fermiers généraux, comme les de Luynes traitaient avec des receveurs généraux qui prenaient le Marquisat à ferme, moyennant un prix déterminé (en 1651, 18000 l. pour le temps de paix et 27000 l. pour le cas de guerre). Moyennant ce prix, qu'ils payaient exactement aux époques convenues, les fermiers ou receveurs exploitaient le Marquisat comme ils l'entendaient et souvent s'enrichissaient. Ce système était général. Le Roi ne faisait pas autrement. Les revenus publics étaient affermés à des financiers qui se chargeaient ainsi, moyennant une somme fixe, de faire, à leurs frais, risques et périls mais aussi, le plus souvent, à leur très grand profit, le recouvrement des impôts directs et indirects. Il y avait cinq grandes fermes générales. Ceux qui traitaient ces opérations sont connus sous le nom de traitants. De même les établissements tels que le Prieuré, les couvents, les grands propriétaires, les Seigneurs, donnaient à ferme l'exploitation de leurs domaines. Guilain Gelée, le procureur, était receveur du Prieuré. Jean Linart, le notaire, avait été le receveur du Marquisat.

Le Conseil de S. A. S. traita de la ferme générale du Marquisat avec des financiers de Paris qui s'associèrent à cet effet ; MM. Claude Pulle, sieur de Chart, Antoine Dupré, sieur de Froissy et Nicolas de l'Estang, sieur de Richemont. Parfois ces financiers, qui habitaient Paris, sous-traitaient eux-mêmes avec des personnes qui demeuraient à Albert ou auprès d'Albert et qui pouvaient directement s'occuper de la gestion. Les sous-fermiers avaient d'ailleurs des régisseurs, des receveurs, tant à Albert que dans les autres lieux du Marquisat. C'était donc une administration dont les rouages étaient assez compliqués et assez coûteux.

En 1698 un des fermiers généraux du Marquisat,

M. Nicolas de l'Estang, sieur de Richemont, vint pour quelque temps s'installer à Albert afin d'organiser l'exploitation de la ferme. Il renouvela lui-même tous les baux des biens du domaine pour une durée de six ans. C'est au moyen de ces baux qu'on peut se rendre compte du revenu des propriétés du Marquisat ; il se montait à plus de trente mille livres par an. M. Antoine Dupré vint plus tard demeurer à Albert et remplit les fonctions de receveur. Il va de soi que la présence d'un fermier général, ou de ses sous-fermiers, de receveurs, de commis du Marquisat, augmentait le nombre des partisans du Seigneur et ajoutait à l'influence, déjà si grande, de Son Altesse Sérénissime.

ACQUISITION DE L'HOTEL-DE-VILLE.

En 1702 le Marquisat et la Ville se concertèrent pour une acquisition, celle d'un nouvel Hôtel-de-Ville, qui devait servir au Seigneur pour la tenue des audiences de son bailliage, et principalement à la Commune.

On a dit plus haut qu'en 1661 Victor Pieffort avait fait construire, au coin de la place et de la rue des Boucheries, une maison qui avait sur la place 60 pieds de façade. Son fils, Joseph Victor Pieffort, était lieutenant criminel, non pas au Gouvernement de Péronne comme Me Jean Gonnet, mais en l'élection de Péronne, tribunal administratif qui jugeait en matière d'impôts. Il était en même temps bailli d'Albert et par conséquent en très bonnes relations avec le Conseil de S. A. S., de qui il tenait cette place de bailli. C'est avec lui que la négociation eut lieu.

Il vendit environ les deux tiers de sa maison, quarante et un pieds de façade sur la place avec toute la profondeur jusqu'au retour de la rue des Boucheries, c'est-à-dire tout l'emplacement sur lequel on a réédifié, vers 1836, l'Hôtel-de-Ville actuel. L'acquisition eut lieu conjointement par S. A. S. le Comte de Toulouse et par la Ville moyennant cinq mille cent livres, dont cent livres d'épingles pour Madame Pieffort. Il ne se faisait guères de contrat de vente sans qu'on stipulât, en sus du prix principal, une certaine somme pour « les épingles » ou « la ceinture » de la femme du vendeur et encore une autre somme « pour le vin du « contrat, » parce qu'on ne traitait pas si le vendeur n'offrait à boire, enfin une dernière petite somme pour les pauvres, qui s'appelait « le denier à Dieu. » Dans le contrat dont il s'agit il n'est question que des épingles de la venderesse. Le prix est ainsi réparti : mille livres à la charge du Comte de Toulouse, les quatre mille cent livres de surplus à la charge de la Ville. Le Seigneur en paie la moindre part à raison de l'utilité moins grande qu'il tirera de la chose Il n'a droit qu'à la communauté de la salle d'audience, de la salle du conseil et du greffe. La Ville, indépendamment du droit à la communauté de ces locaux, dispose de tout le reste de l'Hôtel-de-Ville. Ainsi elle y loge le vicaire, si insuffisamment rémunéré par l'allocation de 84 livres à grand'peine obtenue du Prieur ; elle y loge le Prédicateur, à l'Avent et au Carême ; elle y établit la salle de classe pour les garçons — à l'angle formé par le retour de la rue des Boucheries ; la porte d'entrée était en face de la petite ruelle couverte communiquant à la rue des Aisés. — Elle tire parti du grenier en le louant à un particulier qui y dépose son blé.

L'accord existait donc à cette époque entre la Ville et le Seigneur, et en témoignage de cette bonne entente S. A. S.

fit cadeau de son portrait à la Ville.

On prit les arrangements nécessaires pour l'usage des locaux mis en communauté ; ce ne pouvait être qu'un usage alternatif. Le Bailli tiendrait ses audiences le mardi à onze heures. L'Échevinage, siégerait, comme tribunal, le lundi à dix heures ; et comme corps administrant, le mardi à deux heures — ce qui prouve que le Bailli, qui montait sur le siège le même jour à onze heures, ne tenait pas de longues audiences.

CUMUL DE PROFESSIONS.

Mᵉ Joseph Victor Pieffort, dont on a dit plus haut la double fonction, était-il souvent à Albert, comme bailli, ou plus souvent à Péronne, comme lieutenant criminel en l'élection ? on ne saurait le dire. Mais il n'est pas inutile de faire remarquer la fréquence du cumul des emplois et des occupations. C'était chose fort ordinaire.

Les successeurs de MM. de l'Estang et Consorts à la ferme du Marquisat, qui furent trois membres de la famille de Guilain Gelée, comptaient parmi eux Mᵉ Adrien Gelée, curé de Cléry : on était donc curé en même temps que fermier général. Un menuisier d'Albert, nommé Crépin, qui demeurait dans une logette adossée à l'église, était huissier-audiencier au Grenier à sel de Doullens. Ces faits, qui nous semblent étranges, étaient dans les mœurs d'alors. Ils s'expliquent par l'habitude du cumul, et cette habitude était le résultat de la pauvreté générale des ressources.

On vient de voir un Hôtel-de-Ville qui sert en même temps à la Ville et au Seigneur. On a vu que l'église servait à des usages profanes ainsi qu'au service religieux : cela ne choquait point: il fallait, n'étant pas riche, recourir à ces accommodements; la Ville ne pouvait se donner le luxe d'un local électoral, ni d'un hôtel-de-ville tout entier à elle. De même les habitants ne pouvaient se renfermer dans l'exercice d'un seul emploi, d'une profession: ils n'auraient pas eu de quoi vivre. Un notaire, par exemple, avait payé sa charge 1200, 1800 livres, 2000 livres si c'était une très bonne étude comme celle de M⁰ Adrien Latiffy; ou bien il l'avait louée, comme M⁰ Jean François Devieilhe prit en location celle de Christophe Linart moyennant 70 livres par an : les produits qu'il en tirait ne pouvaient lui suffire. Il ajoutait une charge de procureur au Marquisat, ce qui était très fréquent. Il cherchait en outre à se faire nommer Procureur, ou greffier de la Ville ; s'il le pouvait, Procureur fiscal au Marquisat, poste fort recherché ; ou greffier du Marquisat; tout au moins bailli, procureur fiscal ou greffier d'une justice de village, à Bécourt, à Bazentin, au Mesnil, à Maricourt, enfin dans les environs. Il tâchait d'obtenir une recette de quelque Seigneurie, ce qui était encore, le plus souvent, le meilleur moyen de faire fortune. Quand on songe d'ailleurs à la quantité d'emplois que comportaient toutes les petites justices locales, on reconnaît aisément qu'il eût fallu un énorme personnel si un même individu n'eût pas eu le droit de remplir plusieurs fonctions. Aussi le cumul était parfaitement admis. Il n'était pas plus surprenant de voir un huissier qui était marchand bonnetier ou aubergiste, un sergent de ville qui était cordonnier, un greffier de la ville qui était entrepreneur, et même entrepreneur de travaux pour la Ville, qu'il ne l'est aujourd'hui de trouver dans un petit village un débitant de tabacs qui est aussi boulanger, épicier, mercier, faïencier et marchand de nouveautés.

LA JUSTICE DU MARQUISAT.

La Justice seigneuriale, qui avait été installée en 1702 à l'Hôtel-de-Ville, n'était plus, et depuis longtemps, la cour féodale qu'on a vu fonctionner en 1363. Il n'est plus question, au 18e siècle, des douze pairs ou hommes de fief qui assistaient le Seigneur ou son représentant, le châtelain. La justice est rendue, au nom du Seigneur, par son bailli, qui n'est qu'un homme de loi.

Pendant de longues années les fonctions de bailli furent exercées par le capitaine ou gouverneur de la ville qui réunissait ainsi dans ses mains tous les pouvoirs, militaires, administratifs et judiciaires, appartenant au Seigneur. M. d'Ainval, en 1633, était bailli en même temps que capitaine. Mais à partir du milieu du dix-septième siècle les deux fonctions furent séparées ; il y eut un Gouverneur, chargé de l'administration, espèce de Préfet du Seigneur, et un Bailli, chargé exclusivement de la justice.

Le gouverneur qui succéda en cette qualité à M. d'Ainval fut M. Jacques Théodore d'Haudoire, écuyer, sieur d'Aigreville, qui épousa, en 1664, Catherine Duval. A sa mort il fut remplacé, en 1695, par M. du Plessis seigneur de Berlemont, mais pendant peu de temps ; car en 1697, la charge de gouverneur fut donnée au fils de M. d'Aigreville, Jacques Louis d'Haudoire qui au mois de septembre de la même année épousa Louise Linart, fille de Jean Linart, seigneur d'Aveluy.

Comme bailli M. d'Ainval n'eut pour successeurs que des hommes de loi : Me Louis Foucquest, Me Pierre Sellier,

Mᵉ Jean Jolly, avocat en parlement. La distinction est très nette : un homme d'épée au gouvernement de la ville, un homme de loi au bailliage du Marquisat.

Le Bailli, son Lieutenant, car il y avait un lieutenant du bailli pour le remplacer s'il était empêché, le Procureur fiscal et le Greffier formaient tout le personnel du baillage, auprès duquel les procureurs (avoués) exerçaient leurs fonctions. Le Procureur fiscal avait un rôle très important, très actif, celui de ministère public, de représentant du Seigneur ; c'est en cette qualité qu'il poursuivait les débiteurs de cens, de redevances féodales, et qu'il faisait prononcer condamnation à des amendes dont s'enrichissait le fisc seigneurial. De là son nom de fiscal. Mais les fonctions du bailli, du juge, avaient naturellement, la prééminence. Il était juge unique, au criminel comme au civil. On pouvait appeler de ses sentences au Bailliage de Péronne. Dans certains cas, en matière pénale, qu'on appelait des cas présidiaux, l'appel devait être porté à Laon.

Un juge unique ne présentait certainement pas les garanties nécessaires ; on l'a vu précédemment à propos des chevauchées de Mᵉ Jean Gonnet. Il peut se tromper ; il peut être passionné, violent, injuste ; comme il peut être faible, accessible aux influences ; il peut être oublieux de ses devoirs. En 1633 on a vu que les procureurs se plaignaient des absences du bailli, de sa négligence dans l'expédition des affaires, du préjudice qui en résultait pour les justiciables. Un siècle plus tard, en 1735, mêmes abus.

Le magister de Beaumont, Fournier, est détenu dans la prison d'Albert depuis sept mois sous prévention de crime. Il demande qu'on statue sur son affaire ; qu'on le condamne, ou qu'on lui rende la liberté. Il n'a pu, depuis sept mois, parvenir à être jugé. Enfin, à force d'instances, de sommations même faites au Bailli et au Procureur fiscal, il a obtenu, le 12 septembre, une ordonnance du juge fixant l'audience au 16 du même mois, 10 heures du matin ; son procureur s'est empressé de la faire signifier au Procureur fiscal. Mais au jour dit, le juge est absent, son lieutenant est parti la veille pour Amiens, et le Procureur fiscal, le matin même, est allé à la campagne. Il n'y a personne. Procès-verbal est dressé de l'absence du Tribunal, et le malheureux reste en prison. Il n'est pas probable, si à la fin il a été jugé, que son juge unique lui ait témoigné une grande bienveillance.

LUTTES DE L'ÉCHEVINAGE CONTRE LA JUSTICE DU MARQUISAT

Les procédés d'omnipotence que révèle ce fait particulier expliquent les envahissements que se permettait la Justice seigneuriale sur les droits de l'Échevinage. Un instant apaisée en apparence, lors de l'installation commune en 1702, la querelle avait bientôt recommencé entre les deux juridictions.

D'abord et toujours la question des scellés et inventaires. Il fallut, pour la trancher une fois de plus, un arrêt du Parlement de Paris, du 17 janvier 1708, qui reconnut les droits de l'Échevinage, même lorsqu'il s'agissait de la succession de nobles et d'ecclésiastiques, bien qu'en pareil cas la jurisprudence enlevât la juridiction aux juges subalternes. Malgré cela, le Marquisat faisait mettre les scellés en 1724 après le décès de Marthe Carette, femme de Charles Hazin ; d'où nouveau procès. En 1728 le Marquisat eut l'habileté de porter la question, non plus devant les Tribunaux, mais devant le Conseil de S. A. S. sur la faveur duquel il croyait pouvoir compter. Là encore il fut cependant battu. Une lettre du Président du conseil, M. d'Héricourt, annonce que le Conseil « n'a trouvé lieu à aucun « changement à l'usage et à la possession dans laquelle « sont les mayeur et échevins d'exercer le droit de scellés « et inventaires » et ordonne « de le faire savoir à tout le « monde pour éviter à l'avenir de nouvelles entreprises de « la part des officiers du Bailliage. »

Indépendamment des scellés et inventaires, les officiers du Marquisat avaient, dix ans auparavant, tenté d'accaparer la connaissance de toutes les affaires tant civiles que criminelles. C'était tout simplement la suppression de l'Échevinage comme tribunal. On pense bien que celui-ci jeta les hauts cris, invoquant le texte des anciennes chartes et celui du réglement de 1650. Il s'empressa de déléguer plusieurs de ses membres pour aller à Paris solliciter S. A. S. d'arrêter les prétentions élevées par ses officiers. Il faisait valoir les avantages de la justice communale rendue par cinq magistrats au lieu d'un juge unique, beaucoup plus prompte, et aussi beaucoup moins coûteuse. (1) Ces arguments étaient décisifs, et le Marquisat fut débouté de ses prétentions.

Ce n'est pas à dire que la juridiction municipale fut exempte de reproches. Là aussi bien des causes diverses faussaient l'action des lois : les préoccupations électorales,

---

(1) Une renonciation à communauté faite devant l'Échevinage coûtait : vingt sols pour le Juge, treize sols quatre deniers pour le Procureur de la Ville, vingt et un sols six deniers pour le Greffier, enfin treize sols quatre deniers pour le Procureur de la personne qui faisait la renonciation; total trois livres dix-huit sols deux deniers. C'était le double quand elle était faite au Marquisat, d'après ce qu'affirme la délibération de l'Échevinage.

les coteries ou les rivalités de famille, les passions locales, les entraînements de l'opinion publique avaient accès auprès de ces juges d'un an. Des abus nombreux se commettaient, de véritables excès de pouvoir. Ainsi, abusant de son droit de tutelle, l'Échevinage, en 1720, émancipait une fillette de douze ans, en haine de sa mère qui venait, en convolant à de secondes noces, de contracter un mariage que l'opinion publique jugeait très sévèrement. L'enfant savait signer, c'est vrai, mais il n'est pas admissible qu'elle ait été capable à douze ans « de régir et « gouverner ses corps et biens » de jouir de ses biens meubles « et revenu de ses immeubles tout ainsi que si elle « était en âge de majorité. » On n'était majeur qu'à vingt-cinq ans.

N'était-elle pas d'ailleurs vicieuse dans son principe, cette institution de l'Échevinage qui réunissait dans les mêmes mains tous les pouvoirs ? C'était lui qui faisait les réglements de police, c'était lui qui en surveillait l'exécution, lui qui jugeait les infractions. Un Échevin va faire, par exemple, la visite des fours et cheminées. Il constate qu'un four est en mauvais état. Séance tenante il condamne à la démolition et la fait exécuter aussitôt par ses sergents de ville. Un autre, en faisant l'inspection de ceux qui ne ferment pas leur boutique pendant la messe, est insulté par un perruquier pris en défaut. Il dresse procès-verbal et de la contravention et des injures. Le coupable est immédiatement amené devant l'Échevinage qui le juge et qui le condamne, cela est entendu. L'Échevinage était juge et partie, car c'est au corps tout entier que s'adressait l'injure : le perruquier avait dit qu'il y ayait parmi ses membres des gens qui, pour une potée d'eau-de-vie, étaient fort tolérants. Pouvait-on, en pareil cas, attendre de la justice quelque impartialité ?

PROCÈS CONTRE M. DE TENDE.

En 1730 l'Echevinage eut à soutenir un procès de compétence, non plus comme ordinairement contre le Marquisat, mais contre un seigneur voisin, M. de Tende, seigneur de Bécourt.

Aux termes de la transaction de 1518 le Seigneur d'Encre avait reconnu à l'Échevinage compétence en matière réelle sur tous les immeubles mouvants d'une Seigneurie autre que la sienne. Par suite la saisine de ces héritages, c'est-à-dire la constatation des transmissions de propriété, se faisait sur les registres de l'Échevinage, qui ne percevait sur chaque mutation qu'un droit fixe de 2 sols 6 deniers. C'était un grand avantage ; car les seigneurs, au lieu d'un droit fixe, percevaient sur les ventes d'immeubles un droit de mutation proportionnel, et ce droit connu sous le nom de « lods et ventes » était fort élevé. Pour ce qui relevait du Marquisat ou de Boulan c'était 16 pour cent du prix. Pour ce qui relevait de Bécourt 18 pour cent. Or un nommé Michel Raux avait acheté une maison sise à Albert, mais mouvante de la seigneurie de Bécourt et comptait bien ne payer pour la saisine que 2 sols et demi. M. de Tende prétendit que ce n'était pas la Ville qui avait droit de faire la saisine, mais bien lui seul comme Seigneur du fief auquel la maison payait censive ; il réclama donc 18 pour cent de lods et ventes, et comme Raux se refusait à payer, il l'assigna devant le bailli de Bécourt, son propre bailli. Celui-ci, naturellement, donna raison à son Seigneur. Raux appela de la condamnation à Péronne et la Ville intervint au procès pour soutenir que c'était à elle seule qu'appartenait le droit d'accorder la saisine des héritages sis « dans sa loi. » L'affaire fut poursuivie jusque devant le Parlement de Paris. M. de Tende gagna son procès, malgré preuve faite de l'usage constamment pratiqué à Albert, notamment en ce qui concernait la maison achetée par Raux, et malgré la transaction si formelle du 7 Août 1518. Cette transaction, intervenue seulement entre le Seigneur d'Albert et la Ville, ne pouvait obliger M. de Tende qui n'y avait point été partie. Si tous les autres Seigneurs, profitant de cette jurisprudence, avaient suivi l'exemple de M. de Tende, l'Échevinage n'avait plus qu'à fermer son registre de saisines.

DÉPENSES DE LA VILLE.

Les frais d'un procès au Parlement étaient considérables; la perte du procès Raux vint ajouter une charge nouvelle à toutes celles qui déjà pesaient sur la Ville.

Elle avait été obligée, en 1724, de réparer la couverture de l'église, en 1728, de réparer le presbytère. Heureusement le curé d'alors, Me Beaurin, avait pris à sa charge une petite part de la dépense, environ un sixième, et fait l'avance du surplus. Mais les travaux avaient été mal faits et tombaient en ruines.

Il avait fallu remettre en état les portes, les corps de garde qui les surmontaient, les ponts. Le Seigneur avait, conformément d'ailleurs à ses obligations, mais en les exécutant largement, fourni les bois de chêne nécessaires pour les ponts. Sur les portes de Bapaume et de Bray ses armes étaient gravées en même temps que celles de la Ville.

Les murailles de la ville avaient dû être réparées. Sur plusieurs points elles tombaient en ruines ; probablement parce qu'on avait négligé de les entretenir. On en prenait bien moins de souci qu'autrefois depuis qu'Albert avait cessé d'être place frontière. Un demi-siècle de paix avait d'ailleurs habitué les esprits à ne plus s'en préoccuper. La Ville ne réclamait plus contre le Prieur pour sa portion de murailles, qu'il n'entretenait pas mieux que son Prieuré. Elle donnait même à des particuliers le droit d'intercepter le chemin de ronde en appuyant leurs constructions sur la muraille elle-même. Pour la forme on stipulait, il est vrai, que ces constructions devraient être démolies « en cas de « guerre » ; mais il est aisé de voir que la crainte de la guerre ne hantait point les esprits.

En 1724 on avait refait une grande partie du pavage. L'obligation de paver incombait à la Ville comme conséquence de son droit au travers (péage) dont elle avait la moitié ; l'autre moitié revenant au Seigneur à cause de ses droits de seigneurie sur les chemins. La Ville faisait supporter une partie des frais par les habitants en proportion de leur façade sur rue.

Les marais avaient été l'occasion de grosses dépenses. On y avait planté un millier de saules ; ce n'était pas une mauvaise opération ; aménagés à cinq ans, ils donnaient, par la tonte, un certain revenu. Dans les Prés de la ville on avait planté 200 ormes pour servir de « desrang » (limites) entre les portions assignées aux locataires. Mais les malheureux marais étaient toujours exposés aux inondations. Les digues de la rivière avaient cédé en 1717, en 1723, en 1728, en 1729. Il avait fallu les réparer.

PROCÈS AVEC AVELUY.

Aveluy se refusait encore une fois à payer, pour les 16 journaux objet de son cantonnement, les redevances stipulées depuis 1571 et que lui imposait d'ailleurs si formellement la transaction du 1er mai 1693. Il avait fallu plaider de nouveau. Sur l'assignation lancée par la Ville, le 22 août 1728, le Bailli d'Albert rendit, le 11 novembre suivant, une sentence qui condamna encore une fois Aveluy à s'exécuter.

On aura peut-être quelque peine à croire que malgré ce jugement, malgré tant de reconnaissances de la précarité de ses droits, Aveluy ait pu s'emparer de la propriété constamment maintenue à la Ville d'Albert. C'est pourtant ce qui a eu lieu. Les procès de commune ont une vitalité exceptionnelle : ils se reproduisent sans cesse parce que l'intérêt qui en forme l'objet est perpétuel comme la commune. Aveluy avait besoin d'un pâturage. Depuis des siècles il luttait pour ne pas payer de redevance au sujet de celui que lui avait concédé la Ville d'Albert. A l'époque de la Révolution il recommença la lutte et se prétendit, malgré tant d'actes formels, propriétaire des seize journaux qui lui avaient été assignés comme cantonnement à charge de redevance. Les tribunaux de l'époque étaient des tribunaux arbitraux qui, heureusement, furent bientot remplacés par l'établissement de justices régulières. Mais devant les arbitres Aveluy avait gagné son procès. L'autorité de la chose jugée et une prescription maintenant séculaire couvrent cette usurpation. Les seize journaux sont actuellement la propriété d'Aveluy qui, n'y trouvant pas encore un pâturage suffisant, prend à bail de la commune d'Albert une portion du grand marais.

CRÉATION DU CHEMIN POUR RELIER LE FAUBOURG DE BAPAUME A CELUI DE BRAY.

Les dépenses de la Ville s'étaient encore augmentées par suite d'une amélioration importante, due à l'intervention de M. Antoine Delachenet. Le faubourg de Bapaume et celui de Bray étaient séparés par le château et son grand jardin, formant un seul bloc de propriété. Pour aller de l'un à l'autre faubourg il fallait faire un grand détour. En 1717 M. Delachenet, qui était à Albert le receveur du Marquisat et par suite se trouvait en relations avec le Président du Conseil de S. A. S. obtint une grande concession. Le Comte de Toulouse séparerait son grand jardin du surplus du château en abandonnant à la Ville, sur le bord extérieur du fossé de ceinture, le terrain nécessaire à l'établissement d'un chemin qui relierait directement les deux faubourgs. La Ville ferait tous les travaux nécessaires. C'était un grand bienfait. Il fut accepté avec reconnaissance. M. Delachenet se chargeait du reste d'avancer à la Ville l'argent nécessaire pour les travaux. Aussi, aux élections prochaines, en 1718, fut-il nommé maire. Le grand jardin fut donc détaché du château et converti en terre labourable ; ces 6 journaux furent loués en 1720 moyennant 60 livres ; 10 l. le journal. La ville fut dotée d'une voie de communication vraiment indispensable, qui compense largement la perte qu'elle fit quelques années plus tard, en 1724, lorsque M° Cressent, le curé, s'empara de la petite ruelle qui prolongeait la rue de la Cour Bréhaut. — De nos jours un autre curé, M. Godin, a rendu à la ville bien mieux que cette ruelle, qui n'aboutissait qu'à un puisoir ; il a fait communiquer la place avec la rue de Boulan.

EMPRUNTS.

Pour faire face à tant de charges, s'ajoutant à celles du rachat des offices qui pesait toujours lourdement sur son budget, la Ville dut recourir à divers moyens ; vente à réméré, location des Prés de la Ville, qui rapportaient annuellement de 22 à 25 livres au journal, et surtout emprunts. Le taux de l'argent avait considérablement baissé en 1719 à la suite de la révolution financière opérée par le célèbre système de Law. On trouvait alors de l'argent à 4, à 3 et demi, à 3 un tiers, et même, pour de grosses sommes, à 2 1/2 pour cent. La Ville en profita pour contracter à ces taux de nouveaux emprunts afin de rembourser les précédents qui étaient à 5 pour cent. C'est à cette époque qu'apparaît le Billet de Banque. Il faisait prime sur l'argent monnayé, mais cela ne dura guères.

DÉCADENCE DES LIBERTÉS COMMUNALES.

Les anciennes franchises communales disparaissaient peu à peu. On a vu que les droits de l'Échevinage en matière de saisine avaient été fortement atteints dans le procès contre M. de Tende. On a vu aussi que la Commune avait perdu le droit de nommer son Procureur et son Greffier. Elle allait presque perdre, elle perdit presque entièrement en fait, le droit de s'administrer elle-même. C'est que les idées de l'époque étaient absolument défavorables au principe des libertés communales. L'opinion qui prévalait était que le Seigneur avait été, et par conséquent restait en principe, le maître absolu de ses sujets. Les droits que ceux-ci possédaient ne pouvaient procéder que d'une concession toute bénévole et toujours révocable. Les chartes octroyées, comme celle du duc de Luynes de 1650, n'avaient point de valeur obligatoire. Les théories dominantes alors, celles d'un pouvoir absolu du Seigneur, d'un pouvoir à la Louis XIV, étaient la règle des décisions du Conseil de S. A. S. le comte de Toulouse.

Sous l'empire de ces idées le Seigneur avait droit d'intervenir dans les élections municipales, soit indirectement, par voie d'influence, soit même directement.

Indirectement quand il indiquait un candidat agréable, un candidat officiel : c'est ainsi qu'en 1717 Adrien Drouart fut nommé maire, grâce à la pression exercée par le Procureur fiscal du Marquisat et malgré la protestation des maires de métiers. Directement quand, au mépris de la sentence de 1404, il maintenait Jean Decalogne dans les fonctions de maire pendant quatre années consécutives.

Par une intervention encore plus directe le Seigneur refusa, en 1723, de reconnaître pour maire le jeune Guilain Gelée, qui avait été régulièrement élu, et il fit recommencer l'élection en « ordonnant expressément de nommer un autre « sujet que ledit sieur Gelée ». C'était du reste l'application du principe qu'on trouve formulé dans une lettre écrite par le Comte de Toulouse le 30 octobre 1719 : rien ne peut être fait sans sa permission et son agrément. Et ce principe, destructeur de toute liberté communale, était maintenu en toute occasion.

En 1727 les électeurs avaient choisi pour maire Jean-Baptiste Arrachart qui avait déjà rempli ces fonctions en l'année précédente, 1726, après avoir été échevin en 1725.

Les jurisconsultes du Marquisat firent annuler l'élection en invoquant les anciens réglements qui défendaient de choisir pour maire celui qui l'avait été déjà deux ans de suite, et en prétendant qu'être échevin puis maire c'était la même chose que d'être maire deux ans de suite. Le Seigneur, qui avait, comme on vient de le dire, maintenu Jean Decalogne pendant quatre ans consécutifs dans les fonctions de maire, accepta cette argumentation insoutenable. L'élection fut recommencée. Mais malgré toutes les démarches faites par le gouverneur, Arrachart fut de nouveau nommé et les électeurs déclarèrent qu'ils ne nommeraient point d'autre qu'Arrachart. Alors, de Rambouillet, le 7 août, le Comte de Toulouse, fit lui-même, sans tenir aucun compte du vote qu'il déclarait une contravention formelle aux réglements, la nomination d'un maire et d'échevins de son choix. Au mois d'avril suivant, quand approchait l'époque des élections annuelles, il écrivit en ces termes au Gouverneur, M. d'Haudoire : « Il me revient que quelques
« particuliers de la Ville d'Albert semblent vouloir renou-
« veler cette année une partie des cabales et des mutineries
« que je fus obligé de réprimer l'année passée à l'occasion de
« la nomination des maire et échevins ; sur quoi j'ai à vous
« dire deux choses. La première de bien avertir tout le monde
« que quiconque s'écartera de son devoir et ne profitera pas
« de l'exemple de l'année passée en sera sur le champ puni
« d'autant plus sévèrement. La seconde que ceux qui sont
« actuellement en place n'ayant commencé d'entrer en
« fonctions qu'au mois d'août dernier, en sorte qu'il s'en
« faut de beaucoup qu'ils aient servi leur année entière, il
« n'y a qu'à les proroger pour cette année et remettre la nou-
« velle nomination à l'année prochaine. L. A. de Bourbon. »

Cela s'appelle parler en maître. Le maître fut obéi.

On ne peut s'étonner que dans ces conditions les habitants se soient désintéressés de l'exercice du droit électoral à ce point que dans les dernières années de la vie du Comte de Toulouse il n'y eut point d'élections. L'Échevinage nommé en 1733 était encore en fonctions en 1737, quatre ans plus tard. Cette fois encore la violation flagrante des anciens réglements était bien le fait du Seigneur.

ACTION DU POUVOIR ROYAL.

On était dans une période de transformation. Si l'Échevinage d'une toute petite ville, et plus généralement, les pouvoirs locaux étaient à leur déclin, on pouvait constater d'autre part l'extension toujours croissante du pouvoir royal, qui s'emparait pour ainsi dire de la France féodale et la triturait pour la fondre ensuite en une puissante unité.

Autrefois, ainsi qu'on l'a fait remarquer, l'action du pouvoir central ne se faisait guères sentir à Encre. Il n'en est plus du tout de même au dix-huitième siècle. En toutes choses l'autorité royale se manifeste, agit, contraint, ordonne, surveille. La Ville avec sa Seigneurie ne forme plus comme une petite principauté isolée, indépendante, dans un pays quelconque; c'est bien désormais à la France qu'elle appartient; elle lui est rattachée par mille liens chaque jour plus forts et plus serrés.

POLICE GÉNÉRALE.

L'état-civil des citoyens, des sujets du roi comme on

disait, était fort mal établi par les curés chargés du soin de constater les baptêmes, mariages et enterrements. Un édit de 1691 prescrit de les surveiller, de les vérifier. Remède insuffisant peut-être, mais louable tentative. On ne le croirait pas si on ne le lisait dans une foule d'actes ; on ne savait pas son âge ; très souvent on ne pouvait pas dire si on était majeur ou encore mineur, si on avait ou si on n'avait pas 25 ans.

L'armée ne se recrutait que par des enrôlements volontaires ou du moins qualifiés ainsi, qui, en fait, étaient obtenus le plus souvent par les plus détestables moyens. Les édits du Roi complètent ce mode de recrutement par le tirage au sort. Telle paroisse fournira tant de miliciens. Mais quand les jeunes gens désignés par le sort n'avaient pas le goût militaire, ils cherchaient à se faire remplacer et malheureusement cette fâcheuse pratique devint habituelle. En plusieurs circonstances la Ville d'Albert donna de l'argent à ses jeunes gens pour les aider à payer un remplaçant.

On a vu comment était faite la police au temps de M⁰ Jean Gonnet. Il fallait mettre fin à un si déplorable état de choses. Le pouvoir royal organisa ce que nous nommons la gendarmerie ; on l'appelait la maréchaussée, et auparavant les archers. En 1720 une brigade d'archers fut établie à Albert.

L'action administrative de l'Intendant de Picardie n'avait point d'organe local. On créa un rouage intermédiaire entre l'Intendant de la province et l'Échevinage de la Ville, ce fut le Subdélégué, que nous appelons aujourd'hui le Sous-Préfet. Tout d'abord il n'y eut de Subdélégué qu'à Péronne ; mais ensuite Albert, chef-lieu du marquisat, siège d'un bailliage, eut aussi son Subdélégué.

IMPOTS.

C'est surtout en matière d'impôts qu'on sentait s'appesantir la main du pouvoir central.

Du temps de François 1er, puis, comme on l'a vu, au cours des guerres de religion, la Ville, si maltraitée par la guerre, avait obtenu des exemptions de taille. Elles avaient été successivement prorogées, même après la cessation de la guerre civile. La guerre d'Espagne était survenue en 1635 et avait donné une trop juste cause au renouvellement de ces exemptions. Mais au commencement du 18e siècle il fallut bien finir par payer l'impôt. C'est en vain que la Ville sollicita, supplia, intrigua, soudoya, comme elle avait fait précédemment. L'impôt fut exigé, en dépit de toutes les tentatives de corruption ; dont on ne se cachait pas du reste à cette époque ; on les inscrivait sans la moindre pudeur sur les registres de l'Échevinage.

La taille, dont la noblesse et le clergé étaient affranchis, était un impôt direct, s'adressant à la personne, et basé sur son revenu. C'était un impôt de répartition. Le Conseil du roi en fixait la somme et la répartissait entre les Généralités (provinces) qui la répartissaient entre les Élections (arrondissements) lesquelles la répartissaient entre les paroisses. Tous les ans le chiffre variait. Pour faire la répartition entre les habitants taillables la Ville nommait une commission de six membres chargée d'évaluer « le « profit du commerce, du métier de chacun, le produit par « article de chaque nature de bien, de chaque espèce de « bestiaux qu'il exploite, et les redevances par année qu'il

« paie pour chaque nature de bien. » Cette commission inquisitoriale déterminait la somme due par chacun en lui assignant un certain nombre de têtes ; chaque tête représentait quinze livres à payer.

Le rôle ainsi établi il fallait faire le recouvrement. On nommait pour cela tous les ans, le jour de St Michel après vêpres, quatre collecteurs. Les quatre malheureux désignés étaient tenus d'opérer la recette. On leur remettait à cet effet le cueilloir (ou rôle) revêtu de la formule exécutoire, semblable à celle qu'aujourd'hui le Préfet met au bas du rôle des contributions directes. Ils étaient solidairement responsables de la rentrée intégrale des taxes. Cette lourde responsabilité était fort loin d'être compensée par la rémunération qui leur était allouée.

Les contestations extrêmement nombreuses auxquelles donnait lieu une pareille organisation étaient jugées à Péronne par l'Élection, le Tribunal des Élus, mots qui n'avaient plus de sens. C'est au quatorzième siècle qu'on élisait les personnes chargées d'établir les impôts et d'en surveiller le recouvrement. Depuis lors les choses avaient bien changé, mais les appellations subsistaient. Les Élus étaient des fonctionnaires nommés par le Roi formant une magistrature tout à la fois administrative et judiciaire. L'appel de leurs sentences était porté à Paris devant la Cour des Aides.

Les réclamations contre les taxes imposées par la commission de six membres ne s'expliquent que trop par le choix souvent très mauvais des commissaires, par l'action des influences locales, des passions, des rancunes, des jalousies, de l'esprit de parti. En 1689 la commission imposa la taille à Victor Joseph Pieffort arrière-petit-fils de

Philippe Carette, au mépris des lettres d'exemption accordées par Louis XIII. Pieffort fit à la Ville un procès qu'il gagna sans peine. Les receveurs, les fermiers généraux du marquisat étaient-ils soumis à la taille à raison du produit considérable qu'ils tiraient de la ferme ? Deux fois la question fut soulevée : en 1719 par MM. Guyon, Gonnet de Fiefville et Adrien Gelée, curé de Cléry, fermiers généraux, en 1722 par Jacques Sénéchal, receveur du Marquisat. Les premiers gagnèrent leur procès à Péronne ; le dernier au contraire fut condamné à payer.

La Ville était continuellement en procès au sujet des collecteurs. Le tableau dressé, conformément aux ordonnances, pour que chacun remplît, à son tour, cette charge très pénible, était sans cesse remis en discussion. Souvent les réclamations étaient fondées ; l'Échevinage était condamné aux frais. D'autres fois le Procureur en l'Élection de Péronne rectifiait le tableau : on y avait mis par exemple un mendiant. Il était tellement fâcheux d'être collecteur que plus d'une fois on voit un collecteur traiter avec ses collègues et leur payer une certaine somme pourqu'ils remplissent sans lui la fonction.

A la taille, Louis XIV ajouta en 1695 la capitation, impôt établi sur chaque tête et qui pesait même sur les nobles et les gens d'église. Les dixièmes, les vingtièmes sont d'autres impôts directs tantôt établis, puis supprimés, puis rétablis.

Les impôts indirects, sous le nom général d'Aides, étaient nombreux. Indépendamment du timbre, établi en 1674 (un sol 4 deniers la feuille), du contrôle (enregistrement) établi en 1693, il y avait depuis longtemps des droits connus sous le nom spécial d'aides, qui se percevaient sur la vente des marchandises, par exemple l'aide du pied fourché qui était due pour toute vente d'un animal ayant le pied fourchu, et des droits sur le transport des marchandises, qui se nommaient droits des Traites foraines (droits sur les affaires provenant de traités avec le dehors, *foris*, autrement dit sur le commerce avec l'extérieur). Nous les désignons aujourd'hui sous le nom de droits de Douanes.

Albert, qui avait été longtemps à la frontière de la France, restait à la frontière de la Picardie. Or entre la Picardie et l'Artois le commerce n'était pas libre ; à la limite de ces deux provinces il y avait une ligne de douanes. Il fallait payer pour exporter ou importer de l'une à l'autre une marchandise quelconque. Par suite Albert était le siège d'une recette des Traites foraines, comme d'une recette des Aides et Domaines, d'un entrepôt de tabac, d'une caisse des consignations, etc. Cela amenait la présence d'un assez nombreux personnel, car indépendamment des receveurs, il y avait des commis de bureaux et des employés du service actif. Ces derniers étaient désignés sous le nom d'employés dans les fermes du roi, parce que le roi affermait les impôts indirects aussi bien que les impôts directs.

Le plus ancien peut-être, mais certainement le plus impopulaire des impôts indirects était celui du sel, la Gabelle, ainsi nommée du verbe allemand *geb en*, donner. De tout temps les impôts ont été affublés du titre de don ; témoin notre *octroi*. Quand nous payons à l'entrée d'une ville ce n'est pas que nous entendions lui *octroyer*, lui accorder généreusement quoi que ce soit ; c'est parce que nous sommes contraints de subir la contribution qu'elle nous impose.

L'État avait le monopole du sel. Non-seulement on ne pouvait s'en procurer qu'en s'adressant au dépôt de l'État, au Grenier à sel, et en payant le prix fixé, à Albert 26 sols 6 deniers la pinte, mais, ce qui est plus grave, on était obligé d'acheter du sel quand même on n'en aurait pas voulu ; chacun était tenu d'en prendre une certaine quantité, déterminée, comme la taille, par une commission locale qui appréciait, pour chaque personne, ce qu'elle devait consommer de sel dans un an. Il y avait un rôle comme pour la taille. Tout le monde y était inscrit. Des mendiants, affranchis de la taille à raison de leur indigence, étaient portés au rôle du sel, astreints à en prendre la quotité fixée et à la payer. Le recouvrement de cet impôt se faisait, comme pour la taille, par quatre collecteurs nommés tous les ans à la St Jean, responsables de la cueillette, c'est-à-dire du recouvrement ; solidaires et contraignables par corps. Un tableau était dressé pour que chacun fût collecteur à son tour. C'était à qui ne le serait pas. Les habitants réclamaient contre la quantité qui leur était imposée, contre la qualité du sel livré, contre le mélange de matières étrangères, contre le mauvais état des mesures de capacité employées par les collecteurs, contre leurs exactions. Quant aux collecteurs ils employaient tous les moyens, recouraient à toutes les ruses pour se faire dispenser de leurs fonctions. Les procès étaient continuels.

En 1725 Albert fut doté, par édit du 2 mars, d'un Grenier à Sel auquel étaient assujetties les cinquante paroisses désignées dans la note ci-dessous (1) ; il convient d'en ajouter six

(1) Acheux, Albert, Auchonvillers, Authuile, Aveluy, Bayencourt, Bazentin, Beaumont-Hamel, Beaussart, Bécourt-Bécordel, Béhencourt, Bertrancourt, Bouzincourt, Bray, Bresles, Bus, Carnoy, Colgneux,

qui avaient obtenu d'être abonnées, c'est-à-dire de n'avoir à prendre chaque année qu'une certaine quantité de sel fixée une fois pour toutes; c'étaient Flers, Grandcourt, Irles, Miraumont, Pozières et Pys. Les habitants de toutes ces paroisses, dont plusieurs sont assez éloignées d'Albert, étaient tenus d'y venir prendre le sel, et aussi d'y venir débattre, devant le Tribunal spécial, les contestations si fréquentes auxquelles donnait lieu la Gabelle. Un Grenier à Sel n'était pas seulement un magasin, c'était forcément aussi une juridiction devant laquelle se poursuivaient les contraventions et se jugeaient les contestations. Il y eut donc désormais à Albert tout un personnel nouveau: pour le débit du sel, un grenetier, un receveur, un contrôleur, un amineur (mesureur); pour le Tribunal, un Président, un Procureur du Roi, un Greffier, et un huissier. Le Tribunal tenait ses audiences deux fois par semaine, le mercredi et le vendredi à onze heures. C'était assurément une manifestation très sensible du pouvoir royal.

Ce pouvoir apparaissait du reste en toutes choses. Ainsi en 1729 à propos de la naissance du Dauphin, il était ordonné par l'Intendant de Picardie aux habitants d'Albert de se réjouir. A peine de soixante sols d'amende chaque propriétaire ou locataire, dans l'enceinte de la ville, fut tenu, le dimanche 25 septembre au soir, d'avoir à chacune de ses fenêtres « au moins une chandeille allumée au « moins de six livres. »

Contalmaison, Colincamps, Courcelle-au-Bois, Dernancourt, Englebelmer, Forceville, Fricourt, Ginchy, Guillemont, Harponville, Hédauville, Hénencourt, Léalvillers, Longueval, Louvencourt, Mailly, Mametz, Maricourt, Méaulte, Mesnil-Martinsart, Millencourt, Montauban, Morlancourt, Neuville-lès-Bray, Ovillers-La Boisselle, Sailly-au-Bois, St Léger-les-Authie, Senlis, Thiepval, Varennes, La Viéville et Warloy.

RELIGION.

La révocation de l'Édit de Nantes avait proscrit les protestants: Le Roi ne voulait avoir comme sujets que des catholiques. En conséquence pour remplir une fonction quelconque qui relevait plus ou moins directement de l'autorité royale, il fallait fournir ses preuves comme catholique.

Un édit de Juin 1725 ayant créé à Albert une deuxième maîtrise de barbier-perruquier-baigneur-étuviste, Antoine Deflandre qui a levé, moyennant 34 livres, plus le décime, cet office héréditaire, fait enregistrer son titre par l'Échevinage et se présente pour prêter serment. Car il fallait prêter serment en toutes sortes de circonstances ; un maître boulanger, pour être reçu dans sa corporation, avait, outre le serment professionnel, un serment politique à prêter: il devait jurer d'être « fidèle aux princes. » Avant d'admettre Antoine Deflandre au serment de barbier-perruquier-baigneur-étuviste, l'Échevinage a soin de constater « qu'il « est à sa connaissance que ledit Deflandre fait profession « de la religion catholique, apostolique et romaine. »

En 1727, Philippe Quentin Varanguien, pour succéder à son père, apothicaire à Albert, obtient de la commission établie à Péronne ses lettres de maîtrise. Le procès-verbal de sa réception constate non seulement qu'il a fait son chef-d'œuvre, les tablettes de Citro et le sel de Globert (sic), mais que « ledit Varanguien est de la religion catho-« lique, apostolique et romaine, suivant le certificat à lui « délivré par le sieur Cressent, prêtre et curé d'Albert, par « lequel il atteste qu'il a été confessé et communié, et gagné « le jubilé. »

MÉLANGE DU TEMPOREL & DU SPIRITUEL.

Du reste il convient de faire remarquer que cette obligation d'être catholique pour devenir barbier ou apothicaire n'avait absolument rien de choquant dans un pays aussi parfaitement catholique que la ville d'Albert. Il pouvait y avoir entre les magistrats municipaux et les membres du clergé des querelles personnelles parfois très vives ; il y eut un fort gros procès entre l'Échevinage et Me Cressent, le curé, au sujet de son casuel qu'il avait cherché à augmenter ; mais il n'y avait pas le moindre désaccord en matière religieuse : on peut dire que sur beaucoup de points la commune et la paroisse c'est tout un.

Le maître d'école de la commune est en même temps le chantre de la paroisse. Il conduit ses élèves à la messe ; il leur fait chanter l'Antienne de la Vierge, fondée par Pierre de Camons ; il les envoie servir la messe ; il leur enseigne le catéchisme ; c'est lui qui sonne l'angelus, qui sonne la grand'messe, qui, le dimanche, va porter l'eau bénite à domicile. Toutes ces obligations, relatives au culte, lui sont imposées par l'Échevinage dans son acte de nomination. Du reste cet acte n'est pas le fait de l'Échevinage seul ; le curé, les marguilliers, en charge et anciens, y interviennent. C'est tout naturel, puisque le magister est le serviteur de la paroisse en même temps que de la commune.

Il semblerait, dans nos idées modernes, que le vicaire de la paroisse ne devait être au contraire que le ministre du culte, et qu'en conséquence sa nomination devait appartenir uniquement à l'autorité ecclésiastique ; que l'Échevinage n'avait point à y intervenir. C'est ce que Me Cressent soutint, avec l'opiniâtreté qui lui était propre, dans une très longue lutte qu'il engagea contre l'Échevinage. Mais c'était la Ville qui logeait le vicaire, c'était elle qui lui complétait le salaire fort insuffisant de 84 livres, fourni par le Prieur ; c'était elle en un mot qui tenait les cordons de la bourse. Aussi finit-elle par triompher des prétentions de Mᵉ Cressent. Elle maintint son droit de participer à l'installation du vicaire. Les besoins religieux étaient des besoins communaux auxquels elle avait droit de pourvoir.

On a vu que l'Échevinage tenait rigoureusement la main à l'exacte observation du carême et ne permettait qu'au boucher de carême de tuer et de vendre dans les conditions déterminées par le curé. De même il veillait scrupuleusement à la sanctification du dimanche : il punissait le cabaretier qui donnait à boire, le marchand qui vendait ou exposait en vente, le barbier qui rasait pendant les offices. Car « c'était contraire aux réglements et au droit « canon qui défend l'œuvre servile les jours d'office. »

De son côté le curé venait en aide à l'action de la justice communale. Dans plusieurs procès portés devant l'Échevinage on constate que les juges ont obtenu du curé un Monitoire. Lorsque les preuves faisaient défaut, le curé montait en chaire et avertissait les paroissiens (Monitoire veut dire Avertissement) d'avoir à révéler tout ce qu'ils savaient au sujet du procès : et ce, sous peine d'excommunication. Il fallait se faire délateur si on ne voulait être damné.

C'est surtout en matière de détournements commis par un père ou une mère devenus veufs, au préjudice de leurs enfants, que le monitoire était employé. Ces « divertisse- « ments », suivant l'expression des jurisconsultes, n'étaient que trop fréquents. Le niveau général de la probité était si bas qu'une veuve Gaudron, de la rue du château, qui fut forcée d'avouer un de ces actes malhonnêtes et odieux, avait eu pour complice de ses détournements la dame la plus haut placée de la ville, la propre femme du Gouverneur.

Les abus de la procédure du Monitoire étaient tels qu'un édit royal d'avril 1695 défendit aux ecclésiastiques de décerner désormais des monitoires « que pour des crimes « graves et scandales publics, et aux juges de n'en ordonner « la publication que dans les mêmes cas et lorsque l'on ne « pourrait avoir autrement la preuve. »

On trouve dans le même édit une disposition qui marque la tendance à séparer le temporel du spirituel. Jusque-là le prône ne servait pas seulement pour annoncer les fêtes et cérémonies de l'église, pour publier les bans de mariage, mais pour faire toute espèce de publications judiciaires, par exemple celles relatives aux saisies et adjudications d'immeubles. C'était le curé en chaire qui faisait ces annonces. Ainsi le voulaient les coutumes et les ordonnances. Mais l'édit, y dérogeant, porte ce qui suit : « les « curés ne seront obligés de publier aux prônes ni pendant « l'office divin les actes de justice et autres qui regardent « l'intérêt particulier de nos sujets. Voulons que les publi-« cations qui en seront faites par des huissiers, sergents ou « notaires à l'issue des grand'messes avec les affiches aux « grandes portes des églises soient de pareille force et « valeur, même pour les décrets (saisies immobilières) que « si lesd. publications avaient été faites auxdits prônes « suivant les ordonnances et coutumes. »

Mais ce n'était là qu'une tendance. Et en bien des choses la distinction entre le spirituel et le temporel était loin d'être nettement établie : les lois, civile et religieuse, se confondaient en certains points.

Le mariage, par exemple, étant un sacrement et n'étant pas autre chose, était soumis à des règles déterminées par les canons de l'Église. Par suite les procès, en cette matière, étaient de la compétence, non des juges civils, mais des tribunaux ecclésiastiques.

Ceux-ci avait même tenté de s'attribuer aussi compétence en matière de testaments ; mais sans succès. Les tribunaux civils maintinrent leurs droits. Toutefois de cette controverse il resta des traces dans la pratique des affaires et certaines habitudes qui aujourd'hui peuvent paraître singulières.

Le testament, fait en vue de la mort, était considéré comme participant d'un certain caractère religieux. Il commençait par une invocation à la divinité : « In nomine « Domini, Amen » s'il est reçu par un notaire, « Au nom du « Père du Fils et du Saint-Esprit » s'il est reçu par un curé. Le notaire parle latin et le curé parle français. Car les curés faisaient des testaments, avec les mêmes formalités et aussi avec la même formule que les notaires. Ils avaient pour cela un manuel. « Par devant nous..... notaire (ou « curé) et les témoins ci-après nommés et aussi soussignés, « a comparu..... lequel craignant d'être surpris de la « mort, qui est certaine, et l'heure d'icelle incertaine, a fait « ainsi son testament : Premier ; comme bon chrétien, il a « recommandé son âme à Dieu, à la bienheureuse Marie, à « tous les Saints et Saintes de la Cour céleste, voulant, « sitôt son âme séparée de son corps, icelui être inhumé « dans » ..... tel cimetière ou dans telle église. Beaucoup de personnes de l'un et l'autre sexe, sans être d'une condition bien relevée, se faisaient enterrer dans l'église. Puis vient le « légat pieux » c'est-à-dire le règlement des obsèques, la fondation de messes, etc. Et enfin on arrive aux dispositions concernant les biens.

Ce n'était pas seulement en cas d'urgence et par suite de l'impossibilité de recourir au notaire que le curé instrumentait ainsi pour son paroissien, mais même quand celui-ci était, et l'acte le constatait, « en parfaite santé. » Ce n'était pas non plus gratuitement. Le curé d'Aveluy en déposant chez un notaire un testament dont il demande décharge « déclare avoir été payé de sa passation. » Il semble que les notaires admettaient cette ingérance. Dans un testament reçu à Millencourt le notaire, au lieu des deux témoins prescrits quand il n'y a pas de second notaire, se contente du curé qu'il considère sans doute comme un notaire en second. L'acte commence ainsi : Pardevant nous..... notaire et..... curé.

Les testaments reçus par les curés sont toutefois une exception. Car il ne présentent que peu de garanties. Le curé n'a pas de dépôt de minutes, il peut égarer, oublier l'acte. C'est ce qui arriva à M⁰ Cressent, curé d'Albert, qui, en 1718, avait reçu le testament d'une de ses paroissiennes. Il y avait trois ans que M⁰ Cressent lui-même était mort quand, en 1730, son successeur, en rangeant de vieux papiers, trouva ce testament, douze ans après que la succession avait été réglée.

A un point de vue tout différent la situation des curés dans les campagnes n'était pas du tout celles des prêtres de nos jours. Chargés des intérêts spirituels de leurs paroissiens, ils étaient en même temps fort mêlés à leurs intérêts temporels. Ils achetaient des biens dans le pays, ils en vendaient, en un mot ils vivaient de la même vie que leurs paroissiens. Car ils étaient du pays. Ils n'avaient pas été transplantés par décision épiscopale dans une contrée à laquelle rien ne les rattachait. Ils étaient auprès du lieu de leur naissance, environnés de leur famille, au centre de leurs intérêts. Ainsi M⁰ Garin, curé d'Ovillers, est né à deux kilomètres de là, à Pozières ; M⁰ Létoffé, curé du Mesnil, est le fils d'un chapelier d'Albert ; M⁰ Latiffy, curé d'Englebelmer, est le fils d'un notaire d'Albert ; M⁰ Loriot, curé d'Authuile, est le fils d'un marchand d'Albert, M⁰ Jacques Gelée, curé de Bécordel, est le fils d'Antoine Gelée, chirurgien à Albert. Cela tient au mode de transmission des cures.

La cure, comme tout autre bénéfice, était une propriété que le curé possédait à peu près dans les mêmes conditions qu'un notaire possédait sa charge et un barbier son office. Un jeune prêtre qui voulait s'établir dans son pays, près de sa famille, cherchait donc, après s'être fait constituer par ses parents la rente annuelle de cent livres qui était exigée par les règlements, quelque curé disposé à se retirer, et, si la résidence lui plaisait, traitait de sa succession. Le vieux curé faisait alors une renonciation en faveur du candidat « et non d'autre » et la cure était ainsi transmise ; pourvu, bien évidemment, que le candidat remplît les conditions exigées pour ses fonctions. Ainsi s'opéraient également les permutations entre curés qui s'entendaient pour changer de paroisse, ce qu'on nommait « permutation « de pacifique à pacifique. » Ces conventions, constatées par acte notarié, ne portaient aucun prix ; on ne traitait pas d'une cure comme d'une étude de notaire. La formule d'ailleurs excluait en termes exprès toute simonie. Mais on trouve parfois des actes concomitants qui permettent de supposer qu'en dehors de l'acte de renonciation il y avait certains accommodements entre l'ancien curé et celui en faveur duquel « et non d'autre » avait lieu l'abandon de la cure. On voit même, dans un cas d'ailleurs très favorable, un vieux curé stipuler expressément qu'on lui servira une rente viagère de cent livres. Il avait d'abord trouvé un successeur qui lui payait soixante quinze livres de rente, et avait fait la renonciation en sa faveur, mais ayant, peu après, trouvé mieux, il annule sa renonciation, pour en faire une nouvelle au profit du candidat qui lui donne davantage, cent livres.

Les curés, étant donc du pays, se trouvaient en rapports constants d'intérêts avec leurs paroissiens. Ils vendaient les grains de leurs dîmes et de leurs récoltes. Ils vendaient et achetaient des terres, prêtaient de l'argent et en empruntaient, louaient leurs terres ou les exploitaient eux-mêmes, parfois prenaient des terres ou des dîmes à ferme pour augmenter leur « faire valoir. » Il est certain que dans ces contacts la dignité du ministère sacré pouvait se trouver souvent compromise. Nos prêtres d'aujourd'hui, dégagés de ces relations temporelles, ont beaucoup plus de titres au respect et à la considération des fidèles.

Quand il n'y avait point de résignation *in favorem* et que la cure était vacante par décès, la nomination du successeur appartenait au patron de l'église, c'est-à-dire au représentant de son fondateur, qu'on appelait le *collateur* puisque c'est lui qui *conférait* le bénéfice. Ainsi pour l'église d'Albert, le collateur était le Prieur de St Martin des Champs ; pour la Chapelle de Ste Marguerite, c'était le Seigneur d'Albert. Mais le Pape aussi avait le droit de nomination. De sorte qu'il se présentait quelquefois, pour prendre possession du bénéfice, deux personnes en même temps, l'une nommée par le Patron, l'autre par le Pape. En 1716, par exemple, le fait se produisit au sujet de la Chapelle de St Nicolas du Tabellion. Détail bizarre, le chapelain nommé par le Pape a pour mandataire le vicaire d'Albert, Me Turpin, et celui nommé par le collateur est représenté par le curé d'Albert, Me Gille Cressent, qui s'oppose, dans le procès-verbal de prise de possession dressé par le notaire apostolique, à la demande faite par son vicaire.

En pareil cas la question se tranchait par la priorité de date. La nomination qui était la première en date était la bonne. Les Tribunaux civils jugeaient ces procès. L'intérêt de la religion n'y était nullement engagé. C'était un débat purement privé, une question de propriété comme un procès de mur mitoyen, une simple affaire d'argent. Il est bien évident que le chapelain de la chapelle de Ste Marguerite, au château d'Albert, ou de la chapelle de St Quentin, au cimetière de Fricourt, chapelles depuis longtemps détruites, n'avaient qu'un intérêt d'argent à leur titre de chapelain. La fonction n'existait plus, mais le titre restait et aussi le revenu.

SUPPRESSION DU COUVENT DE NOTRE-DAME DE BREBIÈRES.

Il en était de ces chapelains comme du Prieur d'Albert, Prieur d'un couvent abandonné depuis un demi-siècle, dont les religieux avaient été répartis entre les diverses maisons de l'ordre des Bénédictins, et dont les bâtiments déserts étaient dans un état lamentable. Un accident, survenu le 9 août 1735, acheva de détruire ce qui en restait. Un ivrogne qui, en fumant, s'endormit sur des bottes de chanvre dans un grenier, fut cause d'un incendie qui consuma tout le faubourg de Bapaume d'un côté, et gagna, de l'autre, la rue des Vaches jusqu'au Prieuré. Il ne resta absolument rien des bâtiments de l'ancien couvent qu'un tas de décombres « chargées d'immondices de la ville et de « l'église. » Le Prieur, Dom René Launeau ou Laneau ne songea même pas à une réédification du couvent. Le terrain, d'environ 40 verges, fut loué à Me Philippe Cinet, procureur, « receveur général des revenus temporels du Prieuré, avec « autorisation de bâtir et de loger un fermier. » Le Prieuré fut donc remplacé par une ferme, qui plus tard devint l'auberge du Cygne.

L'incurie dont les Bénédictins avaient fait preuve en ce qui concerne leur couvent dans Albert, ils l'avaient manifestée relativement à leur maison des champs, à ce petit couvent *extra muros* qui renfermait la chapelle de Notre-Dame de Brebières. Jamais ils n'avaient réparé les dévastations commises pendant la guerre à cette propriété qui par son isolement, sa situation hors de la ville, était restée livrée à toutes les déprédations et à toutes les profanations des gens de guerre. Ce n'était plus qu'une ruine ; elle servait d'abri à bien des scandales ; elle offrait un asile aux malfaiteurs, aux contrebandiers, et ils étaient nombreux. Comme on l'a dit plus haut, Albert était à la frontière de l'Artois, province séparée de la Picardie par une barrière de douanes. Le pays, alors couvert de bois, était très favorable à la contrebande ; les faux-sauniers notamment abondaient. On appelait ainsi ceux qui faisaient la contrebande du sel. Le pèlerinage à Notre-Dame de Brebières, autrefois en grand honneur, et qui se faisait le 8 septembre, n'était plus qu'une occasion de promenade, de foire, de fêtes et de divertissements très peu édifiants. Si on trouve encore quelques legs pieux en faveur de la Chapelle de Brebières, c'est que le culte de Notre-Dame n'avait pas été complètement abandonné et vivait encore dans certaines âmes. Les Bénédictins l'avaient déserté, mais le clergé d'Albert l'avait plus ou moins conservé. Il y avait même un marguillier spécial chargé de recevoir les oblations (offrandes) qui se faisaient dans la chapelle Le dernier, nommé par acte devant Me Roussel, notaire apostolique, le 24 juillet 1725, fut un ancien curé de Cappy, Me Jean-Baptiste Debrye, prêtre, demeurant à Albert. Il s'oblige, dans l'acte, à faire à la chapelle les réparations nécessaires ; mais les oblations étaient tout à fait insuffisantes pour cela ; en supposant même qu'elles s'élevassent, comme on l'a dit, à six cents livres par an. Les troncs étaient d'ailleurs souvent pillés par les malfaiteurs qui venaient chercher un abri dans la chapelle « vague et ouverte ». On était bien loin du temps où le pèlerinage à Notre-Dame de Brebières était si célèbre, même en dehors du canton, que l'Échevinage de Péronne, par sentence du 19 juillet 1393, condamnait un individu, coupable d'injures envers les répartiteurs de la taille, « à faire un pèlerinage à Madame « Dame de Brebières, à quinze jours de semonsse » (dans les quinze jours du commandement).

Le curé qui avait succédé à Me Cressent, mort en janvier 1727, était Me François Vilmant, qui resta peu de temps à Albert, car le 18 décembre de la même année 1727, par acte devant Mᵉ Roussel, notaire apostolique, il fit en faveur de Mᵉ Boussard une de ces renonciations dont on a parlé ci-devant. Mᵉ Vilmant, dans son court passage à la cure d'Albert, eut l'idée de faire transférer à l'église des Saints Gervais et Protais l'image célèbre de la Vierge, sous prétexte, disaient les mauvaises langues du temps, que « la « porte de la chapelle de Brebières n'étant jamais fermée « tant de jour que de nuit, elle servait de retraite aux « fausauniers et autres brigands ; mais le véritable but était « d'attirer en l'église d'Albert l'image de Notre-Dame de « Brebières qui était en singulière vénération dans le can- « ton, et s'attribuer par ce moyen toutes les offrandes qui « s'y faisaient qui étaient alors considérables, ayant monté, « dans des années, jusqu'à six cents livres et plus. » Ces lignes, consignées dans le dénombrement de 1748, sont inspirées par le plus mauvais esprit. La translation était une chose nécessaire. Il est évident que l'église d'Albert devait profiter des offrandes. Mais n'était-ce pas juste et naturel ? On ne pouvait laisser les choses en l'état et d'autre part on ne pouvait non plus espérer que les Bénédictins, ramenés au sentiment de leurs devoirs, feraient les sacrifices nécessaires pour remettre la chapelle en état convenable. Voici ce qui résulte d'un placard épiscopal de 1728. L'évêque d'Amiens, Monseigneur Sabâtier, vint à Albert « sur la requête des curé, notables bourgeois « et autres habitants de la ville, remarqua que la Sainte « Image de Notre-Dame était déshonorée dans la chapelle « des champs par les profanations qui s'y commettaient » et ordonna la translation en l'église d'Albert, qui eut lieu le 2 mai 1727, « au contentement de tous les gens de bien. » L'évêque fit lui-même placer l'Image à l'autel du bas côté

droit de la nef (où elle est restée jusqu'en 1893) et « pour
« l'expiation des profanations commises, comme pour pro-
« curer à la Mère de Dieu un culte plus religieux et exciter
« de plus en plus la dévotion envers elle, il érigea et établit
« dans l'église paroissiale d'Albert une confrérie de la Très
« Sainte Vierge sous le nom et invocation de Notre-Dame,
« dite de Brebières. » A la demande de Mgr Sabatier le Roi
ordonna le 20 mars 1728 la démolition de la chapelle de
Brebières. Les Bénédictins se gardèrent bien de réclamer
contre la suppression de leur maison et chapelle des
champs. Il n'en resta qu'une terre labourable, que le Prieur
loua en 1732 à Me Cinet ; c'est la pièce qui forme aujourd'hui,
au cadastre, le n° 108 de la section B.

RESTES DES ANCIENNES INSTITUTIONS,

Ainsi le passé s'en allait. Il en restait cependant des traces dans les institutions. On exhumait parfois d'anciennes règles tombées en désuétude, mais qui n'avaient jamais été abrogées formellement.

Qu'à l'origine, pour être habitant d'Albert, il ait fallu être admis au droit de bourgeoisie et avoir payé son entrée, cela se comprend. Mais on ne peut s'empêcher d'être surpris quand on voit qu'au commencement du 18e siècle, le propriétaire d'une maison sise à Albert n'avait pas le droit de la louer à une personne étrangère à la ville, « qui n'avait « pas apporté un certificat de ses vie et mœurs et lieu d'où « il vient, ni obtenu permission de s'établir en cette ville. » Une pareille restriction du droit de propriété ne se conçoit plus en 1718.

Ce qui se comprend mieux, c'est l'amour des titres, de

ces titres qui désormais ne correspondent plus à aucune réalité. Mais la vanité humaine est éternelle. Chacun cherche à être ou à paraître plus que les autres. Quand on était ou avait été maire et même simplement échevin, on avait acquis le titre de *honorable homme*, et la femme d'un honorable homme était désormais *demoiselle*. Cette appellation nobiliaire ne répondait donc plus à l'idée de noblesse. Madame d'Aigreville, celle qui avait eu la faiblesse d'aider la veuve Gaudron dans ses détournements, n'était pas noble. Elle se nommait Catherine Duval. Mais en qualité de femme du Gouverneur elle s'appelait *Mademoiselle d'Aigreville*.

La bourgeoisie cherchait à s'introduire dans la noblesse. Il suffisait pour cela d'acheter un fief, une terre noble, et il y en avait à très bas prix puisqu'il y avait des fiefs de 3 ou 4 journaux de terre, (de 3/4 de 5 journaux); on prenait le titre du fief et on paraissait noble, quoique en droit on restât roturier. Seulement il fallait que le roturier payât au Roi le droit de franc fief qui était assez élevé. Ainsi Jean Linart, notaire, qui acheta en 1679 la Seigneurie d'Aveluy paya 10000 livres pour droit de franc-fief.

Ce titre de Seigneur le rendit tout fier. Le 5 mai 1682, jour des Rogations, au moment où la procession allait sortir de l'église, il voulut prendre le pas sur le maïeur, Mᵉ Adrien Latiffy, procureur. Il le tira par le manteau en lui disant : « M. Latiffy, ôtez-vous de là et marchez en votre « rang. » « Prenez le vôtre » répondit le maire. Alors le Seigneur d'Aveluy menaça de donner du bâton sur la tête du maire d'Albert ; il fallut que le curé, Mᵉ Tardy, intervînt pour les séparer et les fît retirer tous deux.

La féodalité, comme toutes les choses humaines, avait fait son temps. Il ne restait plus rien de ces obligations essentielles qui rattachaient le Vassal au Seigneur ; obligation de l'aider à la guerre et de l'aider à rendre la justice. On était Vassal pour la forme comme le Prieur d'Albert était Prieur, seulement de nom. Mais la forme subsistait, et on se montrait jaloux de la conserver.

Les fiefs de Chipilly et de Miserville, qui relevaient de la Seigneurie de Martinsart, venaient de passer aux mains de Mademoiselle de Guizelin, comme héritière de son père. Cette demoiselle, voulant opérer le relief, eut, à ce sujet, on ne sait quelles difficultés avec M. Boitelle, seigneur de Martinsart. Ne pouvant s'entendre avec lui, il fallût qu'elle accomplît les rites du moyen âge.

Elle se transporte donc au château et chef-lieu seigneurial de Martinsart au devant de la porte et principale entrée du château, frappe à la porte par trois diverses fois et appelle à haute et intelligible voix le Seigneur de Martinsart. Il ne se présente pas, ni pour lui personne ayant charge de recevoir les vassaux en foi et hommage et le droit de chambellage. Alors elle se met en devoir de vassal, un genou en terre — c'était en plein hiver, le 19 janvier, — et dit : « Monsieur de Martinsart je vous porte la foi et hommage « que je suis tenue vous faire à cause de mes fiefs de Chi- « pilly et Miserville, leurs appartenances et dépendances, « relevant de votre terre et seigneurie de Martinsart, lesquels « m'appartiennent en qualité d'héritière de Messire Jean « de Guizelin, chevalier, seigneur dudit Chipilly, et je vous « offre à bourse déliée et deniers à découvert la somme de « cinquante livres sauf à augmenter ou diminuer si le cas « y échet, et le droit de chambellage conformément à la

« coutume de Péronne. » La somme est comptée et nombrée en la présence du notaire et des témoins et copie du procès-verbal est glissée sous la porte du château. Les témoins sont M. de Rume, chevalier, seigneur du grand et du petit Baisieux, et Messire Ardesoif, chevalier, seigneur de Courteilles. — Croirait-on que cela se passait en 1731 ?

Le Comte de Toulouse s'était marié tard, à l'âge de quarante-cinq ans. Il avait épousé, le 22 février 1723, Marie Victoire Sophie de Noailles qui avait dix ans de moins que lui. Elle était veuve de Louis de Pardaillon d'Antin, marquis de Soudrin.

De ce mariage était né, le 16 novembre 1725, un fils, le duc de Penthièvre, qui, à la mort du comte de Toulouse, 1er septembre 1737, lui succéda. Mais Madame la comtesse de Toulouse garda, comme douairière, l'usufruit du Marquisat d'Albert. Elle mourut en 1766, le 30 septembre, à l'âge de 78 ans.

Le Duc de Penthièvre.

Louis Jean Marie de Bourbon, duc de Penthièvre hérita des biens, titres et dignités de son père : il fut nommé Commandeur de l'ordre du St Esprit en 1742 et plus tard Chevalier de la Toison d'or. Il épousa, le 29 décembre 1744, Marie Thérèse Félicité d'Este, fille du duc de Modène et de Reggio.

A la mort de son père il n'avait que 12 ans, et sa mère était comme il vient d'être dit, usufruitière du Marquisat d'Albert. Ce fut, en ce qui concerne le mineur, Messire Philippe Le Reboullet, écuyer, qui fut chargé, sous le titre de tuteur onéraire, de l'administration effective des biens, avec le concours de l'abbé Salaberry, Charles Vincent de Salaberry, conseiller clerc en la grande chambre, conseil de tutelle de S. A. S. Quant à Mme la comtesse de Toulouse, douairière, elle avait son Conseil privé à la tête duquel elle plaça comme Président M. de Grandbourg. C'est par l'intermédiaire de ce Conseil et par l'organe de M. de Grandbourg qu'elle correspondait avec le Gouverneur et avec l'Échevinage d'Albert.

Les officiers du Marquisat s'empressèrent de profiter du changement survenu, pour soulever de nouveau devant le Conseil de tutelle de S. A. S. leurs éternelles réclamations contre les droits de l'Échevinage en matière de juridiction ainsi que de scellés et inventaires. Mais elles furent repoussées par une délibération du Conseil, en date du 28 août 1738, qui maintint le règlement du duc de Luynes de 1650.

THÉORIE DU BON PLAISIR.

Ce n'est pas que les théories sur l'autorité Seigneuriale dans ses rapports avec la Commune fussent devenues plus libérales, mais uniquement parce qu'on ne trouvait pas opportun de changer ce qu'avait fait le duc de Luynes. La théorie du pouvoir absolu du Seigneur avait même fait de notables progrès. Toutes les nominations et élections ne pouvaient avoir aucune valeur que « sous le bon plaisir et « agrément du Seigneur ; nous appartenant, » écrit Mme la comtesse de Toulouse le 23 août 1743, « de nommer et « pourvoir à tous les bénéfices, offices et autres places « dépendant du Marquisat. » De sorte que les élections du maire et des échevins ne sont plus désormais que de simples présentations à l'agrément du Seigneur, qui accepte ou rejette suivant « son bon plaisir, » qui seul nomme, qui est maître. A Bray, autre ville qui, comme on sait, dépendait du Marquisat, la théorie est encore plus apparente s'il est possible ; les délégués des habitants présentent trois candidats et le Seigneur fait son choix. Sous l'empire de tels principes il ne peut plus être sérieusement question de libertés communales. Nulle élection n'a plus lieu que si elle est approuvée du Seigneur. Le corps électoral ne se réunit plus que par ordre : quelque fois il est présidé par le Bailli ou le Procureur fiscal du Marquisat. Si un membre de l'Échevinage vient à donner sa démission on ne dérange pas pour si peu le corps électoral, c'est le Seigneur qui, d'office, pourvoit au remplacement, sans même se soucier de savoir si son élu n'est pas, comme il arriva en 1756, frappé d'incapacité pour cause de parenté avec d'autres membres de l'Échevinage. Les anciens réglements, on les observe ou on les viole suivant « son bon plaisir. » Au mépris de la règle des deux ans, Firmin Laruelle reste maire pendant huit années consécutives. C'était un maire agréable au Château.

Ce n'était pas seulement aux franchises municipales que s'attaquaient les prétentions de la Seigneurie ; c'était même aux droits de propriété de la Commune. On a dit plus haut que la Ville, rassurée par une longue période de paix, accordait facilement la permission d'appuyer des bâtiments contre les murailles de son enceinte, sous la réserve, de pure forme, qu'en cas de guerre le chemin de ronde serait rétabli. Ces concessions continuaient, sous l'approbation toutefois du Seigneur puisqu'il était d'ancienne règle que la Ville était, quant à ses biens, sous la tutelle administrative du Seigneur. Mais en 1764 la Comtesse de Toulouse, en accordant son approbation à une de ces permissions exprime les réserves les plus formelles et déclare ne reconnaître à la Ville « aucun droit de propriété ni de « disposition sur les murailles » conformément dit-elle à ce qui « a été décidé déjà anciennement en notre Conseil à cet « égard. »

On voit que si, en 1363, le Seigneur avait grand soin de faire valoir en justice que les murailles formant l'enceinte du château étaient les seules qui le concernaient, parce qu'à cette époque il était fort nécessaire de les entretenir, au 18e siècle, au contraire, quand on n'a plus souci de cet entretien et des dépenses qu'il entraînait, le Seigneur élève la prétention d'être propriétaire de toute l'enceinte de la ville. Le Conseil de S. A. S. est imbu des idées en cours : tout vient du Seigneur, tout appartient au Seigneur ; en tout et pour tout il est le maître de ses sujets. On vivait sur la foi de cette légende qui subsiste encore aujourd'hui dans bien des esprits.

Quand on laisse de côté les légendes, qu'on étudie et qu'on discute les faits anciens, on est amené à reconnaître que toutes les présomptions, en ce qui concerne les murailles de la ville, sont contraires aux prétentions du Conseil de S. A. S. On ne comprend pas en effet pourquoi le Seigneur, dont le château, fermé de toutes parts, était par lui-même une forteresse indépendante, aurait fait construire à ses frais tout le surplus de l'enceinte de la ville. Dans quel intérêt ? On a fait remarquer qu'à l'Ouest du ruisseau Baillon il ne possédait et n'avait jamais possédé que quelques parcelles. Ce n'est donc pas lui, c'est la Commune qui a eu besoin de se protéger par des murailles.

C'est comme propriétaire des murailles que la Commune est condamnée, par la sentence de 1363, à les entretenir, sauf sur le pourtour du château. C'est parce qu'elle en était propriétaire que dans la charte de 1178 elle en interdit l'entrée à ceux qui viendraient au secours du Seigneur, si elle a contre eux cas de guerre mortelle. Jamais le Seigneur ne lui eût reconnu pareil droit si l'enceinte avait été faite par lui.

Mais les habitants d'Albert ne songeaient guères à combattre les prétentions erronées du Conseil de Madame la Comtesse de Toulouse. C'étaient des sujets fort soumis ; et même des sujets fort obséquieux. Ils se confondaient en remerciements lorsqu'on leur envoyait le portrait du duc de Penthièvre (septembre 1766) ; ils ne trouvaient pas assez de mots pour exprimer toute l'étendue de leur joie, et de leur reconnaissance, et de leur respect, et de leur amour. Du fier maïeur de 1403, Jacques Bloquel, à l'humble maire de 1766, quelle chûte !

ALBERT CESSE D'ÊTRE PLACE FORTE.

Tout était déchu, tout tombait ou aller tomber. La ville cessait d'être une place défendable. En 1751 le pont de la Porte des Vaches était devenu fixe et avait été pavé : la rue des Vaches et celle du faubourg de Bapaume ne formèrent plus dès lors qu'une seule rue, dite rue de Bapaume. L'eau ne coulait plus sous ce pont. On avait supprimé le barrage qui forçait une partie des eaux de la rivière à faire le tour de la forteresse seigneuriale. Dans le fossé extérieur du château, ainsi mis à sec, on installa, en 1753, un jeu de battoir, et plus tard, en 1766, un jeu de paume, mais aux frais des jeunes gens d'Albert. Mme la comtesse de Toulouse ne faisait que livrer l'emplacement de ce large fossé, à titre de concession temporaire et toujours révocable.

De grands changements eurent lieu en 1753 dans l'intérieur du château. Le donjon, (ou du moins ce qui restait du donjon féodal) était séparé du surplus de la forteresse par un fossé ; ce fossé intérieur fut comblé ; la butte où avait été le donjon, abaissée de cinq à six pieds ; les caves souterraines, qui partaient, comme on l'a dit, du centre du donjon, comblées en partie. On édifia, auprès de la basse-cour, une maison de maître, qui est aujourd'hui occupée par M. le Baron Lefeuvre, et qu'on appelle le château. Elle servit de logement au Capitaine des chasses. En 1768 la butte du donjon fut encore abaissée d'une dizaine de pieds.

Il ne restait donc plus de l'ancienne forteresse que le nom. Le Capitaine du château ne méritait plus cette appellation ; on finit par la supprimer ; on abandonna même celle de Gouverneur de la ville. M. Nicolas d'Haudoire, et après lui M. De la Combe, qui lui succéda en 1743, ne portaient plus ordinairement que le titre de Capitaine des chasses de S. A. S. Le chef-lieu du Marquisat était simplement un centre de chasse. Il y avait à côté du Capitaine, un inspecteur des chasses, un garde de bois, un garde surnuméraire et un garde-vente. M. De la Combe mourut en 1764 : il ne fut même pas remplacé. Ce fut le Bailli qui en son lieu et place servit d'intermédiaire entre le Seigneur et l'Échevinage. Le bailli était alors M. Lemerchier de Gonnelieu. Il était logé au château, ainsi que le receveur du Marquisat, M. Lemarchand de Walieu.

BRIGADES DE DOUANES.

Si la Commune, si la Seigneurie étaient ainsi dégénérées, en revanche le pouvoir royal s'affirmait et s'étendait chaque jour davantage. Par suite de l'établissement à Albert d'un Grenier à Sel, la ville avait pris de l'importance au point de vue fiscal. Sa situation à la frontière picarde en faisait une sorte de chef-lieu pour les perceptions douanières (Traites foraines). Depuis longtemps il y avait, indépendamment des employés de bureau, une brigade ambulante chargée du service actif pour la répression de la fraude. On y ajouta de nombreuses brigades qui furent installées principalement au Nord d'Albert dans les villages qui bordent la frontière de l'Artois : la ville se trouva complètement couverte par une ligne serrée de postes douaniers.

Les employés de ces brigades paraissent avoir déployé un grand zèle si on en juge par le nombre des procès-verbaux qui ont donné lieu à des accommodements avec le fisc. Quand le délinquant ne transigeait pas, le procès se poursuivait et il se terminait par une condamnation à l'amende, avec contrainte par corps. Aussi préférait-on, le plus souvent, s'arranger avec le Receveur des traites foraines (douanes) d'Albert qui avait pouvoir de ses supérieurs, les fermiers généraux, pour transiger. Les transactions étaient constatées par acte notarié. Plusieurs semblent très dures : cinq cent cinquante livres pour transport d'une demi-livre de tabac ; cent livres pour détention d'un quart de livre de faux sel.

Tout était contrebande, du reste, ce n'était pas seulement le sel et le tabac. Il y a des procès-verbaux pour transport d'œufs, pigeons, cailles, chevaux, bestiaux, charbon, cendres de tourbes, peaux de mouton, fil, aiguilles, etc. Point de commerce entre l'Artois et la Picardie sans le paiement de droits dont les fermiers généraux poursuivaient le recouvrement avec la plus grande rigueur. Ils avaient besoin pour cela d'une véritable armée d'employés.

Les circonscriptions territoriales d'alors étaient en effet très bizarrement enchevêtrées les unes dans les autres. Puchevillers, par exemple, appartenait au Bailliage de Péronne. Du même Bailliage dépendait Lucheux, situé à quelques kilomètres de Doullens. Ces anomalies, conséquence du morcellement féodal, se retrouvaient de province à province. L'Artois avait en Picardie d'assez nombreuses enclaves dont les habitants possédaient les privilèges des Artésiens. C'étaient autant d'îlots artésiens dont il fallait surveiller les limites.

La vigilance des employés, quoique organisée dans l'intérêt des fermes du roi, profitait aussi au Seigneur. Car, dans leur service, les douaniers avaient occasion de constater les contraventions à la banalité des moulins Seigneuriaux. Les obligations si dures de cette banalité, qui contraignaient des habitants de Forceville, par exemple, à venir apporter leur grain à Albert, c'est-à-dire à huit kilomètres de chez eux, étaient donc plus rigoureusement maintenues qu'à aucune autre époque.

Il y avait une brigade d'employés à Bécordel, une à Montauban, une à Longueval, une à Contalmaison, une à Ovillers, une à Pozières, une à Thiepval. Et, de l'autre côté de la rivière d'Encre, une à Sailly-au-Bois, une à Miraumont, une à Beaumont, une à Bouzincourt. Cette multiplicité de postes douaniers était nécessitée par la quantité de bois qui existaient alors, surtout du côté gauche de la rivière. Un pays boisé est un pays de braconniers et de contrebandiers.

Actuellement la contrée est presque complètement découverte, surtout depuis les décrets de 1852, qui ont forcé la famille d'Orléans à aliéner ses propriétés. Mais il ne faut pas oublier que dans les anciens temps elle faisait partie de la forêt d'Arrouaise. La culture s'est constamment étendue aux dépens de la forêt ; c'est ce qu'indiquent certaines dénominations de villages ou de lieuxdits qu'on trouve au cadastre des communes. Le Sart, Martinsart, comme Esserteaux, etc., marquent un défrichement. Essarter c'est défricher. La Couture, c'est la culture, le terrain mis en culture. Malgré les envahissements de la charrue il restait, comme on le voit sur les anciennes cartes, un assez grand nombre de portions boisées. Au commencement du 19e siècle il y avait même encore dans le canton d'Albert 1716 hectares de bois, c'est-à-dire le dixième de la superficie du canton. Ont disparu, tant depuis notre siècle qu'auparavant : le bois Lecomte, auprès d'Albert, celui de Bray, celui de Bouzincourt, les bois de Fricourt, ceux de Pozières et Grandcourt, le bois de Marseau sur le terroir d'Ovillers, un petit bois sur le bord du ravin de Méaulte, le Bois du Mont d'Encre qui faisait, de l'autre côté de la route nationale, pendant au bois Lecomte. Les déboisements ont complètement changé l'aspect du pays.

L'INTENDANT DE PICARDIE.

L'action gouvernementale ne se manifestait pas seulement au point de vue de l'impôt : elle s'exerçait par voie administrative et se substituait à l'autorité Seigneuriale. On se rappelle que les « lettres de l'accord » (1389) avaient placé la Commune sous la tutelle administrative du Seigneur. Au milieu du 18e siècle c'est le Gouvernement royal qui exerce cette tutelle. Ainsi en 1743, quand il y a lieu de procéder à la réception de travaux faits au presbytère, propriété communale, c'est l'Intendant de Picardie qui fait vérifier les travaux par son expert. Quelques années plus tard, quand de nouvelles réparations au presbytère sont devenues nécessaires, c'est à l'Intendant que s'adresse le curé, Me Boussard, pour obtenir que la Ville les fasse exécuter. L'Intendant a donc remplacé le Seigneur.

C'est lui qui s'occupe des routes, qui obtient du Conseil d'État, le 4 octobre 1757, et fait signifier à la Ville un arrêt obligeant toutes les villes de la Généralité de Picardie, malgré leurs objections tirées de leur qualité de Villes franches ou d'autres motifs divers, à entretenir les « grandes « routes » au moyen de corvées.

C'est grâce à lui qu'Albert avait été doté de moyens de communication. Albert dès le commencement du 18e siècle a un bureau de poste, et le courrier part trois fois par semaine, le dimanche, le mardi et le jeudi pour Corbie et au-delà. Progrès considérable. Auparavant, on ne pouvait correspondre, envoyer de l'argent, qu'au moyen d'un exprès ; le plus souvent on faisait le voyage soi-même, à pied ou à cheval. Et c'était fort coûteux : on voit aux registres de l'Échevinage qu'un échevin envoyé à Paris pour solliciter recevait une allocation de 7 livres par jour, tant pour lui que pour son cheval. Cela représenterait aujourd'hui une trentaine de francs.

Depuis 1730 on avait établi un service de messagerie entre Albert et Amiens. Claude Jean-Baptiste Decalogne, qui en obtint l'entreprise se fait décharger en 1731, en cette qualité de messager, de sa nomination comme collecteur de taille. Il partait pour Amiens tous les lundis et le lendemain des foires et francs-marchés. Il logeait à Amiens à l'auberge du Fourchet, rue St Leu. Il en revenait le lendemain de son arrivée.

Les foires étaient celles de la St Mathias, 24 février, de la St Éloy, 25 juin, et de la St Simon, 28 octobre. Elles étaient annoncées la veille par les sergents de ville, qui sonnaient la cloche des bannis pour avertir ceux-ci qu'ils pouvaient venir à la foire sans être inquiétés. Comme s'il y avait encore des bannis à cette époque !

Les francs-marchés se tenaient comme aujourd'hui le second mercredi de chaque mois.

Pour le transport des marchandises pesantes il y avait un chariot qui faisait le service entre Rouen et Cambrai. Tous les dimanches il arrivait, venant de Rouen, à Albert, où il s'arrêtait à l'auberge du Cygne (l'ancien Prieuré) et il en repartait le lendemain pour Cambrai. Il en revenait en été le mercredi, en hiver le jeudi, et repartait le lendemain pour Amiens en passant par Corbie.

Aujourd'hui tout cela semble bien insuffisant : n'avoir par semaine que 3 distributions de lettres, une seule fois la possibilité d'aller à Amiens dans la voiture du messager, une seule fois le passage aller et retour du chariot de Cambrai pour l'envoi de marchandises. Mais alors c'était considéré comme un grand bienfait et on ne se plaignait pas trop des sacrifices que l'Intendant imposait pour assurer l'entretien de la grande route.

L'Intendant c'était la grande autorité de l'époque. Aussi

quand M. le marquis d'Aligre arriva à Amiens l'Échevinage décida que le Maire et le Procureur de la Ville iraient, le 29 octobre 1751, féliciter « Monseigneur de son avénement. »

C'est à la demande du prédécesseur de M. d'Aligre que le roi par lettres patentes de 1747 ordonna le dénombrement du Marquisat, opération très considérable et très bien faite, dont il a été parlé précédemment. Elle dura une quinzaine d'années, de 1748 à 1763. On n'y trouve pas seulement ce qui concerne spécialement le marquisat, mais un cadastre complet de tout le territoire d'Albert.

Grâce à ce dénombrement et aussi à l'Almanach de Picardie, qui parut pour la première fois en 1753, on peut se rendre compte du personnel de fonctionnaires d'ordres divers que comptait la ville d'Albert au milieu du 18e siècle.

TABLEAU DES FONCTIONNAIRES.

Pouvoir Central. — Le Subdélégué (sous-préfet) et son greffier — un brigadier et quatre cavaliers de maréchaussée (gendarmes) — cinq notaires royaux — un commissaire aux inventaires (commissaire priseur) — un contrôleur des actes (enregistrement) — un receveur des aides, un contrôleur des aides, un receveur du pied fourché ; un receveur des traites foraines ; un entreposeur du tabac ; un contrôleur, un buraliste, un receveur du don gratuit et distributeur du papier timbré ; un huissier aux traites foraines ; une brigade ambulante d'employés — un directeur de la poste aux lettres et un postillon (facteur chargé de la distribution) — un directeur de la poste aux chevaux (maître de poste) — Pour le Grenier à Sel, un grenetier, un receveur, un contrôleur, un amineur (mesureur).

Marquisat. — Le Capitaine des chasses, l'inspecteur des chasses, un garde des bois, son surnuméraire, un garde-vente. — Le receveur de la ferme du Marquisat, son commis.

Administration communale. — Le maire et quatre échevins ; l'argentier (receveur) ; le receveur du mesurage et du travers — trois administrateurs de l'hôpital — quatre collecteurs de taille, quatre collecteurs de sel — un maître d'école, pour les garçons.

Culte. — Le curé, deux vicaires, le chantre, le bedeau, le suisse — à l'hôpital, quatre sœurs de Saint Vincent de Paul, dont deux pour tenir l'école des filles.

Il n'y a pas lieu de tenir compte : du Prieur ; du sacristain du Prieuré ; du chapelain de l'hôpital ; de celui de la chapelle de St Barthélemy au cimetière ; de celui de la chapelle de St Nicolas du Tabellion à l'église ; de celui de la chapelle de la sacristie, à l'église ; des trois chapelains des trois chapelles du château ; les titulaires n'habitaient pas à Albert.

Tribunaux. — *Justice royale du Grenier à Sel.* Le Président, le procureur du roi, greffier, commis-greffier, huissier au grenier à sel. Le procureur de la ferme.

Justice du Marquisat. Le Bailli, son lieutenant, le procureur fiscal, le greffier, (1) huit procureurs (avoués), deux

---

(1) Le Greffier du Marquisat et le Procureur fiscal étaient en même temps des notaires qui instrumentaient, dans l'étendue du Marquisat, concurremment avec les notaires royaux dont le ressort s'étendait à tout le Gouvernement de Péronne.

De sorte que Me Adrien Latiffy, qui, à la fin de 1700, avait vendu son étude de notaire royal à Me Joseph Roussel, faisait, étant procu-

sergents au marquisat, deux sergents royaux au bailliage de Péronne (pour les appels à Péronne) deux huissiers au châtelet de Paris (pour les recours à Paris) ; un geôlier.

Justice de la Ville. Le maire et ses quatre échevins ; le procureur fiscal de la ville ; le greffier ; deux sergents de ville.

Les mots *sergent, huissier* désignent une même fonction ; le premier signifie serviteur et le second portier. Sergents et huissiers sont les serviteurs de la justice. Les sergents de ville notifiaient les actes judiciaires de l'Échevinage. Ils ne portaient plus la robe comme autrefois. On leur avait donné un costume plus moderne. Habit, veste, culotte et chapeau.

Justice du Prieuré Le bailli, le procureur fiscal, le greffier et un sergent.

Justice de Boulan. Le bailli, le procureur fiscal, le greffier.

En totalisant ce personnel on trouverait plus de cent fonctionnaires dans cette petite ville qui comptait à peine treize cents âmes, soit à peu près un fonctionnaire sur treize habitants. Mais il convient de rappeler ce qui a été dit précédemment au sujet du cumul des fonctions, qui était évidemment une nécessité. Cinq notaires, huit procureurs, onze huissiers ne pouvaient trouver à vivre qu'en remplissant plusieurs emplois. On ne rencontre pas à Albert de bizarreries comme celles qu'on peut trouver ailleurs : à Prouville (près de Bernaville) Me Raimbault était à la fois notaire et chirurgien. A Albert il y a presque toujours une certaine analogie entre les diverses fonctions.

---

reur fiscal, concurrence, dans le Marquisat, à son successeur : cela dura pendant 23 ans, jusqu'à la mort de Me Latiffy.

Un notaire est en même temps procureur. Un procureur est en même temps procureur du Roi au Grenier à Sel. Un notaire est greffier au Marquisat. Le subdélégué, (sous-préfet) M. Cazier, est, en 1759, receveur des traites et gabelles et entreposeur des tabacs. Mᵉ Letellier notaire, dont il va être parlé, fut pendant plusieurs années greffier de l'Échevinage ; il fut procureur au marquisat, procureur de la ferme au grenier à sel, greffier puis bailli du Prieuré, bailli de Boulan, juré priseur (commissaire priseur), receveur de Seigneuries.

Il y aurait ingratitude à ne pas appeler l'attention sur cet homme distingué qu'on appelait Louis Antoine Augustin Letellier. Né en décembre 1741, il n'avait pas encore vingt-deux ans quand il fut admis comme notaire, en 1763, grâce à des dispenses d'âge que le roi lui accorda, le 22 juin ; car alors comme aujourd'hui on n'était notaire qu'à vingt-cinq ans. Il avait l'esprit vif, très ouvert et très actif. Il ne se bornait pas aux travaux de ses fonctions. Il aimait les recherches historiques, surtout celles relatives à son pays natal. A l'âge de vingt-sept ans il rédigea, en 1768, un précis historique sur Albert, dont ceux faits au commencement du 19ᵉ siècle, d'abord par M. de Gomicourt et plus tard par M. Daillard ne sont guères que la reproduction. C'est ce précis qui a inspiré l'idée du présent travail.

Mᵉ Letellier ne mentionne pas le fait, rapporté ailleurs, d'un tremblement de terre qui se serait fait sentir à Albert le 18 avril 1755 à sept heures et quelques minutes du matin ; un événement si extraordinaire aurait vivement frappé sa jeune imagination ; et on ne comprend guères qu'il l'ait omis surtout quand on voit qu'il rapporte « un

« terrible mouvement de la terre » survenu dans la nuit du 23 au 24 pluviôse an 7 et par suite duquel des caves, des maisons et des puits s'écroulèrent. Son silence au sujet de l'évènement de 1755 autorise à douter du tremblement qu'on place à cette époque.

Mais un fait qui paraît bien certain est celui d'une grande inondation en 1757.

Madame la Comtesse de Toulouse étant décédée en décembre 1766, le duc de Penthièvre, son fils, entra en jouissance du Marquisat. Il ne le garda que quelques années. Sur six enfants qu'il avait eus, une seule fille lui resta, Louise Marie Adélaïde de Penthièvre, née le 13 mars 1753. Elle avait 16 ans quand il la maria, le 5 avril 1769, à l'arrière-petit-fils du Régent, Louis Philippe Joseph d'Orléans, qui avait 22 ans. Le Marquisat d'Albert fut donné en dot à la jeune épouse.

La Duchesse et le Duc de Chartres.

Louis Philippe Joseph d'Orléans portait, au moment de son mariage, le titre de duc de Chartres, qu'il changea au décès de son père, le 18 novembre 1785, pour celui de duc d'Orléans. On sait qu'il ne conserva pas ce nom, et qu'à l'époque révolutionnaire il se fit appeler le citoyen Philippe-Égalité. C'est un personnage historique trop connu pour qu'il y ait lieu d'en parler ici. Son fils aîné, qui naquit le 6 octobre 1773, fut Louis-Philippe, d'abord duc de Valois à sa naissance, puis duc de Chartres, duc d'Orléans ; il devint, en 1830, Louis-Philippe Ier roi des Français.

La naissance de Louis-Philippe fut célébrée à Albert, très solennellement, par les habitants qui se disaient, suivant le langage fort inexact de l'époque, les vassaux, ils voulaient dire les sujets du duc et de la duchesse de Chartres. Rien ne manqua à la fête : Te Deum, dîner au château, souper à l'hôtel-de-ville, feu de joie, mousqueterie, artillerie, fontaines de vin sur la place publique, illuminations. Le duc de Chartres faisait bien les choses.

Car ce n'était pas l'Échevinage qui pouvait imposer à la Ville de pareilles dépenses. Y avait-il d'ailleurs un Échevinage ? Non, les choses et les appellations avaient changé. La Commune n'existait plus, l'Échevinage avait été supprimé ; le Roi venait, par lettres de cachet du 25 juillet 1773, d'organiser ce qu'on appelait désormais l'Hôtel-de-Ville, en nommant aux offices municipaux. Ce n'était plus la Commune qui s'administrait elle-même sous la tutelle du Seigneur, c'était le Roi qui l'administrait par ses fonctionnaires. La révolution était complète.

Depuis près d'un siècle, depuis 1692, la commune n'avait cessé de lutter pour empêcher cet envahissement du pouvoir centralisateur de la royauté. On tenait aux vieilles traditions ; on voulait garder, sinon les anciennes franchises, si fortement entamées par l'autorité Seigneuriale, au moins les apparences qui en restaient. Mais il avait fallu succomber. Un Édit de 1771 avait, comme en 1692, décrété pour toutes les communes la suppression du droit de s'administrer elles-mêmes et créé des offices royaux de maire et échevins. La Ville d'Albert était trop pauvre, ses habitants trop divisés pour racheter, une fois de plus, ces offices. On s'était soumis et le nouveau régime venait d'être installé.

Une des causes qui avaient divisé en deux partis hostiles les habitants d'Albert, venait de ce qui s'était passé relativement au curé. En 1771, au décès de M⁰ Boussard, le droit à la cure avait été revendiqué par deux compétiteurs : Mᵉ Cauchye, qui tenait sa nomination du Prieur d'Albert, patron de l'Église, et Mᵉ Boutteville, qui tenait la sienne du Pape. Ce dernier, allié à d'importantes familles d'Albert, né à Albert, d'un père qui y avait rempli les fonctions de subdélégué de l'Intendant et de Bailli du Marquisat, était soutenu par un parti puissant à la tête duquel on trouvait Mᵐᵉ Lemarchand de Walieu et son beau-frère M. Lemarchand de Lille, habitants du château de Boulan. La priorité comme date, dans cette matière où la date de nomination était décisive, appartenait à Mᵉ Cauchye ; mais son adversaire objectait qu'à la date ou Mᵉ Cauchye avait obtenu d'un sien parent cette nomination, il n'avait pas l'âge requis, vingt-cinq ans. De là procès, que Mᵉ Cauchye perdit à Péronne, où il ne se défendit même pas, tant la famille Boutteville y avait d'influence, mais qu'il gagna au Parlement de Paris. Cette affaire, qui venait d'être tranchée par arrêt du 5 Avril 1773, avait fortement passionné les esprits, partagé la ville en deux camps, et contribué ainsi à empêcher le rachat des offices municipaux.

On avait donc, à la fin de 1773, un Hôtel-de-Ville. Il se composait d'un maire ; d'un lieutenant de maire ; de deux échevins ; de deux assesseurs, dont le rôle, moins important que celui des échevins, était à peu près celui de suppléants ; d'un procureur du Roi ; d'un greffier ; et enfin d'un receveur municipal.

Ces offices n'avaient pas encore été tous levés, c'est-à-dire payés au trésor royal. Mᵉ Jean-Baptiste Latiffy homme d'une quarantaine d'années, célibataire, appartenant à une très ancienne famille de la bourgeoisie d'Albert, s'était empressé de lever celui de maire. Il était donc propriétaire de sa charge de « maire en titre d'office, « conseiller du Roi » et il en était très fier. Les offices non levés étaient exercés par commission du Roi, jusqu'à ce qu'on en trouvât acquéreur.

L'office levé, propriété du titulaire, offrait des avantages fort appréciables. D'abord le titulaire avait «les rang, séance, « droits et prérogatives dont avaient droit de jouir les « titulaires de pareils offices avant leur suppression, comme « aussi de toute exemption de gens de guerre, collectes, « tutelle, curatelle, guet et garde, milice tant pour lui que « pour ses enfants et de toutes autres charges de ville et « de police » ; il avait en outre « les droits et émoluments « dont jouissaient ceux qui remplissaient l'office avant sa « création » ; enfin il avait droit « à des gages sur le pied du « denier vingt de la finance » (cinq pour cent du prix par lui payé). Et ces gages étaient payés par la Ville, de six en six mois.

L'opération se traduisait comme suit. Pour le trésor royal, un bénéfice tout net : il encaissait le prix, et n'avait aucun intérêt à servir. Pour la Ville une charge pure et simple : elle servait les intérêts à cinq pour cent d'un capital qu'elle n'avait point reçu, puisque le prix était payé au trésor. Pour le titulaire, c'était un placement d'argent à cinq pour cent, indépendamment des émoluments et des autres avantages indiqués ci-dessus.

Les faits suivants peuvent permettre d'apprécier les conséquences d'une telle organisation municipale.

Un M. Marcotte, dont la belle-mère, Mme Vve d'Aigreville, habitait Albert, leva moyennant 600 livres l'office de Procureur du Roi près l'Hôtel-de-Ville, et moyennant 400 livres celui de receveur municipal. Il cumulait ainsi deux offices. Mais il ne remplissait ni l'une ni l'autre fonction. Car il était orfèvre à Paris rue des Prouvaires. Il avait tout simplement placé son argent. Les 1000 livres qu'il avait déboursées lui rapportaient par an 50 livres que lui payait la Ville. Il avait choisi des mandataires pour remplir ses fonctions, et ne leur accordait d'autre rétribution que l'abandon des émoluments de l'office. C'était M⁰ Jolliet qui exerçait celui de procureur, M⁰ Letellier notaire, celui de receveur municipal. En définitive il leur avait affermé ces offices. On voit que, dans le fait, ces charges créées par le roi, exercées au nom du roi, échappaient à l'action de l'autorité royale, qui s'en souciait fort peu du reste, du moment que le trésor avait encaissé la finance. C'était un orfèvre de Paris qui nommait à son gré les fonctionnaires effectifs. Quelles garanties présentaient ses choix ? Quelle homogénéité pouvait-il y avoir dans un Corps de ville composé par un tel procédé ?

Plus tard, en 1786, M⁰ Balis qui, d'abord receveur de l'enregistrement (contrôleur des actes), était devenu sous-préfet (subdélégué), demanda à lever pour son fils la charge de lieutenant de maire, dont le coût était de cinq cents livres, et qui depuis treize ans était exercée par M⁰ Adrien François en vertu de simple commission royale. L'Intendant, naturellement favorable à son subdélégué, va accorder la demande ; mais le maire, M. Latiffy, avec qui M. Balis était au plus mal comme on le verra, s'émeut, informe l'Intendant, et alors celui-ci, tout en exprimant « son plus vif désir d'obliger » Monsieur le Subdélégué, lui déclare qu'il refuse « de se compromettre, et l'engage à « abandonner une demande faite un peu trop légèrement.» Le jeune Balis avait à peine dix-neuf ans ; il était encore au collège. Sans la réclamation de M. Latiffy, la ville d'Albert aurait eu, pour lieutenant de maire, ce collégien ! Il aurait donné sa procuration à son père, qui aurait exercé la fonction. Mais, introduire M. Balis à l'hôtel-de-ville, c'eût été y introduire la tempête en permanence. C'était peut-être le but réel de M. Balis.

Où trouver dans tout cela le moindre souci du bien public ? On comprend qu'une administration municipale, fruit de combinaisons pareilles, devait faire regretter le précédent régime sous lequel, depuis des siècles, la Commune choisissait ses magistrats parmi les gens qui lui offraient les meilleures garanties de bonne administration.

La discorde régnait dans cet Hôtel-de-Ville royal ; elle s'y était établie dès l'origine grâce à l'esprit très autoritaire du « Conseiller du roi, maire en titre d'office. » M. J. B. Latiffy faisait sentir très durement son importance à ses collègues, notamment aux assesseurs, dont il accentuait l'infériorité en les excluant brutalement de toute immixtion dans la police de la ville. Dans certaines périodes de son administration autocratique on voit au registre du greffe que, tantôt par l'absence de ses collègues, tantôt par celle de M. Latiffy lui-même, toute délibération est impossible : et cela pendant des mois consécutifs. Il est évident qu'en fait, avec ou sans le concours de ses collègues, c'était le Maire qui faisait tout.

ADMINISTRATION DE M. LATIFFY.

La ville poursuivait sa transformation de place forte en ville ouverte. L'ancienne coutume de fermer les quatre portes à certaines heures du soir, de les ouvrir le matin à des heures qui variaient suivant la saison, avait disparu avec les portes elles-mêmes. Dès 1772 on avait démoli la porte de Bapaume, enlevé le corps de garde qui la surmontait et remplacé les deux tourelles qui la flanquaient par des piliers en maçonnerie. On avait à la même époque remplacé par un pont de pierre l'ancien pont de bois de la porte d'Aveluy.

En 1778 M. Latiffy fit enlever le corps de garde de cette porte d'Aveluy ; il tombait en ruines. L'arceau en maçonnerie subsista seul. On y pouvait lire les inscriptions suivantes qui rappelaient les malheurs éprouvés au dix-septième siècle.

A C C QVI A ⚓ VIVRE C

Assez sait qui à Encre vivre sait.

A C SAVRA QVI A ⚓ VIVRE POVRRA

Assez saura qui à Encre vivre pourra.

LE 12 AOVT 1653 ⚓ BRVLÉ PAR LE PRINCE DE CONDÉ.

Cette dernière inscription se voyait encore en 1840.

Dans le fossé extérieur du château où on avait établi déjà, comme il a été dit, un jeu de battoir puis un jeu de paume, la Ville, par délibération de 1781, créa un emplacement pour la danse.

Ce fossé ne fut comblé que de 1809 à 1815 sous l'administration de M. de Gomicourt, maire d'Albert. La butte de l'ancienne forteresse fut alors rasée ; les matériaux servirent au comblement du fossé ; le surplus des terrains du château fut vendu et la rue du château (rue Jeanne d'Harcourt) prolongée jusqu'à la place qui fut créée au devant du Grand jardin.

En 1774 une partie de la place fut pavée, celle qu'occupait autrefois la halle appartenant au Seigneur de Martinsart. La grande route fut, en 1775, macadamisée, dirait-on dans le langage moderne, au moyen de corvées qu'on fit ordonner par l'Intendant, et qui furent converties en une augmentation proportionnelle de la taille, ce qu'on appellerait maintenant des centimes additionnels.

En 1777 il fallut procéder à des travaux de réparations assez nombreux et importants, à l'Hôtel-de-Ville, au Presbytère, à la Croix et au Puits de la place.

Divers accidents vinrent occasionner à la Ville un surcroît de dépenses. Une inondation des Prés de la ville en 1787, un terrible ouragan en septembre 1783, une inondation tout à fait extraordinaire le 24 février 1784, à la suite d'une gelée qui durait depuis trois mois, inondation toute semblable à celles qui eurent lieu plus tard en pluviôse et ventôse an 7. La rivière, débordant, suivit le cours de l'ancien ruisseau Baillon, son lit naturel, et plus loin, submergeant le pont de la porte d'Aveluy, vint par la Grande rue (rue d'Amiens) se déverser à l'abreuvoir derrière l'hôpital.

En 1786 l'administration municipale dota la ville d'un éclairage qui jusque là faisait complètement défaut. On posa vingt lanternes pour éclairer les rues la nuit.

La population avait augmenté. D'après un dénombrement de 1774 elle comptait 1601 habitants. L'industrie commençait à s'introduire dans cette ville de bourgeois, de commerçants et de cultivateurs. En 1779 on signale l'établissement d'un moulin à papier (au Pré Jean Muche, près l'Abreuvoir des Cressonnières, en amont du moulin de Tauvoy) et d'une blanchisserie de toiles; en 1785 d'une salpêtrière au château de Boulan et d'une usine créée par Robillard d'Aveluy qui avait inventé un nouveau procédé pour l'impression sur étoffes et sur papiers de tenture.

Par suite de l'accroissement de la population, il vient s'établir à Albert, en 1781, un maître de pension qui enseigne le latin jusqu'à la rhétorique inclusivement, et même un peu de mathématiques. C'est un progrès considérable. Jusque-là, on n'avait eu, pour l'enseignement primaire que le maître d'école, le magister ou clerc lai, et pour les premiers éléments du latin, un des vicaires de la paroisse. Le Magister d'alors était Charles Guillaume Joly, dont le père et l'aïeul avaient été comme lui tout à la fois chantres et maîtres d'école à Albert. Nommé le 5 novembre 1775 il exerça ses fonctions jusqu'à sa mort, 20 novembre 1834, c'est-à-dire pendant cinquante-neuf ans. Il n'avait pas vingt ans au moment où il avait succédé à Grené père et fils avec lesquels l'administration de M. Latiffy était en procès.

M. Latiffy, d'accord avec le curé M⁰ Cauchye, avait chassé Nicolas Grené et son fils Théodore; on leur avait retiré la double fonction de chantre et de maître d'école. Mais Grené était un homme énergique et il lutta contre son maire et son curé, appuyé d'ailleurs par le parti déjà nombreux de l'opposition qu'avaient suscitée les procédés despotiques du maire. Celui-ci s'était gravement trompé en croyant que comme autrefois, le Corps de ville pouvait à son gré révoquer le maître d'école. C'était bon au temps des libertés communales. Mais le Corps de ville royal était soumis à l'autorité de l'Intendant et l'Intendant soutint Grené. Celui-ci d'ailleurs porta l'affaire devant les Tribunaux tant contre le Maire que contre le Curé, leur demandant des dommages-intérêts, qu'il obtint. Cette lutte, qui dura des années, avait été poursuivie avec le plus grand acharnement. Ainsi le curé, malgré des arrêts du Parlement qui prescrivaient, au provisoire, le maintien de Grené dans ses fonctions de chantre, persistait à lui interdire de chanter à l'église. Quand Grené arrivait pour le salut, Me Cauchye supprimait le salut et faisait éteindre les cierges ; si Grené venait pour chanter la grand'messe, Me Cauchye ne disait qu'une messe basse. Un jour, au moment où Grené se rendait à l'église en tenue de chantre, M. Latiffy le fit arrêter et mettre en prison. Par de tels procédés le maire et le curé, étroitement unis, surexcitaient l'opposition qui devait éclater plus tard.

ADMINISTRATION ROYALE.

Comme on l'a dit précédemment, l'Hôtel-de-Ville était sous la coupe de l'Intendant ; ses délibérations, comme aujourd'hui certaines délibérations de nos conseils municipaux, n'avaient de valeur que si elles obtenaient l'approbation de l'autorité supérieure. On était sous le régime de la centralisation absolue. Le Seigneur n'était plus rien, le Roi, par son Intendant de Picardie, était tout.

En 1779 le Roi supprima d'autorité le droit de mesurage des grains sans tenir aucun compte des arrangements pris autrefois entre le Seigneur et la Ville pour en partager le produit par moitié. L'édit royal fut naturellement accepté avec grande joie par les habitants qui se trouvaient libérés d'une obligation gênante et souvent vexatoire.

En 1774 la Maréchaussée fut installée au château dans les bâtiments qu'occupait auparavant le receveur du Marquisat, M. Lemarchand de Walieu. Elle y est restée jusque vers le milieu du 19e siècle. Le bail, du 12 septembre 1774, est fait moyennant 400 livres. La ville fut contrainte d'en payer une grande partie. Elle faisait observer avec raison que cette charge devait être répartie aussi sur les autres paroisses auxquelles la brigade d'Albert étendait son action protectrice.

Le service de la poste fut amélioré. Au courrier qui desservait Corbie et Amiens on en ajouta un autre pour desservir Bapaume et les pays dans la direction du Nord. Il partait les lundi, mercredi et vendredi et revenait le même jour.

En 1778, un arrêt du Parlement ordonna que tout bâtiment à construire ou à réparer devrait être désormais couvert en tuiles, dans la ville et dans les faubourgs. Jusque-là presque toutes les maisons étaient couvertes en chaume. C'était économique d'abord, et surtout avantageux pour la conservation des grains amassés dans les greniers. Mais c'était déplorable au point de vue de la sécurité publique. Les incendies, qui étaient fréquents, se communiquaient très rapidement au voisinage, embrasant de suite tout un quartier. C'est ainsi que le 31 mars 1719, en plein jour, à 10 heures du matin, dix-neuf maisons de la rue des Cressonnières avaient été entièrement consumées en quelques instants, et qu'au lendemain de l'arrêt du Parlement, le 18 mai 1779, quinze maisons furent brûlées au faubourg de Corbie. Les moyens dont on disposait pour combattre le feu étaient fort insuffisants. La Ville avait acheté en 1721 une douzaine de seaux d'osier à la suite de l'incendie d'une brasserie au faubourg des Ilieux, — brasserie couverte en chaume. — En 1775 elle s'était procuré deux ou trois douzaines de seaux en toile goudronnée ; elle avait aussi porté de 6 à 14 le nombre des crochets pour incendie ; c'était là tout son matériel. Dans de telles conditions on comprend que les officiers du Marquisat aient appelé l'attention du duc et de la duchesse de Chartres et obtenu leur intervention à l'arrêt du Parlement qui, en présence des incendies si fréquents, interdit formellement la couverture en chaume. Mais on se demande si cette prohibition si sage fut observée et il y a lieu d'en douter quand on songe comment est obéi après 60 ans l'arrêté beaucoup plus sévère encore, pris en 1824 pour le département de la Somme, et qui défend de « réparer » les couvertures en chaume.

C'est à l'Intendant et non au Corps de Ville qu'est dû l'Établissement en 1781 d'un bureau de charité à Albert. Depuis 1777 l'administration de M. Latiffy n'avait cessé de combattre cette institution, qui enfin lui fut imposée. Certaines de ses objections étaient évidemment mal fondées. Elle faisait valoir, par exemple, que l'Hôtel-Dieu était riche, qu'il avait 4500 l. de revenus. L'Hôtel-Dieu était fait pour les malades d'Albert et de Miraumont ; il n'était pas du tout chargé de faire la charité aux pauvres. Mais d'autres arguments avaient une réelle valeur. M. Latiffy se faisait une arme du mépris que montraient pour leurs obligations et leurs devoirs les Bénédictins qui gardaient sans cause les biens du Prieuré, et en retiraient un revenu net de quatre mille livres. De quel droit et à quel titre puisqu'ils avaient quitté Albert? Leur résidence dans le pays, leur action religieuse sur les âmes étaient la condition de la donation qui leur avait été faite. N'était-ce pas un devoir pour eux de soulager les pauvres avec ces 4000 livres de rente qu'ils percevaient sans cause ?

Ces observations si justes prouvent comment avait été appliqué l'édit de 1695, cité plus haut, et dont l'article 23 prescrivait de rappeler à l'observation de leurs devoirs « les prélats ou autres ecclésiastiques possédant des béné- « fices à charge d'âmes, qui manquaient à y résider pen- « dant un temps considérable, ou ne faisaient pas acquitter « les services et les aumônes dont ils étaient chargés, « entretenir en bon état les bâtiments dépendant de leurs « bénéfices. » Cet article devait, il est vrai être appliqué « avec toute la retenue et la circonspection convenables. » Mais on voit jusqu'à quel point on avait poussé les ménagements ; en fait, à Albert cette disposition était restée lettre morte.

Ce n'était pas seulement contre les Bénédictins que portaient les objections de M. Latiffy, mais contre les chapelains qui, sans avoir aucune charge à supporter, touchaient les revenus affectés à des chapelles qu'ils ne desservaient point et dont quelques unes, depuis plus de deux siècles, avaient cessé d'exister : à l'église, la chapelle de St Nicolas du Tabellion, 500 livres; celle de la Sacristie, 400 livres ; au château la chapelle Notre-Dame, 500 livres, la petite chapelle de Ste Marguerite 500 livres, et la grande chapelle de Ste Marguerite, 1000 livres. Il y faut ajouter les 400 livres de rente que touchait le sacristain du Prieuré pour une fonction qui n'existait plus. C'est encore un total de 3300 livres de revenus qui n'avaient plus aucune raison d'être. Cet état de choses n'était pas relevé seulement par M. Latiffy et ses collègues, mais aussi, il faut le remarquer, par le curé, Mᵉ Cauchye.

Malgré tout ce qu'avaient de pressant ces objections, ce fut aux dépens de la Ville que fut doté le bureau de bienfaisance. Ainsi le voulait l'Intendant. Il fallait obéir.

TENTATIVE DE SUPPRESSION DE LA JURIDICTION COMMUNALE.

On peut remarquer que le rôle du Seigneur est désormais complètement effacé ; on ne le voit intervenir qu'au sujet des couvertures en chaume. Mais s'il est désintéressé de ce qui regarde l'administration communale, qui ne relève plus que de l'Intendant, ses officiers ne se désintéressent pas comme lui, et la grande question des scellés et inventaires, pour eux question d'émoluments, est encore une fois soulevée contre le Corps de ville. Il faut reconnaître que le moment était opportun. La liberté communale étant supprimée, la juridiction du Corps de ville, qui en était l'un des attributs, n'avait plus de cause. D'après les théories Seigneuriales en vogue, elle n'était qu'une émanation du droit de justice appartenant au Seigneur. Celui-ci pouvait donc la réunir, si bon lui semblait, à la juridiction du Marquisat, dans le but fort louable de simplifier, d'unifier les deux, et de faire cesser tout conflit de compétence. Ce raisonnement, qui ne manquait pas de logique, fut, cette fois, accepté par le conseil privé du duc de Chartres. Et en conséquence par exploit du 10 juillet 1776 la Duchesse et le Duc de Chartres assignèrent le Corps de ville au Parlement de Paris pour voir prononcer la suppression non seulement du droit de scellés et inventaires mais de tout droit de juridiction communale.

L'émoi fut grand à l'Hôtel-de-ville. Il y avait là une atteinte grave aux prérogatives et aux émoluments attachés depuis des siècles au corps municipal. M. Latiffy qui était un homme ferme, ne se déconcerta point. Il fit tête et soutint le procès contre le Seigneur. Bien mieux il le gagna. Au moment de la Révolution le Corps de ville était encore en possession du droit à la juridiction et aux inventaires que les vieux titres avaient tant de fois consacré au profit de la Commune.

Un tel succès valut à M. Latiffy la haine irréconciliable des officiers du Marquisat, et ne continua pas peu à augmenter « le schisme qui régnait dans la ville d'Albert » pour employer le langage administratif de l'époque.

GLORIOLE DE M. LATIFFY

Les procédés cassants, la vanité du Conseiller du roi, « maire en titre d'office », son amour de la gloriole, lui attirèrent aussi de nombreux et puissants ennemis.

On a dit plus haut qu'il était en mauvaise intelligence avec ses collègues. Pour se débarrasser de deux d'entr'eux, qui exerçaient par commission, il avait obtenu du roi, en 1783, la révocation de leur commission et leur remplacement. Il s'était par là assuré leur inimitié implacable.

Son amour pour la pompe et l'apparat se manifestait de toutes manières, et imposait à la Ville des dépenses que, dans l'état délabré de ses finances, il eût été sage d'éviter. M. Latiffy payait peu les sergents de ville, trois livres par mois, mais il les habillait bien, leur donnait un chapeau bordé d'argent, et une épée au côté.

Il y avait depuis longtemps à Albert une compagnie de joueurs d'arc, dite confrérie de St Sébastien. Le jeu d'arc qui autrefois avait été installé près de l'ancien ruisseau Lemaître, plus tard dans un jardin du faubourg de Bapaume, côté Nord, était établi au bas du Rempart de la peine perdue. M. Latiffy faisait de la compagnie de St Sébastien sa garde d'honneur, elle l'escortait dans les cérémonies. Il lui fit voter un drapeau neuf en satin de soie, avec ornements et emblèmes, qui coûta à la ville 72 livres.

Trouvant que le banc du Corps de ville, jusque-là installé dans la nef de l'Église, n'était pas assez en vue, il en fit établir un nouveau dans le chœur, réservé comme on sait aux Bénédictins, et demeuré vide par suite de leur absence. Ce fut l'objet d'un gros procès, car le Prieur, qui ne pouvait oublier les griefs que M. Latiffy avait formulés contre lui, réclama contre un pareil empiétement; le procès fut porté devant le Grand Conseil, en vertu du privilège de juridiction qui appartenait aux Bénédictins.

CABALE.

Le banc n'était pas encore posé quand éclata, en 1785, l'orage que M. Latiffy avait attiré sur sa tête. Un complot s'était formé dans le but de renverser ce maire orgueilleux, que son administration et ses procédés avaient rendu odieux et ridicule. Le moyen était tout indiqué; faire comme en 1692, racheter au Roi les offices municipaux. La Ville reprendrait alors l'administration de ses biens : elle nommerait comme autrefois son maire et ses échevins; on ne verrait plus ses maigres revenus employés «en dépenses « de fantaisie qui n'ont aucun rapport avec le bien-être des

« habitants. » L'idée n'était pas neuve. Dès 1776 elle avait été proposée et même favorablement accueillie à l'Hôtel-de-Ville. Seul M. Latiffy n'avait pas voulu signer la délibération; sa résistance énergique en avait empêché l'exécution.

Mais pour racheter les offices il fallait de l'argent. Où trouver les 6000 livres nécessaires? où trouver aussi de quoi faire face aux très grosses dettes de la ville, et aux réparations diverses qui étaient devenues nécessaires au presbytère, à l'église et au pavage? Voici le plan financier des conspirateurs. On demanderait à Mme la duchesse et au duc de Chartres un don gracieux de 3000 livres, moitié de la valeur des offices. Ils l'accorderaient vraisemblablement grâce à la faveur dont jouissaient auprès d'eux les officiers du Marquisat, principaux organisateurs du complot. Pour le surplus on l'obtiendrait au moyen de tourbages, car les 106 journaux du Grand marais et les 48 journaux à l'état de prés renfermaient de la tourbe. Si pour réaliser ce projet il était nécessaire de recourir à un emprunt, les conjurés s'engageaient solidairement à le contracter jusqu'à concurrence de 3000 livres : et c'était un engagement fort sérieux, car les principaux d'entr'eux étaient de la plus rassurante solvabilité.

Le siège de la conspiration était en effet au château de Boulan. La Seigneurie de Boulan, achetée à la fin du 17e siècle par Guilain Gelée, n'était pas restée aux mains de ses enfants, dont plusieurs étaient tombés dans un état voisin de la misère. Vendue, partagée, morcelée, elle avait été reconstituée depuis 1773, au moyen d'acquisitions successives, faites de la famille Guyon et de la famille Decalogne, par Mme Lemarchand de Walieu, veuve de l'ancien receveur du Marquisat qui occupait autrefois, comme on l'a dit, la portion du château convertie, en 1774, en caserne de la maréchaussée.

Madame de Walieu avait fait remettre en état le château de Boulan. Elle y habitait avec ses trois enfants dont l'aîné, Antoine Joseph Lemarchand de Gomicourt, était alors un jeune homme de 22 ans, à peine sorti du collège des oratoriens d'Arras. Il fut depuis membre du corps législatif, conseiller général de la Somme et maire d'Albert. Mme de Walieu avait auprès d'elle, à Boulan, son beau-frère, M. Philippe René Lemarchand de Lille, ancien officier au régiment de Penthièvre, dont on a signalé plus haut le zèle pour la cause de Me Boutteville.

Ces noms de Walieu, de Gomicourt, de Lille sont des noms de fiefs ajoutés au nom patronymique de Lemarchand. Gomicourt était un fief de 46 journaux situé à Englebelmer-Vitermont. Peu à peu on laissait de côté le nom patronymique pour ne garder que le nom de fief. Les anciens d'Albert ne savent peut-être pas que M. de Gomicourt, qui au commencement du 19e siècle a rempli avec beaucoup d'autorité et de distinction les fonctions de maire, s'appelait Lemarchand. On a donné son nom à une rue qu'il a créée sur partie de l'emplacement du château Seigneurial d'Albert; c'est la rue de Gomicourt.

M. de Lille, homme de 47 ans, énergique, d'allures militaires, de tempérament ardent, était l'un des adversaires les plus acharnés de M. Latiffy. Il était l'âme du complot. Son principal collaborateur était M. Balis, le subdélégué, auprès duquel se groupaient les autres officiers du Marquisat. Car M. Balis était aussi lieutenant du Bailli : c'était lui qui remplissait, dans le fait, les fonctions de

Bailli ; le titulaire M. Lenglier, avocat à Amiens, ne paraissant que rarement à Albert. Le Procureur fiscal du marquisat, Drouart le jeune, le greffier du marquisat, Drouart l'aîné, des procureurs, étaient donc entrés dans la cabale organisée. Drouart l'aîné, qui était Président du Grenier à Sel, y avait entraîné le grenetier Lenain. D'autres fonctionnaires du roi s'y étaient joints, entr'autres M. Dubouret le receveur des Gabelles, devenu par un séjour de près de dix ans, citoyen d'Albert. Il va de soi que les anciens membres du Corps de ville évincés par M. Latiffy, d'anciens maires d'avant 1773, apportaient avec empressement le tribut de leurs rancunes. M de Lille avait recruté dans la noblesse M. le chevalier de Tende et un lieutenant colonel en retraite M. Duféret. Des marchands, des rentiers, des cultivateurs faisaient nombre.

Mais M. Latiffy n'était pas homme à reculer devant cette « formidable cabale » ; c'est son expression. On peut se demander d'ailleurs si le plan de ses adversaires était réalisable. Racheter les offices municipaux, quand ils sont à vendre ; cela se comprend ; c'est ce que la Ville avait fait en 1692. Mais comment pouvait-on racheter ceux qui avaient été levés, celui de maire par M. Latiffy, celui de procureur du Roi et de receveur par M. Marcotte ? Était-il possible d'exproprier ces acquéreurs, d'annuler le droit de propriété qui leur était acquis ? Il y avait des exemples de pareilles expropriations imposées par l'autorité royale. Mais il faut convenir qu'il était fort difficile d'obtenir de l'État cette révocation des droits qu'il avait conférés. Aussi M. Latiffy ne s'émut pas outre mesure. Il avait ses partisans, il comptait sur l'influence du curé Me Cauchye, qui lui était dévoué, sur l'appui du subdélégué de Péronne,

M. Gonnet de Fiéville ; mais surtout il comptait sur la protection de l'Intendant de Picardie avec lequel il entretenait les meilleures relations. L'Intendant fit faire en 1787 une enquête fort anodine au sujet des griefs articulés par MM. de Lille et consorts. On obtint de quelques personnes des espèces de rétractations qui n'avaient point de valeur sérieuse. C'en fut assez pour permettre à l'Intendant de dire qu'il n'y avait pas lieu de révoquer la vente des offices faite par le trésor. Tous les efforts accumulés pour renverser l'Hôtel-de-Ville échouèrent.

Certain d'avance de ce succès, M. Latiffy avait, dès 1786, inauguré le banc municipal qu'il avait fait installer dans le chœur de l'église. Il attendait plein de confiance l'issue du procès que le Prieur lui avait intenté à ce sujet devant le Conseil du Roi.

FIN DE L'ANCIEN RÉGIME.

Mais avant que ce procès fut jugé une formidable tempête se déchaîna sur la France.

Le 16 mars 1789, au salut, M⁰ Cauchye monta en chaire, et fit lecture des lettres du roi, en date du 24 janvier, pour la convocation des États-Généraux, ainsi que de l'ordonnance du Lieutenant du Bailliage de Péronne rendue à ce sujet. Le lendemain eut lieu, dans l'église, la réunion de « tous les habitants d'Albert, français ou naturalisés, âgés « de 25 ans, compris dans le rôle des impositions. » Elle nomma pour rédiger le cahier de ses plaintes et doléances MM. Lemarchand de Lille, Dominique Pollet ancien maire, Scribe l'aîné, Letellier et Adrien François. On peut remarquer que cette commission était presque entièrement

composée des adversaires de M. Latiffy ; ce qui prouve combien l'opinion publique était hostile à ce maire despotique. Le cahier devait être déposé 6 jours après, le 23 mars, au Bailliage de Péronne. Les commissaires avaient « tous pou-
« voirs de proposer, remontrer, aviser et consentir tout ce
« qui pouvait concerner le besoin de l'État, la réforme des
« abus, l'établissement d'un ordre fixe et durable dans toutes
« les parties de l'administration, la prospérité de l'État et le
« bien de tous et un chacun des sujets de sa Majesté. »

Ce ne fut pas toutefois cette commission qui rédigea le cahier des doléances de la Ville d'Albert. Les registres de l'Hôtel-de-Ville présidé par M. Latiffy, auxquels est emprunté le compte-rendu qui précède, ne disent pas toute la vérité. Il faut recourir à d'autres documents pour savoir ce qui eut lieu en réalité.

Au moment où les électeurs étaient rassemblés dans l'église, le 17 mars à 2 heures après-midi, M. Balis s'était présenté en tenue de bailli pour présider la réunion, en vertu de l'article 25 du règlement royal du 24 janvier portant que les assemblées seraient présidées par le juge du lieu. M. Balis, en l'absence du bailli d'Albert, avait cette qualité, puisqu'il était Lieutenant au bailliage. Mais M. Latiffy ne l'entendait pas ainsi ; c'était lui, qui, prétendait-il, était en même temps que maire, juge royal ; sa qualité de Conseiller du roi produisait dans son esprit cette illusion. En conséquence il ordonna à M. Balis d'aller retirer sa robe et sa perruque, et malgré les protestations de M. Balis, procéda comme il est dit ci-dessus.

Balis ne se tint pas pour battu. Il est vrai qu'il ôta sa robe et sa perruque, mais ce fut pour monter à cheval et courir à Péronne. Le jour même, à 10 heures et demie du soir, il obtenait de M. Levaillant de Brusle, lieutenant général au Bailliage de Péronne, une ordonnance qui, sans tenir aucun compte de ce qui avait été fait par M. Latiffy, décidait qu'à M. Balis seul appartenait la présidence de l'assemblée électorale, et en ajournait la réunion au surlendemain 19 mars. Cette ordonnance fut notifiée dès le 18 à M. Latiffy, qui se garda bien d'assister le 19 à la réunion électorale. C'était trop dur pour lui.

Le 19 mars donc, l'Assemblée réunie à l'église et présidée cette fois par M. Balis nomma pour commissaires MM. Lemarchand de Lille, Balis, Letellier notaire, et Dominique Pollet ancien maire. Leur travail ne fut pas long : le cahier de doléances était tout préparé ; ils n'eurent qu'à le signer et l'assemblée le vota séance tenante. On en trouvera ci-après le texte.

C'était le parti hostile à M. Latiffy qui l'emportait. Il est donc naturel que sa première pensée ait été de demander la suppression des offices royaux de maire, échevins et autres administrateurs municipaux, et par suite le retour aux anciennes règles suivant lesquelles c'était la Commune qui devait s'administrer elle-même par des officiers qu'elle élirait librement. C'était comme on l'a vu le but que depuis plus de quatre années poursuivaient MM. de Lille et consorts.

Le surplus des doléances ne s'explique que trop bien par les faits généraux qui ont été exposés précédemment. On demande la suppression des droits des banalités, la suppression des douanes intérieures, l'unité des poids et mesures, la suppression des justices locales, une organisation rationnelle des Tribunaux. On réclame une organisation politique et administrative très simple : au-dessus de la Commune, des États provinciaux, et au-dessus de ceux-ci des États-Généraux votant l'impôt pour un temps limité.

En un mot on demande le renversement de l'ancien régime.

CAHIER DE DOLÉANCES DE LA VILLE D'ALBERT

ART. 1er. — La nomination des officiers municipaux remise au choix libre des habitants ; que leur élection soit faite au scrutin ; qu'elle soit renouvelée tous les ans par moitié ; et qu'elle soit tenue de rendre un compte public de leur administration tous les ans.

ART. 2. — Les charges des municipalités supprimées ; les habitants autorisés à faire un emprunt sur le revenu des villes pour en opérer la liquidation.

ART. 3. — Que le Tiers-État ait aux États-Généraux un nombre de représentants et députés égal à celui des deux ordres réunis du clergé et de la noblesse et que chaque député ou représentant soit de l'Ordre qui l'aura choisi.

ART. 4. — Que dans toutes les Assemblées, soit nationale, soit particulière, les votes soient pris par tête et non par ordre, et que la tenue des États-Généraux ait lieu tous les sept ans.

ART. 5. — L'établissement des États provinciaux dans la province de Picardie, dont tous les membres seront au choix libre de toutes les villes, bourgs et communautés, et dont le quart sera renouvelé tous les ans.

ART. 6. — L'établissement d'une Cour Supérieure de la

province de Picardie, ainsi que d'une Université, et la création d'un plus grand nombre de justices royales, ou ressortissantes nuement aux cours supérieures, à l'effet de la suppression des justices subalternes, de sorte qu'il n'y ait plus que deux degrés de juridiction ; et qu'il soit fait une révision et les réformes convenables dans les codes de jurisprudence civil et criminel.

Art. 7. — La suppression de tous les impôts indirects qui comprenait généralement tous les droits perçus par la régie des fermes générales, la régie des traites intérieures et les entrées des villes, et aussi la simplification du droit de contrôle des actes et du centième denier ; la suppression des droits de francs-fiefs.

Ces impôts supprimés peuvent être remplacés par un abonnement général consenti par les États-Généraux qui fixeront dans leur sagesse les sommes que chaque province doit supporter dans la généralité des charges de l'État ; que l'abonnement de chaque province sera réglé par les États provinciaux qui distribueront à chaque communauté les parts qu'elles en doivent supporter.

Art. 8. — La suppression de toutes les banalités.

Art. 9. — Le rétablissement des articles 72 et 73 de la coutume du Gouvernement de Péronne supprimés par la déclaration du roi de 1779, et qu'en conséquence de ce vœu de la coutume il soit permis à tout propriétaire de fief de le donner en bail à cens.

Art. 10. — Que tous les impôts qui seront consentis par les États-généraux ne le seront que pour un temps déterminé, ou jusqu'à l'assemblée des États-Généraux suivants dont le terme ne doit pas être fixé au delà de sept ans.

Art. 11. Qu'il soit établi une même mesure pour les terres et les étoffes et les grains, et un même poids par tout le royaume.

Art. 12 — Qu'il soit ordonné aux curés de faire gratuitement les mariages, enterrements et baptêmes, sauf à y suppléer au besoin par une augmentation de portion congrue.

La Révolution était commencée. On sait le reste, c'est de l'histoire de France. L'ancien régime était condamné à périr ; ses institutions vermoulues s'écroulèrent et firent place à un nouvel ordre de choses.

Le 16 brumaire an V le couteau révolutionnaire tranchait la tête de celui qui fut le duc de Chartres, le duc d'Orléans, le citoyen Philippe-Égalité, et le dernier Seigneur d'Albert.

FIN

NOTES

Pages 6 et 7. PROFONDEUR DES PUITS DANS LA RUE DE BAPAUME

Ce n'est pas 30 pieds sur la rive droite et 10 pieds sur la rive gauche, mais 30 *mètres* et 10 *mètres* qu'il faut lire.

Page 30. REVENU DU DOMAINE

A la fin du 18e siècle, d'après les baux de 1781, le produit du Domaine, dont la composition n'avait cependant pas varié sensiblement, dépassait 75000 livres. L'argent avait baissé de valeur et l'agriculture avait fait des progrès. En 1781 tous les fermages se payaient en argent. Le Seigneur n'avait plus de fermiers généraux. C'était son Intendant qui louait directement aux cultivateurs.

Page 137. INCENDIE DU FOUR BANAL

Pierre Leprestre, abbé de St Riquier, dans sa chronique contemporaine, place le fait en 1460.

Albert. — Imp. Oger

www.ingramcontent.com/pod-product-compliance
Lightning Source LLC
Chambersburg PA
CBHW060451170426
43199CB00011B/1167